딴지日報

2
(DIGITAL DDANJI 4·5호 통합권)

김 어 준 엮음

딴지가 걸어갈 길...

살다보면 똥침을 찔러야 할 때가 있다. 그러나 아무렇게나 막 찌를 수는 없다.

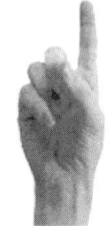

만약 급하다고 손가락 하나로 찌른다면?  손가락 부러지는 수가 있다.

 그렇다고 압삽하게 손가락 두개 겹쳐서 찌른다고 들어갈 똥꼬는 세상에 없다.

그럼. 도구 힘을 빌어?  도구도 방향이 맞아야지.

그럼 방향만 맞으면 OK? NO. 방향이 맞아도 경우가 있는 것이다.
똥꼬를 쇠덩이로 찌를 수는 없다. 피 난다. 그건 비겁하기 그지없다.

그럼 방향 맞고 적당한 도구 찾았다고 바로 찌르면 되나?
천만에. 찔러야 할 똥고의 깊이를 생각해야 한다.

그럼 도대체 어떻게? 역시 손을 써야 한다.
두 손을 가지런히 모아 힘차게 찌르는 거다. 딴지는 똥침 찌르고 싶은 세상의 많은 것들에
정확한 방향을 잡아, 비겁하지 않게 두 손으로, 적당한 깊이까지 푸욱... 찌른다.
설령 손 끝에 가끔 건데기가 묻어나더라도...

딴지가 갈 길이다.

— 발행인

　　　　　　　　　　　　본지는 한국농담을 능가하며 B급 오락영화 수준을 지향하는 초절정 하이코메디 씨니컬 패러디 황색 싸이비 싸이버 루머 저널이며, 인류의 원초적 본능인 먹고 싸는 문제에 대한 철학적 고찰과 우기고 자빠진 각종 사회 비리에 처절한 통침을 날리는 것을 임무로 삼는다.

　　　　　　방금 소개말에서도 눈치챌 수 있듯이, 본지의 유일한 경쟁지는 썬데이서울, 기타 어떠한 매체와의 비교도 단호히 거부한다.

마지막으로 각종 딴지기사에 대한 여러분의 견해나 딴지일보에 대한 감상 등, 여러분의 썰은 인터넷 http//ddanji.netsgo.com의 독자투고란에 마구 풀어주시기를 바라며...

　　　　　　　　　　　　　　　　　- 딴지일보 발행인 겸 딴지그룹 총수 올림 꾸벅.

딴지日報

2
(DIGITAL DDANJI 4·5호 통합권)

김 어 준 엮음

자작나무

딴지日報

초판 인쇄일 • 1998년 10월 10일
초판 발행일 • 1998년 10월 15일
펴낸곳 • 도서출판 자작나무
펴낸이 • 송인석
주소 • 121-160 서울시 마포구 상수동 21-1
전화 • 3142-9152~4
팩스 • 3142-9160
등록 • 제10-713호(1992. 7. 7)

ISBN • 89-7676-289-4
ISBN • 89-7676-287-8(세트)

값 7,800원

* 잘못된 책은 바꾸어 드립니다.
* 저자와의 협의하에 인지는 생략합니다.

본문의 합성사진 및 내용은
특정인의 명예실추와 비방을 목적으로 한 것이 아님을 미리 밝혀둠

딴지 용어 해설집 – 엮은이의 말을 대신하며

1. 정치/언론편

- 김데중 : 오랫동안 화류계에 몸담고 있다가 고리대금업자 '암에푸' 씨에게 저당잡힌 〈문민찻집〉을 인수, 우리동네에서 〈궁민다방〉을 개업한 왕마담 언니. 요즘 딴나라 캬바레 땐서들 스카웃 건으로 캬바레로부터 항의를 받아 고민중. '김대숭 여사'로 가끔 변장.

- 기명사미 : 과거 〈문민찻집〉 주인. 한때 남한 경제를 파탄으로 몰고가기 위해 30년간 활약한 고첩이란 루머가 있었으나 사실무근으로 판명. 최근 사오정 계보의 거두로 밝혀진 전설 속의 인물. 상대의 허를 찌르는 공삼화법이 주무기. 가끔 금용삼으로 출연.

- 김쫑필 : 〈박통다방〉의 꼬붕서방으로 시작, 〈전통다방〉 〈물통다방〉으로 이어진 우리동네 현대 다방사에서 계속 기둥서방 노릇을 했던 화류계의 '워킹 히스토리'. 현재 자민논 스텐드빠 주인이자 현 환락업소 연합의 기둥서방 서리. 종필순. 깡종필로도 불림.

- 이헤창 : 현재 딴나라 캬바레 홀메니저. 작년부터 급부상한 화류계의 뉴페이스로 군사정권을 체질적으로 싫어해 가족 중 혹시라도 군사문화에 물들 사람이 나올까바 조심하는 차원에서 아들내미 군대 안 보냄.

- 김유난 : 딴나라 캬바레 삐끼 총괄메니저. 〈전통다방〉시절부터 국내 최고실력을 자랑하는 '베이비 메이커'. 언제나 백발백중을 자랑하다 최근 정조준 실패로 충격을 먹고, 비밀리에 TK 비뇨기과 출입중. 치료가 가능할지는 미지수.

- 좃순 : 딴나라 캬바레 주방장. 최근까지 딴나라 캬바레 얼굴마담 하다 이헤창, 김유난 복식조에게 쫓겨남. 그러나 그 버티는 힘을 높이 산 일본 쓰모계가 손짓 해와 행보가 주목됨.

- 존두환/너태우 : 과거 〈전통〉〈물통〉 다방주인으로 가끔 등장은 하나, 현재는 완전 단역.

- 암에푸 : 문민찻집의 실패로 우리동네 지역경제 전체를 저당잡은 고리대금업자.

- 좃선벼룩 : 우리 동네 최고 부수를 자랑하는 우익멸공 생활정보지.

2. 어휘편

명랑사회 – 선진조국 창조, 신한국 창조... 이런 말에 너무도 오랫동안 속아 왔기에 딴지가 새로 정립해 지향하는 21세기의 국가 모델로서, 모든 국민들이 즐겁게 웃으며 명랑하게 생활할 수 있는 멋진 사회.

조또 – "매우", "아주", "굉장히" 등의 평상적인 단어로는 그 정도를 제대로 표현해낼 수 없을 경우, 혹은 상황이 하도 기가 막히고 답답하여 "도대체", "대관절" 정도로는 그 심정을 제대로 표현할 수 없을 경우 뒤에 나오는 동사나 형용사를 강조하기 위해 쓰이는 부사.

씨바 – 차분하고 논리적으로 자신이 표현하고자 하는 바, 혹은 주장하고자 하는 바를 설명해냈음에도 불구하고 여전히 뭔가 풀리지 않은 응어리가 가슴에 남아 있을 경우 전체 글의 종결구 또는 여흥구로 주로 쓰이며, 때로는 "조또"와 함께 부사로 활용되기도 하는 의心어.

졸라, 열라, 욜라 – 명랑사회를 반드시 구현하겠다는 사명감을 가지고 열심히 뛰어가는 동적자세를 표현하는 의태어로 쓰이기 시작했으나, 이제는 "열심히" "바쁘게" "억수로" "매우" 등등의 다중 의미를 가지게 된 단어.

쉐이, 넘, 논 – 이 새끼, 이 놈, 이 년 등의 과격하고 하대하는 표현이 독자대중에게 문화적 충격 내지는 분노, 자괴감, 위화감을 유발하여 국민화합을 저해하는 경우가 자주 발생하는데, 이러한 폐단을 없애고자 그 발음을 순화하여 개발한 귀여운 대체호격.

그 외에 '없다' 를 '엄따' 라고 표현한다거나, 발음나는 대로 쓰거나 하는 문법파괴가 종종있다. '나빌래라..' 라는 단어가 시인 자신의 시감을 보다 정확하게 표현하기 위해 만들어진 것처럼, 화자가 자신의 생각이나 감정을 보다 정확하게 표현하기 위해 이러한 어휘구사가 시도되었다. '없다' 가 아니라 '엄따' 라는 말이 주는 어감... 그런 어감으로 무엇인가 주장하고 싶을 때 그런 표현들이 쓰였다.

마치 시를 위한 시어가 존재하고 쓰이는 것처럼 자신의 감정을 꼭 알맞게 표현하는 말이 표준어가 아니라 그러한 단어였기에 쓰여졌고, 그러기에 한글파괴가 아니라 언어의 유희요 확장이라고 이해해 주시면 감사하겠다. 어차피 딴지를 보고나서 학교 리포트나 회사 보고서에 '없다' 가 아니라 '엄따' 라고 쓸 사람은 엄따...

━━━━━이상과 같은 딴지용어 해설로써 펴낸이 인사말을 대신하고자 함다. 아날로그 딴지일보는 매체의 한계로 인해 딴지일보의 맛과 재미를 반쪽밖에 전달하지 못하고 있슴다. 진짜는 인터넷에 있슴다. 졸라 공부하셔서 들어오시기 바람다.

1998년 9월 30일
딴지일보 발행인 겸 딴지그룹 총수 김 어 준 꾸벅.

차례

정치
카사노바 쭝 차기 부킹대왕 노린다! • 16   우뚝 서라 좃선이여! • 20
수해문책 정부기구개편 단행 • 26   경악! 구케의원 뱃놀이 행차 • 30
이주의 포커스 충격! 사오정은 실존인물이었다 • 33   [긴급] 구케의원 모집공고 • 39
만화 / 사랑으로 극복하자!(4) • 42

경제
왜 국채를 발행하여야 하는가? • 48   석두홍 씨가 세 번째 SM 파이브를 타는 진짜 이유 • 54
[주장] 정리해고 이래선 안 된다! • 62
이주의 포커스 암에푸 이렇게 하면 극복된다 • 67   직장에서의 응급처치 요령 • 69
만화 / 사랑으로 극복하자!(5) • 72

사회
종필순 여사 사실혼 확인청구 및 혼인방해에 대한 위자료 청구소송... • 80
없는 넘들이 씨팔하는 것은... • 83   준비되지 않은 자에게 사회는 가혹하다 • 89
암에푸가 바꾼 생활 47가지... • 95   [사회정화] 변태를 몰아내자! • 101
[단신] 50대 아주머니 실명위기에 처해... • 106
이주의 포커스 대한항공 사고, 그 진실을 밝힌다 (1) 승무원 편 • 108 / (2) 탑승객 편 • 116
[동물의 왕국] 원숭이에게서 인생을 배운다 • 121

국제

[르뽀] LA 쉑쉬특파원 심층보도 - 세계 속의 한국(Woman 편) • 132
[르뽀] LA 쉑쉬특파원 심층보도 - 세계 속의 한국(Man 편) • 141
[뉴욕정복] NY특파원 스페샬 리포트 (1) • 151   주뱅진, 지구를 구하다!! • 162
이주의 포커스 그대는 쿠르드족을 아는가... • 165   [생활 리포트] 독일특파원 - 자전거 • 171

문화 · 생활

[건국 50주년 기념 역사 바로 눕히기] 화투의 역사 • 184   [집중 분석] 사투리를 해부한다 - 경상도편 • 190
[역사탐방] 오지달인의 전설... • 192   [생활건강] 가정 상비 응급법 • 197
[건강] 식품의약안전청은 자폭하라! • 199
집중 토론 [건국 50주년] 이제는 넘어야 한다 (1) • 204 / (2) • 212

정보통신 · 과학

[과학] 마징가 Z에 대한 고찰 (최종판 I) • 222 / (최종판 II) • 229   [정보] Window 98 Launch! • 234
Window 98 Launch! (영문판) • 237
이주의 특집 [규탄] 기존 언론은 딴지 음해를 즉각 중지하라! • 239   [호소] 청기와 식당을 살려내라! • 243

스포츠 · 연예

[주장] 그래, 차범근을 사형시켜라! • 252   [주장] 그들은 무죄다! • 260
[관전기] 월드컵 벨기에전... • 266   [레저] Orgasm in the Air • 274
연예 심으나 나도 벗을래! • 278   송창식을 돌려다오! • 281   누가 북한 영화를 두려워하랴 • 286

테마신문

Travel 3만 여행사 직원이 뽑은 마자마자 베스트 5 • 293 Home 마누라 귀지 파줬다... • 299
People 힘센 마눌은 여자보다 아름답다(3) - 힘의 기준 • 302
힘센 마눌은 여자보다 아름답다(4) - 버스 • 306

싸설 · 칼럼

발행인 싸설 피다 만 담배는 하다 만 섹스인데... • 314   김대충 칼넘 브라보콘을 돌려다오!!! • 320
홍차 조르뽀 영화 〈몸부림〉을 때리고... • 323   경제 잠망경 자기일만 열심히 하면 과연? • 329

영문 딴지

씨바... 와이 퍼니... • 338   디어... 딴지... • 340

정치

▶ 정치 경제 사회 국제 문화/생활 정보통신/과학 ▶ BEST 스포츠 테마신문

카사노바 쭝 차기 부킹대왕을 노린다!
우뚝 서라 좃선이여!
수해문책 정부기구개편 단행
경악! 구케의원 뱃놀이 행차!

이주의 포커스

충격! 사오정은 실존 인물이었다
[긴급] 구케의원 모집공고

만화 / 사랑으로 극복하자! (4)

http://ddanji.netsgo.com

정치

카사노바 쯩 차기부킹대왕 노린다!

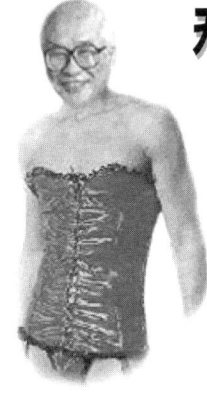

김우쯩... 일명 카사노바 쯩. 그는 누구인가.

1960년대 오직 불알 두 짝 차고 화류계에 등장, 국내 호스트빠의 효시 '데오 호스트빠'를 열어 오늘날 국내 5대 카사노바의 지위에 오른 입지전적인 인물이다.

그의 전설적인 카사노바 행적...

수해문책 정부기구개편 단행

지난 주 정부는, 전국을 강타하여 수많은 인명피해와 천문학적 손실을 가져온 이번 수해를 미리미리 대비하고 적절히 대처하지 못했다고 판단, 관계기관장들을 문책 경질하고 정부기구개편을 단행했다...

경악! 구케의원 뱃놀이 행차!

전국에 때아닌 집중호우로 한강이 범람하고 침수피해가 잇달아 많은 인명피해와 재산 손실이 일어났다. 암에푸 난국에 발생한 이번 폭우는 썰렁해진 국민들의 가슴을 또다시 할퀴는 비극적인 재앙이었다. 그러나...

이·주·의·포·커·스

충격!! 사오정은 실존 인물이었다...

다소 썰렁하긴 하지만, 말귀 어둡고, 엉뚱한 소리 잘 하는 사람을 일컫는 사오정 시리즈가 전국 유머계를 휩쓸고 있다.

과거 최불암 시리즈, 참새 시리즈를 양적인 면에서 압도하며 봇물 터진 듯 쏟아져 나오는 사오정 시리즈는 모 방송국의 손오공 만화에서 나오는 귀가 없어 말귀 어두운 사오정을 모델로 한 것이라고 정계에는 알려져 있다.

그러나, 본지 특별취재팀의 집중탐문 조사에 의해, 사오정의 모델은 실존인물이라는 충격적인 사실이 밝혀졌다.

우뚝 서라 좆선이여!

탄압을 뚫고 일어나 우뚝 서거라 좆선이여...

일찍이 80년 우매한 민중들이 우왕좌왕하며 3김의 농간에 놀아나고 있을 때 〈시대가 부르는 위대한 구국의 지도자 존두환 장군〉을 높이 치켜 세우며 나가야 할 방향을 제시했던 민족 신문, 좆선일보.

현재, 기득권 좌익세력들의 파상공세가 양심적 우익언론 좆선일보를 궁지에 몰아넣고 있다.

한때 좆선일보와 함께 양심언론의 쌍두마차를 이루던 케베쓰는 변절하고 말았다. 더구나 케베쓰는 〈이제는 말해주까...〉를 통해 양심언론 좆선일보에게 비장의 칼날을 들이대고 있지 않은가. 언론과 재벌이 결합된 이상적인 언론상을 보여주며 지난 대선에서 이혜창 밀어주기를 하던 죵알일보 역시 변절하고 있다. 아... 이제 남은 것은 좆선일보 너뿐이다.

만국의 자본가여 단결하라!

우뚝 서라 좆선이여 !!

이·주·의·포·커·스

(긴 급) **구케의원 모집공고**

정치 8월 17일(월)

카사노바 쭝 차기 부킹대왕 노린다!

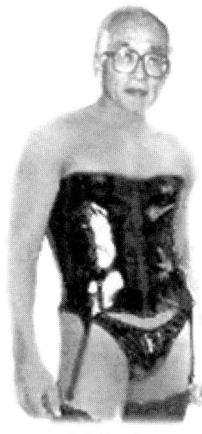

호스트바 정장

김우쭝... 일명 카사노바 쭝. 그는 누구인가.

1960년대 오직 불알 두 짝 차고 화류계에 등장, 국내 호스트빠의 효시 '데오 호스트빠'를 열어 오늘날 국내 5대 카사노바의 지위에 오른 입지전적인 인물이다.

그의 전설적인 카사노바 행적은 그가 뿌린 씨들로 이루어진 이른바 '데오가족'이 물경 20만 명이라는 사실이 입증해준다. 적어도 그의 정력 하나는 알아줘야 하는 것이다.

다른 카사노바들이 주로 국내 유한마담들을 타겟으로 기량을 연마할 때, 그는 '세계경작'을 부르짖으며 폴란드, 러시아 등 동유럽에까지 원정을 나가 현지처를 만들기에 몰두했을 정도로 입맛도 다양했다.

그러던 그가 〈전기련〉(전국 기둥서방 연합회) 회장으로 선출되고 나서 언뜻 보기에 도저히 이해가 안 가는 희한하기 짝이 없는 지 조때로 행보를 보이고 있어 화류계에 파문이 일고 있다.

요새 너도나도 살기 어려워지자 〈전기련〉 멤버들이 잘 나갈 때 줄줄이 싸질러 놓은 자식들을 호적정리를 통해 고아원 등으로 입양시키려고 하자, 그는 "이렇게 어려운 시기에 호적정리는 옳지 않다... 호적정리는 나중에 호황기에 해야 한다..."고 주장하였으나, 그는 그의 발언이 끝나자마자 그의 네 번째 부인인 대오차 여사의 3,000여 자식들 호적정리를 단행해뻐렸다.

이리한 '이랬다 저랬다 지 조때로' 발언 외에도 그는 "카사노바는 우리 나라의 활기찬 성생활의 표상이었으며, 과거 울 나라 인구증가를 주도해온 정력꾼이었다..."라고 하거나 "카사노바를 해체하라는 건 국내 인구말살을 획책하는 선진국의 논리"라는 등의 〈전기련〉 멤버들만 좋아할 발언도 골라 하고 있다.

그리고 그는, 먹여살릴 힘도 안 되면서 싸질러 놓은 수많은 자식들 때문에 결국 사채업자 암에푸에게 발목잡혔다며, 이곤히, 정쭈영 등 쟁쟁한 카사노바들과 함께 비난의 표적이 되자, 이것은 자신들의 책임이 아니며 피임방법 홍보를 제대로 하지 못한 정부와 빵꾸난 저질 콘돔을 생산한 중소기업들의 잘못이라고 항변하기도 했다.

과연 그는 왜 이러는 걸까...
왜 이리 이랬다 저랬다 지 조때로 발언하고 있는 걸까.

현재 동네 부킹대왕인 궁민다방 김데중 왕마담 언니가 밀어부치고 있는 구역조정에서 손님 많고 수입 좋은 구역을 배정받으려는 걸까...

하긴 그러고 보면 이번 구역조정에서 5대 카사노바들은 멀쩡히 지들 구역 그대로 차지하고 있고 힘없고 빽없는 〈헤테〉나 〈짝방울〉 등 중소 카사노바들만 구역에서 퇴출된 걸 보면 그런 듯도 싶고...

입맛이 다양하다...

정치 8월 17일(월)

그러나, 카사노바덜에게 가해지는 폭압적이고 일률적인 관할구역 할당은 카사노바의 품안에 있는 수십만 토꺵이가튼 자식들을 거리로 내모는 것이라는 협박까지 하는 걸 보면 좋은 구역배정을 위해서만 그러는 것도 아닌 듯하고...

과연 무엇일까... 아무도 모리는 그의 의중을 본지가 드뎌 밝혀냈다. 이런 거 밝혀내라고 있는 게 본지 아니던가.

일단 기억을 지난 1992년 전국 환락업소 부킹대왕 뽑기대회로 돌려보자. 당시 대회가 문민찻집 쥔 기명사미, 정쭈영 헌데 단란주점짱, 김데중 궁민다방 왕언니의 삼파전이었다고만 기억하고 있다면 이 미스테리를 풀 수 엄따.

기억하는가, 당시 카사노바 쭝도 그 대회에 참가하고자 했던 것을... 그랬다가 기명사미 문민찻집 쥔한테 눌려 찍소리도 못해 보고 삐질삐질 주저앉았던 것을...

바로 그때... 이 카사노바 쭝의 가슴에는 한이 맺힌 거다.

씨바... 나도 언젠가는 부킹대왕에 뽑히고 말끼야... 불알 두 쪽으로 20만 명 데오가족을 일궜는데... 나라고 부킹대왕 못 할쏘냐...

바로 이거다.

그는 차기 부킹대왕을 노리는 것이다.

카사노바의 권익을 대변하는 듯 행동해서 확실한 카사노바 대형의 이미지를 굳혀야겠고... 동네 손님들한테도 좋은 인상 심어줘야겠고... 그러면서도 현재 부킹대왕한테도 미움 사지 말아야겠고... 그러지니 머리 굴리며 상황에 따라 발언이 왔다리 갔다리 지 조때로 되지 않을 수가 있겠는가 말이다.

다 좋다. 차기 부킹대왕을 노리든 뭐든 다 좋다. 자기가 출전하고 싶다는데 누가 말리겠는가. 근데 그전에 자기 씨앗 '데오가족'이나 제대로 챙기고 있는가 몰겠다...

아... 데오가족...

- 딴지정치부 기자

정치 8월 31일(월)

우뚝 서라 좃선이여!

지금 양심우익언론의 대표주자 좃선일보가 강력한 탄압과 폭압적 공세에 직면하고 있다. 기득권 좌익용공세력들의 파상공세가 양심적 우익언론 좃선일보를 궁지에 몰아넣고 있는 것이다.

한때 좃선일보와 함께 양심우익언론의 쌍두마차를 이루던 케베쓰는 변절하고 말았다. 더구나 케베쓰는 〈이제는 말해주까...〉를 통해 양심언론 좃선일보에게 칼날을 들이대고 있지 않은가.

언론과 재벌이 결합된 선진적이고 이상적인 언론상을 보여주며 지난 대선에서 좃선일보와 함께 '이혜창 밀어주기'에 과감히 동참, 양심우익멸공 군바리정권의 정통성잇기에 혼신의 노력을 다했던 쭝앙일보도 이제 기득권 좌익용공정권의 눈치를 보며 꼬랑지말기에 여념이 없지 않은가.

이제 남은 것은 좃선일보와 그 자매지 한국농담뿐.

아... 한국농담 이야기를 하니 가슴이 아파온다...

지난 대선 사상검증 대토론회에서 3개 방송사를 통해 7시간이나 생중계를 때리면서 '김데중은 빨갱이다'라고 그렇게 힌트를 줬건만, 우매한 국민들이 말귀를 못 알아 먹고 그 중요한 토론회를 보면서 웃고 지랄할 때부터 알아봤다. 그 중요한 토론회에서 웃기는 왜 웃난 말이다.

이제 국민의 수준도 맛이 갔다. 빨갱이 이야기를 하는데 웃다니... 과거 같으면 상상도 할 수 없는 일이다. 통탄할 노릇이 아닐 수 없다.

당시, 이도끼 발행인이 "내를 설득해바바. 그라모 울 나라 국민들이 다 설득되는기야."라며 국민들의 이해를 돕기 위해 멸사봉공의 자세로 과감히 몸소 나서기까지 했는데 말이다.

그뿐인가, 1997년 12월호 기사에선 "김데중의 정치적 목표는 체제전복이며, 고정간첩과 내통한 자를 대통령시킬 수 없다."라고 강력히 경고하지 않았냐 말이다.

또한 올해 2월호에서는 울 나라 방송국에 빨갱이들이 조도 많이 침투하여 전 국민들을 좌경화하고 있다는 기사로 용공세력의 방송국 장악을 날카롭게 지적했건만 아무도 믿지 않더니, 며칠 전 북한에서 만든 영화 '안중근'을 〈에수비에수〉에서 방송하는 사태까지 이르고 말았다.

방송국에 있는 모든 빨간색 마이크는 빨갱이의 이념을 널리 퍼뜨리고자 하는 의지를 담고 있는 것이라고 이미 몇 차례 주장하지 않았던가 말이다. 내용이 뭐가 어케 됐건 북한에서 만든 건 모조리 이적표현물이란 것을 잊었는가.

더구나, 이러한 양심우익멸공세력에 대한 탄압은 좃선일보에만 그치는 것이 아니라는 것이 더욱 큰 문제다.

대표적인 재야우익 양심단체라 일컬어지는 〈한국자유총연맹〉〈바르게살기 중앙운동협의회〉〈새마을운동 중앙협의회〉 등에 대한 국고

정치 8월 31일(월)

지원중단을 통한 枯死정책, 양심우익멸공정권을 수호하기 위해 가벼운 고문을 가했다는 경미한 죄로 경찰의 수배를 받으며 외로운 도피생활을 계속 중인 멸공투사 이근안, 그리고 아직도 창살 안에서 새로운 군사독재정권의 탄생을 고대하며 오늘도 좌익으로의 사상전향을 거부하고 있는 우익양심수들...

아... 가슴이 뜨겁다.

지금껏 좆선일보가 걸어온 길은 어려운 가시밭길이었지만, 언제나 양심우익멸공세력과 함께 한 험난한 여정이었다.

좆선일보는 일찍이 1980년 우매한 민중들이 우왕좌왕하며 3김의 농간에 놀아나고 있을 때, 어려운 국가살림과 국론분열을 우려해 체육관에서 만장일치로 선출된 〈시대가 부르는 위대한 구국의 지도자 존두환 장군〉을 높이 치켜 세우며 민족이 나가야 할 방향을 제시한 신문이었다.

또한, 1990년에 들어서는 남북한간 소득격차를 일시에 줄임으로써 통일의 큰 걸림돌을 제거한 기명사미를 화끈하게 밀어준 것도 바로 좆선일보이었다는 거 두말하문 주뎅이 피곤한 일이다. 기명사미 전통을 당선시킨 게 누군가 말이다.

어디 그뿐이랴, 북한이 금강산 댐을 짓

자, 세계 최초로 그 대응댐 '평화의 댐'을 건설할 것을 주장하여 국내 건설경기를 진작시키는 혁혁한 공을 세웠으며, 멸공투사 바콩을 끌어안았던 민족의 신문 아니었던가.
그리고, 지금은 무지몽매한 국민들이 과거 위대했던 독재시대를 잊을새라 〈니 이불에 오줌을 싸라〉를 통해 군사정권의 향수를 달래게 하고 있다.

또한 여기서 한 발 더 나가 자매지 월간좃선과 스포츠좃선을 통해 프랑스월드컵의 대역죄인이며 반항아 차범근을 갈기갈기 씹어줌으로써 온국민들의 속풀이를 해 준 민족의 신문이 바로 좃선일보 아니었던가 말이다.

더구나 의리 하면 좃선이다. 양심멸공군바리정권의 적자 김유난이 뒤를 봐주던 이혜창까정 앞으로 꼬꾸라지도록 힘껏 밀어주지 않았는가. 까짓꺼 아들내미 군대 좀 안 갔다고 시비거는 쪼짠한 다른 신문에 비해 얼매나 화통하고 머찐 신문인가.

언제는 대통령이 직업군인이고, 짬밥 좀 오래 묵었다고 군사정권이니 하문서 타도해야 한다고 지랄뺑하더니, 이제는 가족 중 혹시라도 군사문화에 물들 사람이 나올까바 조심하는 차원에서 아들내미 군대를 안 보낸 것을 가지고 시비거는 한거레가튼 신문들은 감히 범접하기 힘든 일인 것이다.

사실 이번 선거는 안타까움 그 자체였다.
이전 선거가 늘 그랬듯이 좃선일보가튼 선도적인 양심멸공언론이 앞에서 끌고, 안기부와 경찰 그리고 지역 통반장들이 뒤에서 밀고, 재벌들이 뒷돈 화끈하게 빼팅했다면 이번에도 결과는 확실히 달랐을 것이다. 그러나 왠일인지 안기부가 약속한 북풍은 소슬바람이었고, 재벌들의 배팅은 알라들 과자값도 안 되었던 것이다. 선도언론 좃선일보의 바람잡이만으로는 역부족이었던 것이다. 조가튼 배신자 쉐이들.

쿠테타와 혁명의 명예로운 전통을 곤추 세우며 양심군사 군바리정권들과 어깨걸고 나간 지 어언 30여 년, 그런데 이제 그 빛나는 쿠테타의 전통은 여지없이 무너지고 국민직선제라는 번거롭고 피곤한 선거를 통해 사상조차 불투명한 김데중을 대통령으로 뽑고야 말았다.

그러나, 아직도 사회 곳곳에 잠입해 있는 멸공의 투사들이 남아 있다. 존두환 가카 시절 서슬퍼런 칼날을 휘둘렀던 권이컨 의원은 의석 채우기에 혈안이 되어 있는 기득권 용공좌익여당에 잠입하여 시시탐탐 반역의 기회를 엿보고 있으며, 군사정권의 위대하신 원조 아부지 빡정히 장군의 영애 박근헤도 구케의사당에 당당히 입성했고, 1980년 파란색 깃발 높이 날리던 찬란한 멸공결사대 민주정의당의 투사 김유난, 이한덩 역시 아직까지도 투쟁을 멈추지 않고 있다. 특히 이제 멸공투사들이 뒤를 봐주는 이헤창이 다시 한번 재기를 위해 몸부림치고 있으니 이 어찌 가슴 뛰지 않으리오.

그렇다, 실망만 하기에는 아직 이르다. 1970~80년대에 좃선일보와 함께 권력의 단물을 함께 빨아 마신 양심적 멸공세력은 아직도 죽지 않았다.

다시 한번 찬란한 양심우익멸공 군바리시대의 도래를 꿈꾸며, 오늘도 암약하고 있는 음지의 투사들이 굳건히 버티고 있는 한 양심우익언론이자 초절정 야당지 좃선일보의 길은 결코 어둡지만은 않으리라.

이젠, 남은 건 결코 좌익과 타협하지 않는 투쟁뿐, 투쟁만이 살길이다.

만국의 자본가여 단결하라 !

굳세어라 좃선이여 !

우뚝 서라 좃선이여 !

- 도규니 딴지 기자 Bluesens@netsgo.com

정치 8월 17일(월)

수해문책 정부기구개편 단행

지난 주 정부는, 전국을 강타하여 수많은 인명피해와 천문학적 손실을 가져온 이번 수해를 미리미리 대비하고 적절히 대처하지 못했다고 판단, 관계기관장들을 문책 경질하고 정부기구개편을 단행했다.

한두 해 걸러가며 그렇게 수해를 입고도, 매번 '군바리 동원해 웃통 벗고 또랑파기'와 '구케으원 얼굴 함 내밀고 기념사진찍기' 등을 유일한 복구대책으로 내놓았던 그 동안의 유구한 전통을 깨고 이례적으로 전격적인 비밀 기구개편을 단행했다는 첩보를 국내 유일하게 입수한 본지는 어수선한 종합청사를 방문, 새로 임명된 기관장들을 만나봤다.

새로 개편된 기구의 기관장들 각오를 들어보자.

기만청

수퍼컴퓨터가 없어서 정확한 예측을 할 수 없었는데 이번에 새로 수퍼컴퓨터를 도입했다. 초첨단 기기이기 때문에 습기가 많으면 누전의 위험이 있을 새라 비 오는 날은 전원을 꺼놓고 있다. 해서 날씨가 맑은 날에만 가동될 것이며, 비 오는 날의 일기예보는 날이 갠 후 하기로 하겠다. 사실 비가 오기 전에 정확하지 않는 정보를 전 국민을 대상으로 퍼뜨리느니 날이 갠 후 정확하게 몇 미리가 왔다는 것을 알리는 것이 여러모로 과학적이다. 과학을 이해하지 못하는 일반 국민들이 답답하다.

국립공원 방치공단
국립공원 방치공단은 국립공원을 완전 방치하는 데 혹 방해되는 것이 있는지 감시하는 것이 유일한 임무다. 간혹 일부 이용객들이 만약 날씨가 안 좋으면 어떻게 대피하느냐 등 본연의 임무와 관계없는 것을 물어와 관계직원들을 당황하게 하는 수가 있는데 공무집행방해다. 이제 국민들도 수준이 높아져 협조해줄 때가 되지 않았는가 말이다. 알아서 놀다가기 바란다. 사실 우리가 언제 놀러오라고 그랬는가.

중앙재해집계본부
재해집계는 시시각각으로 숫자가 변하니 정말 어렵다. 이런 공무원들의 고충을 국민들은 아는지 모르겠다. 국민 여러분께 부탁인데 되도록이면 같은 시간대에 몰아서 재해를 당하지 말고 비교적 한산한 시간을 이용해 주시면 감사하겠다. 계산하기 복잡하니 재산 피해액은 억 단위가 아니면 신고하지 말아주기 바라며 인명피해는 계산하기 쉽게 반올림해서 단체피해만 신고해 주면 고맙겠다.

한강홍수보고소
홍수가 나면 보고할 테니 비가 오면 항상 가재도구를 싸놓고 지붕으로 올라갈 준비를 해두기 바란다. 시민들 중에는 비가 많이 오면 자꾸 전화를 해서 홍수가 날 것 같으냐는 문의를 해오시는 분들이 많은데 쓸데없는 짓 하지 말기를 부탁드린다. 우리는 홍수 보고소다. 홍수가 나야지 보고를 할 수 있다. 미리하는 것은 관할업무가 아니다. 걱정되는 넘들은 아예 지붕에 올라가 있으면 좋지 않겠는가.

정치 8월 17일 (월)

일단 홍수가 나면 기동성이 확보되야 빨리 보고를 할수 있는데 현재는 고무보트 같은 걸 타고 돌아댕겨야 하기 때문에 너무 느리다. 잠수함 도입을 고려 중이다.

수해관찰본부

수해를 열심히 관찰해서 공청회도 하고 위원회도 만들고 보고서도 작성하겠다. 우리 나라의 수해사를 집대성한 방대한 양의 논문도 준비 중이다. 보다 정확한 데이타를 위해서는 보다 많은 수해가 일어나줘야 한다. 이를 위해서는 '기만청'이나 '홍수보고소' 같은 유관기관과의 기구간 협조가 원활해야 하는데 지금까지 그 쪽에서 하는 걸로 봐선 앞으로도 문제없는 걸로 안다.

특히 이번 수해에도 수해부 소속 구케의원들이 수해지를 방문, 일부 시민들이 이 업무의 중요성을 모르고 수해복구 좀 도와주고 가라는 걸 과감히 뿌리치고 기념사진만 찍고 급히 돌아와 우리 본부에 재빨리 사진자료를 제출해 주었다. 재해발생시 누구보다 빨리 달려가 기념사진찍고 급히 돌아오는 구케의원들의 오랜 전통은 수해관찰 및 자료확보에 아주 커다란 도움이 되고 있다.

각 기관장들의 각오를 모두 듣고, 본 기자는 무표정한 얼굴로 각 기관장들의 뒤로 걸어가 무표정하게 원터치식 똥침을 깊쑤키 한 방씩 꽂아주고는 바르르 떠는 그들을 뒤로한 채 돌아오는 길에 친구집, 식당, 싸우나, 노래방 등 전화가 있는 곳이면 가리지 않고 들어가 무표

8월 17일(월) 정치

정하게 700 한 번씩 돌렸다...

– 수습기지 무표정 로보깁 hyung_kil@yahoo.com

정치 8월 17일 (월)

경악! 구케의원 뱃놀이 행차

전국에 때아닌 집중호우로 한강이 범람하고 침수피해가 잇달아 많은 인명피해와 재산 손실이 일어났다. 암에푸 난국에 발생한 이번 폭우는 썰렁해진 국민들의 가슴을 또다시 할퀴는 비극적인 재앙이었다. 그러나, 어려운 때일수록 더욱 단합하는 우리 국민들은 함께 이 어려움을 극복하고자 각계각층에서 성금 및 위문품이 답지하는 등 따뜻한 정성을 보여주고 있다.

바트... 나설 때 안 나설 때 가리지 않고 설치는 우리의 구케의원들은 수해현장에서 또다시 엽기적인 행태를 보이고 다녀 이들의 정신상태를 의심케 만드는 해프닝을 연출하였다.

이 사건은 폭우로 넘친 중랑천과 한강변에 구케의원 떼거지들이 출몰하면서 시작되었다. 집중호우가 내린 서울 중랑천에 출현한 구케의원떼들은 평소 〈꽘 대한항공 추락현장에서 기념사진 찍기〉 〈바쁜 재해현장 달려가 똥폼 잡으며 사진찍고 부리나케 사라지기〉등의 행태로 보아 이번에도 상황실에서 브리핑이나 기념사진 몇 방 찍고 졸라 빨리 사라질 것으로 예상되었다.

그런데... 이게 웬일인가... 참으로 똥꼬가 턱하니 막히는 일이 일어나고 말았다. 집중호우에 불어난 중랑천이 범람할 위기에 주민들이 대피하는 등 긴장이 고조되고 있는 즈음, 299명의 구케의원들은 커다란 풍악소리와 함께 보무도 당당히 등장한 것이다. 커다란 트레일러에 최고급 유람선을 싣고서.

DIGITAL DDANJI
딴지日報 http://ddanji.netsgo.com

현장에 도착한 이들 구케의원들은 브리핑이나 현장설명도 다 마다한 채 바쁘게 유람선을 강물에 띄우고 바쁘게 배에 올랐다. 10월 금강산 관광에 쓰일 초특급 유람선으로 밝혀진 이 배에는 모처럼 한데 모인 299명의 구케의원들과 신원이 확인 안 된 미모의 여성들이 탑승하였다.

구케의원 J모 씨에 따르면 암에푸 땜에 국민들 눈치보느라 해외여행도 제대로 못하고, 골프장도 물에 잠겨 부킹도 안 되는 참에 구케의원들의 친목도모와 건강증진을 위해 이번 뱃놀이를 기획하였으며, 청와대에서 여당의원에게 하사한 피서비 100만원을 갹출해 비용을 조달하였다고 자랑스럽게 밝혔다.

한편 강변에서 떠내려가는 가재도구와 차량을 안타깝게 바라보던 시민들은 갑작스런 유람선의 출현에 급작스런 똥침에 기습을 당한 듯 얼어붙은 표정이었고, 이에 아랑곳없이 구케의원들은 커다란 풍악소리와 함께 유유히 뱃놀이를 즐겼다.

이들의 뱃놀이는 중랑천이 시작되는 도봉구에서 시작되어 노원구, 중랑구, 성동구를 거쳐 한강으로 진입한 후 구케의사당에 상륙하여 질펀한 술잔치를 끝으로 마감하였다. 2시간여에 이르는 뱃놀이 동안 몇몇 구케의원들은 발빠르게 낚시대를 드리웠으며, 모 의원은 그의 애첩과 함께 배 앞 대가리에서 손을 맞잡으며 타이타닉의 한 장면을 연출하기도 했다.

이러한 정신 못 차리는 구케의원들에 대한 질타가 쏟아지자 여당의원 K모 씨는 "이번 뱃놀이는 담번 날치기를 대비한 구케의사당 수중침투훈련의 일환이었다..."는 궁색한 변명을 늘어놓았고, 야당의 중

정치 8월 17일(월)

진의원인 L모 씨는 "뱃놀이는 일찌기 우리 선비들은 풍류정신이 살아있는 훌륭한 문화유산이므로, 차제에 구케의원 뱃놀이가 중요무형문화재로 지정되도록 압력을 행사할 생각..."이라고 밝혔다.

- 도규니 전천후 기자 Bluesens@netsgo.com

충격! 사오정은 실존인물이었다

사오정 삼형제가 중국집에 갔다..
첫째 사오정 : 난 짜장면...
둘째 사오정 : 그럼 나는 짜장면...
셋째 사오정 : 어... 어쩌지... 난 짜장면인데... 아저씨~ 짬뽕 셋~

어느 날 사오정이 티비는 사랑을 싣고에 나가게 되었다..
사회자 이상벽이 하는 말... "어느 분을 찾으시겠습니까?"
그러자 사오정 흐뭇하게 웃으며 하는 말...

"네, 4만원 벌어왔습니다..."

다소 썰렁하긴 하지만, 말귀 어둡고, 엉뚱한 소리 잘하는 사람을 일컫는 사오정 시리즈가 전국 유머계를 휩쓸고 있다.

과거 최불암 시리즈, 참새 시리즈를 양적인 면에서 압도하며 봇물 터진 듯 쏟아져 나오는 사오정 시리즈는 모 방송국의 손오공 만화에서 나오는 귀가 없어 말귀 어두운 사오정을 모델로 한 것이라고 정계에는 알려져 있다.

그러나, 본지 특별취재팀의 집중탐문 조사에 의해, 사오정의 모델은 실존인물이라는 충격적인 사실이 밝혀졌다. 또한 계속된 취재를 통해 실존 사오정들은 국내에 넓게 퍼져 암약하고 있으며, 특히 사람들

정치-이주의 포커스 8월 17일(월)

사이 입에서 입으로만 전해오던 전설의 사오정파의 거두가 국내에 실재함을 밝혀내는 개가를 올렸다. 이제 국내 최초로 대한민국의 실존 사오정들의 계보와 사오정파 거두의 정체를 밝혀보고자 한다.

▶ '와떠벌려씨에(YWCA)'의 테트리스 안다리 걸기...

대한민국에서 '아줌마'는 일정 연령층의 기혼녀를 가리키는 것이 아니라, 무대뽀성과 저돌성을 겸비한 파워를 상징하는 단어다. 이들의 가공할 위력은 버스나 지하철의 좌석잡기 경쟁에서 폭발적인 스피드와 강력한 보디첵에서 극명히 드러난다. 이러한 무서운 아줌마들의 조직으로 알려진 '와떠벌려씨에'가 국내 사오정파의 맥을 잇는 주요 계보 중 하나라는 사실을 밝혀냈다. 그들이 사오정임을 극명히 드러낸 사건을 살펴보자.

올해 초 '와떠' 아줌마들은 알라들뿐 아니라 근무시간 중 상사가 스트레스를 줄 때 심신안정을 위해 하기 딱 좋은 훌륭한 컴퓨터게임인 테트리스가 성행위를 연상하는 저속한 게임이므로 지구상에서 추방해야 된다는 해괴한 주장을 들고 나왔었다. 테트리스 게임에서 긴 막대기를 빈 공간에 맞춰 넣는 것이 성행위를 연상하여 청소년들에게 안 좋은 영향을 준다는 이유에서였다 한다.

가히 사오정 계보가 아니면 상상할 수 없는 업적이다. 이들 '아줌마'들은 이에 그치지 않고 알라의 영양간식 죠리퐁도 성기를 연상시키는 불순한 과자이므로 제조금지를 요구했다는 소문까지 들리고 있다.

본 기자는 와떠벌려씨에의 영문 이니셜인 Y랑 W도 여성의 성기와 가슴을 연상케 하는 저속한 글자이므로 와떠벌려씨에도 해체해야겠다는 주장은 왜 안나오는지 궁금하다. 하여간, 이 사건은 와떠벌려씨에가 사오정파의 정통 계보임을 명백히 보여주는 일이었다.

▶ 교원총연합회의 〈여고괴담〉 뒷다리 잡기

교총에서는 영화 〈여고괴담〉의 내용이 교권침해이며 교사들을 비하한다는 이유로 상영중지해야 한다는 고발, 고소를 접수시켰다. 이러한 교총의 행동은 이전 그들의 사오정다운 행태로 볼 때 모 특이한 일도 아니다.

일찍이 교총은 '전교조는 뻘갱이집단이므로 함께 교단에 설 수 엄따' 거나 '이번 대통령은 죽어따 깨도 누구누구가 해야 된다' 는 씨알도 안 맥히는 엉뚱한 발언을 일삼은 화려한 경력이 있으며, 교육개혁을 위한 교사와 교원단체의 반성과 혁신 요구에 대해서는 묵묵부답과 무시로 일관하는 사오정다운 면모를 과시해 왔었다.

본지 기자가 볼 때 여고괴담은 남량 괴기물이 아니라 극사실주의에 입각한 다큐멘터리라고 본다. 이러한 영화를 보고 교육 현실에 대한 반성을 하든지 아님 왜 이런 영화가 애들한테 공감을 불러일으키고 인기가 있는지 그 분석을 해서 교육여건을 개선해야겠다는 다짐을 하는 대신, "조또... 저 영화는 교사비하며 교권침해야 !" 라면서 무방비상태에서 똥침 맞은 듯 괴성을 질러대고 있는 교총의 슬립스틱 코미디를 보고 있자면 자연스럽게 사오정이 떠오른다.

그들이 사오정 계보가 아니라면 이 영화를 교권침해라는 이런 비현실적이고 무지몽매한 발언으로 국민들을 폭소의 도가니로 몰아넣을 수 없다는 게 전문가들의 지적이었다.

정치 - 이주의 포커스 8월 17일(월)

▶ 사오정파의 巨頭...

기자는 그동안 소문만 무성하고 정확한 실체가 파악되지 않았던 사오정파 계보의 보스에 대해 집중탐구에 들어갔다. 그러나, 사오정파 보스의 실존여부를 파악하는 것은 그리 간단치 않은 일이었다. 본 기자가 사오정파 보스에 대한 단서를 찾기 위해 지난 신문들을 검색하던 중 눈길을 끄는 사건을 발견했다.

'1997년 기명사미 대통령의 청와대 연두기자회견'...

〈선진국에는 노동쟁의가 엄따. 울 노동자는 얘네들을 본받아야 한다 꼬 본다...〉 (프랑스의 노동자 총파업이 불과 한 달 전 일이었음...) 〈북한 전투기 20대가 연료부족으로 추락했다고 한다...〉 (뱅기가 무신 다이어트한 참새가...)

이 사건으로 김핸철의 국정개입사건을 무마하기 위해 야심차게 준비한 연두기자회견은 폭소의 도가니가 되어 버렸다. 그리고, 비로소 사오정파 계보 巨頭의 실체가 본격적으로 드러나기 시작한 역사적 순간이기도 했다.

물론 그는 1992년 대선 당시 관훈토론회에서 핵우산에 대한 질문에 핵발전소가 어쩌고 저쩌고 하는 황당한 대답으로 최초로 사오정파 대가의 면모를 공개적으로 드러내기도 했으나 이 야그는 그가 대통령에 당선되자 조용히 잠수했으며, 일찍이 그가 〈40대 기수론〉을 들고 나왔을 때 자기가 기수인데 왜 깃발을 안 주는가며 신경질을 냈다는 사건도 있었으나 미확인되었었다.

그러다 드디어 '97년 연두기자회견에서 그동안 최측근들만 파악하고 있으면서 그토록 은폐하고자 했던 그의 진면목이 일반대중에게 드러났던 것이다.

그 이후에도 예측을 불허하며 상식을 완전히 뛰어넘어 상대방의 허를 찔러 말문과 기를 막아버리는 공삼화법을 파상적으로 구사했던 그였지만, 설마 그가 그 전설 속의 사오정파의 최고수 보스까지야 되겠는가 하는 의구심을 제기하는 사람들이 정치계 일각에서 꾸준히 있어왔던 것이 사실이다.

그러나...
1998년 8월 기명사미 전통은 전직 대통령 최구하, 존두환, 너태우 등과 함께 청와대 만찬에 참석하였다. 이때, 기명사미 전통은 자신의 최대업적 〈역사 때려눕히기〉의 일환으로 감빵에 밀어넣었던 존두환, 너태우와 함께 한 자리여서인지 만찬 내내 침묵을 유지하며 이들과 눈길조차 마주치지 않았다.

그러나, 한참 알랑방구와 의례적인 정치적 제스쳐가 오가며 만찬이 끝날 즈음, 그는 갑자기 놀라운 일갈로 좌중을 숙연하게 만들었다.

"요새 금강산 관광이다 해서 시끄러운데, 금강산도 좋지만 우리 고향 거제도 인근에도 참으로 경치 좋은 소금강이 있다..."

지금까지 전해오는 사오정 계보의 화두 중 단연 白眉라 하지 않을 수 없는 발언이었다. 성철스님의 선문답 수준에 육박하는 풀리지 않는 신비감마저 감도는 일갈... 우째 갑자기 그런 말이 생각났을까...

상대방의 허를 찔러 말문을 막는 신묘한 화법이요 보통의 내공으론

정치-이주의 포커스 8월 17일(월)

도저히 상상조차 할 수 없는 초절정 고수의 일갈이 아닐 수 없다.

아... 사오정파 계보의 전설 속 보스는 실존했었던 것이다...

이 사오정 계보의 보스를 울 나라 대통령으로까지 맹그는 데 혁혁한 공을 세웠던 만든 사람들... 지금 어데 숨어 있냐... 씨바들아...

- 도규니 특종전문기자 Bluesens@netsgo.com

[긴급] 구케의원 모집공고

어려운 시기에 더욱 욕먹는 데 빛을 발하는 〈(주)구케의원〉에서 인재를 모십니다. 모집요강은 아래와 같습니다.

모집기간	정해지면
모집부문	구케의원
모집인원	00 명
임 기	4 년 (단, 말빨 좋고 아부 잘하면 평생도 가능)
응시자격	1. 반드시 군 면제자일 것. * 면제사유 절대 상관없음 (몸무게 미달 면제자 우대) 2. 몸싸움 공인(公認) 3단, 국인(國認) 5단 이상 보유자. * 국인(國認) : 국민이 인정한 것. 3. 빗속에서 라면배달 잘할 수 있으면 우대.
구비서류	1. 자기소개서 1부 - 내용중에 자기의 얍삽함과 뻔뻔함, 도둑근성을 잘 나타낼 수 있도록 작성할 것. * 제출서류는 일체 반환하지 않음(X-file로 분류) 2. 이력서 1부 - 사기친 전과가 있으면 80% 의 가산점 부여. - 쌈박질 잘하면 10% 의 가산점 부여. - 국회 주업무외 딴짓 잘하면 10% 의 가산점 부여. * 고로 위 세가지만 잘하면 합격. 3. 호적 초본 1부 - 원호적(원적)에서 파내야 함. * 합격하고 나면 집안망신이라고 호적 파라고 난리므로 맞아죽기 전에 파내기 위함임.

	4. 본인 아들 군면제확인증 사본 1부 - 국회의원 전통이므로 면접시 지참할 것. 5. 본인통장 사본 - 뇌물수수시 국민 모르게 입금시 꼭 필요.
대 우	1. 신 입 - 기본급 + 수당 + 특별수당 + 보너스 + 국민세금 약간 + 뇌물 약간 (* 다 더해서 졸라 많음) 2. 경 력 - 기본급 + 수당 + 특별수당 + 보너스 + 국민세금 많이 + 뇌물 많이 (* 다 더해서 졸라욜라몰라 많음) - 경력직은 국민 안 볼 때마다 특별보너스 100만원씩 지급
기 타	1. 잠깐 고생하면 맞아죽기 전엔 평생 놀고 먹을 수 있음. 2. 해달라는 대로 다 해줌, 간혹 말 안 해도 해줌. 3. 정리해고 네버 결코 절대 반드시없음. 4. 봉급감봉 네버 결코 절대 반드시없음. 4. 휴가와 보너스 수시로 지급, 간혹 달라고 안 해도 줌. 5. 월급의 0.1%인 정기지출비 외엔 다 니꺼. * 정기지출비 : 수해나면 라면값, 어린이날, 어버이날, 스승의 날, 봉투값, 사진값 등. 6. 부수입 짭짤

★ 특 전

1. 만능 면제부 지급(사기죄, 직무유기죄 등)
2. 깜방생활기간을 단축할 수 있는 징역 80% 할인권 지급
3. 립싱크의 대가 H.O.T 멤버가 박힌 금뺏지 전원 지급

8월 31일(월) 정치-이주의 포커스

4. 존두환, 너태우, 기명사미 전대통령들이 공동저술한 《깜방생활 일주일만 하면 나처럼 할 수 있다》 책자와 육성 Tape 1질 증정
5. 합격 후 우수선배들의 사기술 중점지도
   * 야자 있음 : 매일 밤 딴짓술, 뻔뻔술 등 고도의 테크닉 1:1 지도
6. 퇴직 후 돈 빼돌릴 곳 알선 및 사후지도

◎ 접 수 처 : 의원도(道) 돈같군(郡) 밟아주면(面) 조으리(里)
◎ 문의전화 : 이십팔에 십탱구리 (218-1092)
   손전화 : 이십팔에 사이사이 (218-4242)

♨♨♨ (주) 구케의원

– 딴지 정치부 수습기자 김소용 rlathdyd@chollian.net

사랑으로 극복하자! (4)

'보건체육부 선정 국민권장체위 10선'이 이제는 국민들 사이에 생활 속의 스포츠로 자리잡은 듯하여 뿌듯하다.

특히, 밧줄이나 낙하산 같은 사랑용품들의 판매량이 급증하여 암에푸로 고통받고 있던 관계 중소기업들이 회생하고 있는 등 예상치 못한 부차적인 효과까지 거두고 있다.

다만 다시 한번 걱정되는 것은, 그렇게 수차례 경고했음에도 준비운동도 없이 작업에 임하다 조땐 초보자들이 끊이지 않고 있다는 것이다. 제발 부탁인데, 안전수칙을 준수해 주기 바란다. 옛날에는 호환, 마마 등이 무서운 병이었으나 요즘엔 자지골절이 가장 끔찍한 거다. 제발 조심하길 바란다.

- 제6번 "원산똥꼬폭격"

이 체위는 여성의 하반신의 스트레칭 효과가 탁월하고, 상반신의 이두박근의 근력강화에도 좋으며, 특히 피가 안면쪽으로 몰림으로써 혈액순환에 상당한 효험이 있는 것으로 알려졌다. 또한 외바퀴를 굴리는 동안 저절로 균형감각이 배양되어 다른 고난이도 체위를 위한 기초체력 훈련체위로도 각광받고 있다.

보건체육부 권장체위 6번 :
"원산똥꼬폭격"

주의 여성의 하반신 각도를 지속적으로 일정하게 유지해야지, 각도가 45도 이하로 좁아질 시 자지 과도압박으로 혈관이 팽창하여 고혈압으로 가는 수가 있다. 부주의시 대부분 자지골절로 이어지는 다른 체위와는 다른 종류의 생소한 위험이므로 권장체위에 익숙한 베테랑들도 각별한 주의가 요망된다.

- 제7번 "암에푸 멀티형"

암에푸로 과도한 스트레스를 받은 남성과 시간을 쪼개 가계에 보탬이 되는 경제활동을 하고자 하는 여성을 위해 특별히 고안된 체위로 멀티태스킹을 해야하는 관계로 집중력 강화와 두뇌개발에 좋은 효과가 있다.

주의 남성의 경우 거의 하는 일이 없어 작업 도중 디비 자는 경우가 자주 발생하고, 여성이 너무 일에 몰두할 경우 자신이 지금 모하고 있는지 망각하고 앉은 채로 방구를 뀌는 수가 많아 호흡기 질환을 유발할 수 있는 위험이 있다. 여성들은 주의하기 바란다.

보건체육부 권장체위 7번 :
"암에푸 멀티형"

젖찌

—photo by paparach

남잘 한방에 보내려는 신세대 여성의 필수품!

전세계적으로 선풍 적인 인기를 모으고 있는 신세대 여성의 필수 악세사리 "젖찌" 드뎌 국내 상륙 !!

걍 끼어주기만 하면 왠만한 남성들은 입이 찢어지는 간편한 착용으로 날로 인기를 더하고 있는 "젖찌"는 인기 탤런트 김해수양을 비롯하여 국내 유명 연예인들은 이미 너나 할 것 없이 착용하고 있다. 유방 확대 수술을 했으나 어떻게 자랑해 볼 방법을 달리 찾지 못해 괜히 길거리에서 이리저리 상반신을 흔들어 대는 미혼여성, 결혼 권태기로 퇴근시간이 늦으며 추적해 보면 이상하게 집앞에 목욕탕 놔두고 맨날 역삼동 싸우나에서 나오는 남편을 둔 가정주부들에게 특히 좋다. 이걸 본 남자들...노친네도 바로 선다. 비아그라 능가한다. 너도 나도 착용해 명랑사회 이룩하자 !

한국 저통 물산주식회사

500세트 한정 판매 !!
지금 당장 주문하시라!
tel : 080-0808-0808

경제

왜 국채를 발행하여야 하는가
석두홍 씨가 세 번째 SM 파이브를 타는 진짜 이유

[주장] 정리해고 이래선 안 된다!

이주의 포커스

암에푸 이렇게 하면 극복된다
[건강경제] 직장에서의 응급처치 요령

만화 / 사랑으로 극복하자! (5)

http://ddanji.netsgo.com

왜 국채를 발행하여야 하는가

최근 한나라당에서는 국채발행 대신 외자도입을 통해 적극재정을 펼칠 것을 주문하고 있습니다.

한나라당에서 나온 오래간만의 경제정책안인데요. 문제는 이것이 거의 현실성이 없는 데다가 효율성면에서 국채발행보다 효과가 크지 않다는 데 있습니다.

가장 큰 이유는 17~25조 원 이상으로 추산되는 재정적자를 메울 만한 크기의 외자도입은 거의 불가능하기 때문입니다.

현재 상황에서 국가간 보증에 의해 미국이나 우방국에서 한국에 빌려줄 수 있는 차관 액수는 기껏해야 5억 불에서 10억 불 사이로 보입니다. 7천억 원에서 1조 4천억 원 정도를 오락가락하는 규모입니다.

이·주·의·포·커·스

암에푸 이렇게 하면 극복된다

암에푸로 폭등하는 사료값을 견디지 못하고 양계장이 망했다. 그 양계장에 남은 거라곤 겨우 닭 세 마리...

그거라도 어떻게 키워서 재기해야겠다고 다짐했던 양계장 주인은 어느 날 더 이상 배고픔을 견디지 못하고 닭을 잡아먹기로 결심을 했다.

그러나 수천 마리에서 딱 세 마리 남아 그동안 애지중지하기도 했고 이제 얼굴과 이름도 구별이 가며, 정도 든지라 어느 놈을 잡아먹을지 결정하기가 힘들었다. 그러다가 묘안을 냈다...

| 지난기사 | 기사검색 | 독자투고 | 광고 | | 경제 | DIGITAL DDANJI 딴지日報 |

▶ 정치 경제 사회 국제 문화/생활 정보통신/과학 ▶ BEST 스포츠 테마신문

석두홍 씨가 세 번째 SM 파이부를 타는 진짜 이유...

세계적인 자동차 생산국인 울 나라는, 적어도 자동차 안전정보에 관한한 좆이었나...

| 지난기사 |
| 기사검색 |
| 독자투고 |
| 서비스찾기 |

주장

정리해고 이래선 안 된다

이대로라면 현대자동차는 결국 맛이 갈 것이다. 내리 몇 달을 끌던 정리해고 문제가...

이·주·의·포·커·스

건강경제 직장에서의 응급처치 요령

직장에서 일어날 수 있는 크고 작은 사고에 대해 간단히 대처할 수 있는 응급처치법을 소개한다.

단, 아직 임상실험을 끝내지 않은 방법이 태반이므로 사용해보시고 그 효과를 알려주시면 대단히 감사하겠다.

http://ddanji.netsgo.com

경제 8월 17일(월)

왜 국채를 발행하여야 하는가?

최근 한나라당에서는 국채발행 대신 외자도입을 통해 적극재정을 펼칠 것을 주문하고 있습니다. 한나라당에서 나온 오래간만의 경제정책안인데요. 문제는 이것이 거의 현실성이 없는 데다가 효율성면에서 국채발행보다 효과가 크지 않다는 데 있습니다.

가장 큰 이유는 17~25조 원 이상으로 추산되는 재정적자를 메울 만한 크기의 외자도입은 거의 불가능하기 때문입니다.

현재 상황에서 국가간 보증에 의해 미국이나 우방국에서 한국에 빌려줄 수 있는 차관 액수는 기껏해야 5억 불에서 10억 불 사이로 보입니다. 7천억 원에서 1조 4천억 원 정도를 오락가락하는 규모입니다.

다시 말해 현재의 재정적자 규모를 메우려면 적어도 100억 불이 넘는 차관을 들여와야 하는데 현실적으로 이것은 불가능합니다.

가장 큰 이유는 이만한 돈을 빌려줄 차관국 회의를 열어야 하는데 현재 한국의 위상으로는 이것은 불가능하기 때문입니다.

두 번째로 한국은 이미 IMF의 지원을 받고 있습니다. 그러한 마당에 다시 차관을 들여 오겠다는 것은 세계경제가 위기 상황으로 몰리고 있는 상태에서 다른 나라 정부 입장에서는 너무나 현실을 망각한 소리로밖에 들리지 않습니다(그럴 돈이 있으면 IMF에 추가 출자하여 일단 위기를 넘긴 한국 대신 위기상황이 악화되고 있는 인도네시아나 특히 러시아, 파키스탄 등의 국가를 돕는 것이 순서입니다).

세 번째로 한국에 그만한 돈을 꿔줄 생각이 있다면 차라리 위기에 처해져 있는 엔화 가치 지지나 위안화 가치 지지를 하는 편이 세계경제를 위해서나 아시아 금융위기 해소를 위해 훨씬 낫습니다.

네 번째로 그만한 차관을 한국에 꿔줄 국가가 없습니다. 왜냐하면, 다른 나라들도 전부 자기 사정이 급하기 때문입니다.

다섯 번째로 정부차원이 아닌 민간차원에서 한국정부에 차관을 공여하게 된다면 국채보다 나을 것이 하나도 없습니다. 왜냐하면 현재 엔화약세와 위안화 평가절하설로 한국채권 가격이 최저치를 갱신하고 있기 때문입니다. 그렇다면 금리상황을 볼 때 국내에서 채권발행을 실세금리로 한다 하더라도 전혀 부담경감이 없습니다.

따라서, 차관도입을 통한 경기부양은 1970년대나 1960년대에는 바른 방향일지도 모르지만 1998년 현재에는 전혀 현실성이 없는 이야기입니다.

1960년대나 70년대에 한국정부는 외국차관을 통해 SOC사업을 일으킬 수 있었습니다. 그 당시 한국에 도입된 차관은 5억 달러에서 10억 달러 수준이었습니다. 그 당시 한국경제 수준으로 볼 때 그것은 정말로 큰돈이었습니다. 아마도 한나라당에서는 그때의 경험을 생각하고 안을 내오신 것 같은데 안타깝게도 지금은 1998년입니다.

도입 가능한 차관의 규모는 한국의 재정적자 규모에 비해 너무나 작은 수준입니다.

한국이 국채를 발행하여 재정적자를 메워야 하는 이유는 다음과 같습니다.

첫 번째 국채의 금융권 인수를 통해 한국 금융권의 안정성을 높여야 합니다. BIS비율 산정에 있어 국채는 위험 가중치 0%입니다. 따라서 현재 금융권이 보유한 풍부한 유동성을 사용(다시 말해 고객들의 은행 예금을) 국채에 투자하여 금융권은 안정성과 신용을 회복하고 정부는 금융권에서만 도는 돈을 확보하여 SOC사업을 일으켜 기업에 자금을 공급할 수 있어야 합니다.

두 번째 빈약한 채권 시장을 활성화시켜 선진 금융기법을 훈련하기 위한 장을 만들어야 합니다. 특히, 외국 금융기관의 진출을 예상할 때 한국기업의 채권보다 한국정부의 채권이 엄청난 규모로 유통되는 채권 시장이 형성되어 있다면 많은 외국 금융사를 끌어들일 수 있는 토대가 됩니다.

외국금융사가 한국에 많이 들어오면 들어올수록, 한국은 안정적인 중장기 산업자금 원천을 확보하기 쉬워지게 될 것입니다.

게다가 국채가 많이 발행되면 외국의 예를 보아도 국채를 사용한 각종의 파생금융상품이 발달하게 되어 부동산 등 현금화하기 어려운 곳에 자금이 투하되어 산업자금이 부족하게 되었던 과거의 경제체질을 획기적으로 전환시킬 수 있게 됩니다.

세 번째, 차관을 통하게 될 경우 현재의 국제경제 사정으로 보았을 때 SOC투자는 시기가 더욱 늦어질 가능성이 있을 뿐 아니라 차관 상환에도 어려움을 겪을 가능성이 높습니다. 하지만 국채는 국회의 동의를 얻을 수 있다면 바로 발행될 수 있으며 동의과정에서 한국 국민의 총의를 모을 수 있는 정치적 장점도 있습니다.

그러나 국채발행은 단점도 있습니다.

첫 번째는 엄청난 액수의 국채발행은 반드시 후에 정부에 큰 부담이 됩니다. 일본의 경우 1970년대부터 계속된 국채발행으로 현재도 경기부양책을 제때에 쓰지 못하는 체질로 변해 버렸습니다. 게다가 엄청난 크기의 일본정부 국채는 현재 일본경제를 짓누르는 암적 존재로 언제든지 폭발할 위험성이 높습니다. 그래서 일본의 엔화가치가 자꾸만 떨어지고 있지요.

두 번째는 금리상승과 인플레이션에 대한 염려입니다. 이것은 한나라당에서도 지적하는 바인데요. 금리상승은 국채를 금융권에 인수시켰을 때 일어나게 됩니다. 지금 현재 각 금융권은 국채발행이 일어날 경우 BIS비율을 높이기 위해 많은 국채를 사들일 가능성이 높습니다. 그러면 은행입장에서는 그만큼 유동성이 떨어지므로 금리가 상승할 가능성이 있습니다. 그러나 현재 대출금리가 빠르게 인하되지 못하고 여전히 신용경색으로 대출금리가 높은 수준을 유지하고 있는 한, 차라리 국채를 발행하여 은행에 묶여 있는 유동성을 정부가 '배분' 하는 형식으로 바꾸어야 합니다.

인플레이션은 국채를 한국은행이 인수할 때 일어납니다. 일본정부 국채 규모가 엄청난 규모임에도 일본의 국채시장이 미국이나 다른 나라처럼 크게 발달하지 못한 이유는 일본은행이 정부가 발행한 국채를 인수함에 따라 시장에 돌아다니는 국채의 절대 양 자체가 비교적 작기 때문입니다.

경제 8월 17일(월)

게다가, 일본정부는 선진 각국의 요구도 있어서 인플레이션 정책을 자주 사용하였습니다(지금 현재도 마찬가지).

.그런데 한국의 경우에 지금 인플레이션이 일어나면 절대로 안 됩니다. 현재는 풍수해에 의해 인플레이션 압력이 점증하고 있는데다가 부동산 가격이 다시 오름세를 타고 있는 상황입니다. 현재의 상태를 가속화할 인플레이션이 일어날 경우 그것이야말로 한국에 재앙이 될 것입니다.

무엇보다 한국이 절대 보존하여야 할 환율 1,000원 이상 상태에서의 산업 경쟁력이 상실됩니다. 그것만은 절대 한국이 보존하여야 합니다. 그것이 한국의 미래이기 때문입니다.

그러므로 정부는 국채의 한국은행 인수를 인플레이션이 일어나지 않을 수 있는 범위로 최소화시켜야 할 의무가 있습니다. 방법은 국채발행 1차분을 금융권에 인수시키고 남은 것이 있거나 그 후 발행분을 한국은행에 시차를 두고 인수시키는 방향으로 하여 한국은행 인수액수를 줄이는 것이 필요합니다.

게다가, 금융기관 지원에 대한 부분을 아예 국채융자로 대체할 수도 있습니다. 각종 기금에 대한 융자 역시 아예 국채로 대체할 수도 있습니다.

그런 식으로 한국은행 인수분을 최소로 줄여나가는 노력이 있게 된다면 인플레이션 없는 경기부양이 가능해질 것입니다.

따라서 국채발행을 통한 단점은 얼마든지 시정 가능합니다. 현재는 금리를 희생시키더라도 인플레이션을 없애고 경기를 부양시킬 수 있도록 유동성의 효율화가 무엇보다 필요한 시점입니다.

— 딴지 경제전문기자 석진욱 seokjeff@hitel.net

석두홍 씨가 세 번째 SM 파이브를 타는 진짜 이유

세계적인 자동차 생산국인 울 나라는, 적어도 자동차 안전정보에 관한한 좆이었다. 일반인이 자신이 타고다니는 자동차의 안전도에 대한 체계적인 정보를 구하기는 거의 불가능하다.

새로운 차가 발표되면, 졸라 광고도 하고 신문지상에 시승기도 실리고 이벤트도 열리지만 정작 사람의 생명과 직결되는 자동차의 안전도에 대한 정보는 전혀 제공되지가 않는다. 수천 억을 쏟아부어 새로운 자동차를 만들어내고 그런 제품 하나 하나가 사운을 좌우지할 수 있는 자동차회사들의 입장에선 당연히 좋은 부분을 더 부각시키고 차의 장점만 열심히 선전하고 싶을 것이다.

그러나... 단점은 되도록 감추고, 더 많이 팔아야 한다는 자동차회사의 대명제보다 더욱 중요하고 더욱 확보되어야 하는 원칙은 그 차를 타는 소비자가 안전을 추구할 권리이며 동시에 그와 관련된 정보를 얻을 권리이다. 자동차 회사의 이익이 소비자의 안전보다 앞설 수는 결코 없다.

외국인들에겐 다 까발려진 정보가... 정작 그 차를 만들어내는 울 나라 국민들에게는 공개되지 않고 쉬쉬... 되고 있다는 것은 對 국민기만이다. 외국인들은 가격과 안전도를 비교해 선택할 권리가 있고 울 나라 국민들은 조또 주는 대로, 맹글어내는 대로 대충 타고 다니란 말인가.

그런 정신으로는 암에푸고 나발이고 극복 안 된다. 이제 제발 외국인들 말고 울 나라 소비자를 먼저 아끼고 먼저 챙기고 더 무서워해라. 본지는 이에, 자동차 전문위원 메탈헤드 기자의 울 나라 자동차 안전도 리포트를 싣기로 한다.

석두홍 씨가 팔에 기브스를 한 SM 파이브 광고가 매스컴을 타면서 차량의 구조적인 안전에 대한 관심이 한때 높아진 적이 있다.

그러나 과연 SM 파이브가 구조적으로 뛰어나기 때문에 석두홍 씨가 세 번째 SM 파이브를 타고 있을까? (여기서 세 번째가 아니라 두 번째라고 말씀하시는 독자는 딴지광고를 먼저 보시기 바란다.) 택도 없는 소리다.

극단적으로 얘기하면, 그는 겁나게 운이 좋았던 사람 중의 하나일 뿐. SM 파이브가 아닌 다른 차를 몰고 다니는 당신도, 석두홍 씨처럼 차를 폐차할 지경까지 이르는 심각한 교통사고를 당하고도 골절상만 입을 수 있다. 석두홍 씨처럼 운이 좋다면 말이다.

차량사고는 다양한 조건하에서 다양한 형태로 벌어진다. 차 대 차 사고의 경우 최소한 운전자 2명이 관련되며, 그들의 운전하고 있던 상태의 자세나 환경에 따라서 똑같은 형태의 사고라고 하더라도 사람이 더 다칠 수도 있고 덜 다칠 수도 있다.

SM 파이브의 원형이 되었던 닛산의 맥시마는 미국의 충돌테스트(고속도로보험안전연구소-IIHS 주관)에서 별로 좋은 점수를 받지 못 했다. 동급차들에 비하면 평균을 밑도는 수준이었다. 그런 차의 구조를 그대로 옮겨다 쓴 SM 파이브를 탔던 석두홍 씨는 팔만 부러지고 말았으니 얼마나 운이 좋은 사람인가.

자동차에 있어 무엇보다도 중요한 것은 탑승자의 안전이다. 메이커들이 충돌 테스트가 실제 상황과는 차이가 있어 신빙성이 없다고 하면서도 차량 개발단계에서부터 충돌 테스트를 거치는 것은 수출을 위해 외국의 기준에 맞추기 위한 것도 있지만, 그 자동차는 안전하다는 인식이 판매에 많은 영향을 끼치기 때문이다.

테스트라는 것이 표본조사라는 사실을 감안한다면 분명히 실제상황과는 차이가 있을 수 있다. 그러나 여러 가지 조사를 통해 가장 빈번하게 일어나는 사고유형을 표준화시켜 테스트하기 때문에 결과를 결코 무시할 수 없다. 더구나 점점 고속에서의 오프셋 충돌 테스트(충격점이 차량 중심선 밖으로 치우친 테스트)로 테스트 유형이 변화해 가고 있어 그 결과가 점점 현실치에 가까와지고 있다.

이쯤 해서, SM 파이브와 함께 대한민국의 도로 위를 굴러다니고 있는 여러 차들의 구조적인 안전에 대해 살펴보자. 이 차들은 바로 여러분들이나 본 기자나 몰고 다니는 차들이다. 비록 물 건너가서 테스트받은 것이긴 하지만, 구조적으로는 여러분들이 타고 다니는 차와 다를 게 전혀 없다.

박살난 차의 사진들과 함께 간략한 설명들을 읽어보시라. 과연 어떤 상황에서 어느 차를 몰아야 당신은 석두홍 씨와 같은 레벨이 될 수 있을까.

참고로 최신의 NCAP 테스트 기준은 측면 40% 오프셋 충돌시 속도는 시속 64km(40마일)이고, 이와 함께 완전정면 충돌 테스트, 측면 충돌 테스트, 보행자 안전 테스트 등을 치른다. 측면 충돌 테스트는 시속 56km(35마일)로 치러진다. 이 정도면 제법 가혹한 수준이다. 아마도 사고 당시의 석두홍 씨와 비슷한 조건일 것이다.

- 등급을 별로 표시할 경우 별 5개가 만점

 97년식 현대 엑센트 5도어 1.3	**유럽 NCAP 테스트 : 별 1개 반** 유럽에서 판매되는 모든 엑센트에 운전석 에어백이 기본사양으로 채택되어 있지 않기 때문에 에어백이 없는 차량으로 테스트. 결과는 당연히 정면충돌시 운전자의 머리 보호능력이 미흡. 불행하게도 측면 충돌시에도 가슴부분에 심각한 상해를 입을 수 있음.
 96년식 현대 아반떼 4도어 1.5	**호주 NCAP 테스트 : 총평 – 나쁨(Poor)** 오프셋 충돌테스트에서 운전석쪽 탑승공간이 사실상 지붕에서 바닥까지 변형. 운전자의 머리 보호능력은 정면 및 오프셋 충돌테스트 모두 나쁨. 정면 충돌시 조수석 탑승자 머리 보호능력이 나쁨.
 96년식 현대 쏘나타 4도어 2.0	**미국 NCAP 테스트 : 총평 – 나쁨(Poor)** 발받침 부분이 밀려들어와 다리 보호능력이 떨어지며 핸들이 너무 많이 뒤로 밀림. 정부기준의 시속 35마일(56km) 정면완전 충돌 테스트에서는 운전석은 별 5개 만점에서 3개, 조수석은 5개 만점에 5개.
 96년식 대우 씨에로 5도어 1.5	**호주 NCAP 테스트 : 총평** 　　　　　　 **– 부족함(Marginal)** 오프셋 충돌테스트에서 탑승공간이 심하게 변형. 충돌시 머리와 가슴의 손상은 만족스러움.

 98년식 대우 라노스 5도어 1.4	**유럽 NCAP 테스트 : 별 2개 반** 라노스는 정면과 측면보호에 있어 별 셋을 먹었으나 별 하나가 반 쪽인 이유는 운전자가 측면충돌시 가슴부위에 막대한 상해를 입을 수 있기 때문.
 97년식 기아 스포티지 4도어	**호주 NCAP 테스트 : 총평 – 나쁨(Poor)** 정면 및 오프셋 충돌테스트에 있어 운전자와 조수석 탑승자의 머리 보호능력은 모두 나쁨. 오프셋 충돌테스트에서 탑승공간이 변형. 오프셋 충돌테스트에서 운전자 무릎보호능력이 나쁨.
 97년식 기아 세피아 4도어 1.8	**미국 NCAP 테스트 : 총평 – 나쁨(Poor)** 운전석 공간이 오프셋 충돌테스트시에 적당히 확보되지 않음. 발받침 부분이 밀려들어와 다리 보호능력이 떨어짐. 머리 보호능력이 나쁘며 범퍼는 부족함. 다행히도 98년형(세피아 2)모델에서는 약점이 보완될 듯.

우리 나라에도 충돌테스트를 하는 기관은 있다. 성능시험연구소(이하 성시연)라고, 국가에서 돈을 대서 만든 공인기관이다. 주로 형식승인을 위해 관련 법규에 맞는지 테스트를 하고, 메이커의 테스트를 대행하기도 한다.

그런데 여기서는 외국처럼 충돌테스트 결과를 공개하지 않는다. 왜냐하면 주고객이 우리 나라의 자동차 메이커이기 때문이다. 메이커는 자신들이 만든 차의 안전도에 대한 실상이 드러났다가는 죽쒀서 개주는 꼴이 될까봐 겁이 나는 것이다.

몇 년 전에 자동차 잡지 월간 '굴렁쇠'에서 자기네 돈으로 중형차 세 대를 사다가 성시연에서 직접 충돌테스트를 하고 독자적으로 결과를 공개한 적이 있었다. 메이커에서는 난리가 났다. 결과가 형편없었기 때문이었다. 이후에 성시연에서는 자동차 잡지 주관의 테스트는 치르지 않고 있다. 아예 접수를 받지 않는다고 한다. 자동차 메이커의 로비가 있었다는 거다.

삼승의 SM 파이부도 형식승인을 얻기 위해 성시연에서 테스트를 거쳤을 게다. 지금 팔리고 있는 경쟁사의 이에푸 소낫다, 내감자, 그래도써 등의 경쟁차들과 마찬가지로.

테스트를 해본 사람들은 충돌시의 결과에 대해 자세히 알고 있을 것이다. 그러나 정작 차를 사고, 타고 다니는 (혹은 살, 타고 다닐) 사람들은 도대체 이 차들이 충돌시에 얼마나 개박살이 나는지, 사람이 얼마나 다치는지 알 방법이 없다. 테스트 결과를 공개하지 않으니.

이러니 삼승은 결과가 어떻게 나왔든 신경쓰지 않고 "SM 파이부는 존나 튼튼함다. 석두홍 씨도 골절상을 입고도 또다시 SM 파이부를 타지 않습까" 하고 광고를 때려대는 것이다. 석두홍 씨가 겁나 운이 좋았다는 사실과 차가 진짜 얼마나 튼튼한지는 덮어둔 채로 말이다.

여기에 SM 파이부의 원형인 95년형 닛산 맥시마의 오프셋 충돌테스트(IIHS 주관) 사진을 덧붙여 본다. SM 파이부가 95~96년형 닛산 맥시마/세피로의 앞뒤 디자인만 바꿔 만든 차라는 사실은 아는 사람은 다 아니까 기자가 왜 여기에 맥시마의 사진을 덧붙이는지는 말 안 해도 잘 아시리라. 잘 보시면 알겠지만 아작나는 정도는 다른 국산차들과 별 다를 바 없다. 그리고 총평은 다음과 같다.

경제 8월 31일(월)

총평 – 나쁨(Poor)

"정면 오프셋 충돌 테스트에서는 구조적으로 그럭저럭 괜찮은 성적을 얻었음에도 불구하고 발받침 부분이 밀려들어오는 것과 시트 고정부위의 고장으로 시트가 심각하게 앞으로 밀려나가는 중대한 문제점이 발견되었다. 덧붙여서, 이 차는 우리가 테스트한 차들 중에 양다리 부상도가 심각한 몇 안 되는 중형차 중의 하나다. 머리부분 보호는 부족한 편이고, 범퍼손상은 심각하다."

결론적으로, SM 파이브는 다른 국산차들과 구조적 안전측면에 있어서는 크게 차이가 없다고 볼 수 있다. 그리고 테스트 결과에 따르면 팔에 골절상을 입는 게 아니라 양다리가 아작이 났어야 말이 된다. 그래도 삼숭은 "우끼지 마라"고 할꺼다. 여태껏 그래 왔듯이 "그 차와 이 차는 다른 차다"라고 외칠 테니 말이다.

나라에서는 이런 헛소리를 하지 못하게, 성시연의 테스트 결과를 만천하에 공개해야 한다. 성시연이 자동차 메이커들과 짝짜꿍해서 누이 좋고 매부 좋고 하지 못하게 해야 한다.

시간이 흐를수록 국산차의 충돌시 안전성이 높아지고는 있지만, 갈 길은 아직 멀다. 불과 몇 년 전만 해도 외국의 충돌테스트에서 꼴찌에서 1, 2등을 다투던 국산차들이 이제는 평균수준까지는 올라왔으니 장족의 발전이기는 하다.

이제는 어지간한 일본차들과 어깨를 나란히 할 수준에 올라와 있다. 그러나 비슷한 가격대에 팔리는 다른 외국차들 중에는 국산차보다 충돌안전도가 높은 차들이 아직 더 많다.

재수 좋게 큰 사고에서 약간의 부상만 입은 사람을 내세워 눈가리고 아웅 식으로 자기네 차의 안전도를 자랑하기보다는, 보다 안전한 차를 만들고 자신있게 차의 안전에 대한 정보를 공개할 수 있는 그런 메이커의 자세가 절실하다 하겠다.

- 자동차 전문가 기자 메탈헤드 lightblue@iname.com

경제 8월 31일(월)

[주장] 정리해고 이래선 안 된다!

이대로라면 헌대자동차는 결국 맛이 갈 것이다.

내리 몇 달을 끌던 정리해고 문제가 사이다랑 콜라랑 바카스랑 섞어 놓은 음료수 하나 만들어놓고 결론났다.

마침내 노사가 합의를 마치고 "아줌마!! 여기 났어요"를 외쳤을 때 젬비가 이거 저거 합쳐 1조 원이 넘는다는 야그에 온 국민이 학을 떼고 벌어진 입을 다물지 못했다. 그리곤 속으로 외쳤다. "쓰펄... 짜장면 좀 작작 시켜 처먹지..."

그저 월급받아 한달 한달을 연명해가는 본 기자같은 샐러리 맹꽁이들은 직장이 전부다. 따라서 암에푸로 인한 정리해고 바람은 차갑기만 하고 어찌보면 헌대자동차의 협상결과에 한편으론 안도의 한숨을 쉬기도 한다.

"울 회사도 정리해고 하는데 헌대넘들 땜에 좀 나아지겠지..." 하면서 말이다. 그치만 그래선 안 된다. 눈까리 말똥말똥하게 뜨고 어른들 바라보는 얼라들을 생각해서도 이렇게 물에 물탄 듯한 정리해고는 안 된다. 우리에게 독이 될 뿐이다.

헌대 같은 데야 워낙 요란뻑쩍하게 갖은 지랄하며 노사협상을 하고 갖은 사이비 언론들이 장단을 맞추어 온국민이 정리해고하는 줄 알지만 삼승같이 교활한 데는 소리없이 정리해고해서 하는지 안 하는지도 잘 모른다(여기서 본 기자는 기업비밀 한 가지를 폭로한다. 소리없는 차 '레감자'의 정체를... 요거 데오자동차에서 맹그는 거 아이다. 삼승에서 OEM으로 만들어 데오에 납품하는 기다. 소리없는 거... 삼승에서 특허낸 기다).

여하튼 지금은 개도 소도 다 정리해고하는 세상이다 이거다. 기업이 장사 안 되면 정리해고 하는 거 당연하다. 노조에서 기업의 비용 중 인건비가 차지하는 비중은 아주 낮다는 건 하는 말은 사실이나 사람 안 자르면 다른 비용도 안 줄어든다는 게 문제다.

비용 줄이는 게 코 앞에 닥친 과제인 기업은 앞뒤 생각할 겨를 없이 팍팍 자르고 있는 것도 현실이다. 작금의 문제는 사람 팍팍 자르는 게 결국은 자기 무덤 판다는 거라는 걸 자르는 넘도 잘리는 넘도 잘 알고 있다는 것이다. 20% 정리해고하면 20% 이상으로 생산성이 저하된다. 작금의 정리해고는 죽어가는 넘 생명 며칠 더 연장하는 효과 밖엔 없다.

기업이 살고 샐러리맹꽁이들이 사는 방법은 한 가지다.

더욱더 팍팍 잘라야 한다. 모라고? 조까는 소리 하고 있다고...

아이다. 조까는 소리가 절대 아이다. 20% 잘라서 유지될 수 있는 기업은 40%, 50% 잘라야 한다. 그리고나서 20%, 30%는 다시 충원해야 한다. 왜 이래야 우리 모두가 살 수 있는가는 지금부터 5분간 조짭고 반성해 보면 안다(정말 죄송하지만 여성분은 제외...).

울 나라 젤 조까튼 거 중의 하나가 배타성이다. 이거 노동시장에서도 예외 아이다. 노동시장의 경직성... 울 나라만큼 심한 데 드물다. 샐

경제 8월 31일(월)

러리맹꽁 이들은 알리라.

울 나라 기업 함 들어가면 만고 땡이었다. 별다른 과오없음 조직에 기여하든 말든 민폐만 안 끼치면 기냥 GO GO였다(주위 함 살펴봐라. 고스톱칠 때 대책없이 GO하는 넘 전부 샐러리맹꽁이다.).

그래서 그나마 똘똘한 넘들 다 헌대니 삼승이니 데오니 엘쥐니 하는 이름 빵빵한 데 들어갔다. 잘난 조직의 못난 넘이 못난 조직의 잘난 넘보다 훨 장가가기 쉬운 게 현실이다.

어렵더라도 함 들어가면 졸라 일 열심히 한다고 승진하는 거 아이다. 그런 넘도 있지만 그거 쉬운 일 아이다. 그거 인간관계 돈독히 하면서 '글마 참 인간이 되때이' 하는 소리 듣는 게 장수의 지름길이었다. 이런 조직이 생산성 있다면 그거 내시가 딸딸이 칠 일이다.

정리해고 제대로 되려면 조직이 바뀌어야 한다. 햇빛 쨍쨍한 날 이불 탈탈 털듯이 필요 이상으로 짤라버리고 새로 충원해서 신선한 피를 충원해야 한다.

그러면서 능력과 무관하게 형성된 조직 내의 포지션을 재조정해야 한다. 능력없는 과장은 짤라서 딴회사 주임으로 가게하는 게 장기적으로 나라와 글마를 위해서 좋은 일 하는 거다. 지금 고용시장의 가장 큰 문제 중의 하나는 지 아무리 잘난 샐러리맹꽁이도 제대로 된 포지션으로 이동할 수 없다는 거다.

정부에서는 기업이 정리해고하는 조건 중의 하나로 정리해고 회피노력을 들고 있는데 신규채용은 정리해고 회피노력은 안 하는 거로 간

주된다.

따라서 기존 직원 짜르고 나서 능력있고 싼 넘 채용하는 거 불가능하다. 채용하더라도 짜른 넘을 우선적으로 채용해야 한다. 이래가지고야 기업이고 좆이고 갱쟁력 갖출 수가 없다. 기냥 서서히 망해가는 수밖에 없다.

혹자는 말한다. 정리해고 줄이고 임금삭감으로 고통을 분담하자고. 그거 이자 연체하는 거랑 똑같다. 결국은 파산하게 되는 거다.

필요 이상으로 짤라야 되는 또 다른 이유는 임금을 현실화하자는 거다. 졸라 일 잘하는 넘이랑 졸라 노는 넘이랑 비슷한 월급받아야 된다는 거 말이 안 된다. 돈이 좋은 넘은 졸라 일하고 졸라 노는 거 좋아하는 넘은 돈 조금 받는 게 정상이다. 개도 소도 할 거 없이 평준화된 임금구조가 모두가 적당히 일하는 세상을 만들었다.

하는 거 비해 많이 받는 넘 다 잘라서 하는 거만큼 주는 데 취직하도록 해야 한다. 이러기 위해선 노동시장의 유연성, 다시 취업할 수 있는 기회가 있어야 한다는 말이다.

갓 잡아온 생선처럼 싱싱하고 의욕에 찬 젊은이들이 그저 눈치만 보는 노땅들에 의해 취업기회가 박탈되는 현실은 분명히 잘못되었다. 본 기자를 포함한 노땅 샐러리맹꽁이들은 정말 심각하게 반성해야 한다.

하는 거만큼 받자.

경제 8월 31일(월)

그리고 정부와 기업도 명심해야 한다. 적게 짜르는 게 최선이 아니라 능력있는 넘 그 능력 발휘할 수 있도록 노동시장의 유연성을 확보해 주라. 모두가 서서히 망하느냐 아니면 지 취향대로 돈 존 넘 돈벌고 노는 거 존 넘 놀 수 있도록 해주느냐는 우리 모두의 선택에 달려 있다.

본 기자도 샐러리맹꽁이지만 무수히 날아오는 돌멩이에 줘터져도 이 말은 꼭 하고 싶었다...

- 노땅 샐러리맹꽁이인 모창투사 아날리스트 겸
딴지 갱제부 제1호 수습기자, 욕재이 용 young@lee.mail.org

암에푸 이렇게 하면 극복된다

암에푸로 폭등하는 사료값을 견디지 못하고 양계장이 망했다.
그 양계장에 남은 거라곤 겨우 닭 세 마리…

그거라도 어떻게 키워서 재기해야겠다고 다짐했던 양계장 주인은 어느 날 더 이상 배고픔을 견디지 못하고 닭을 잡아먹기로 결심했다.

그러나 수천 마리에서 딱 세 마리 남아 그동안 애지중지하기도 했고 이제 얼굴과 이름도 구별이 가며, 정도 든지라 어느 놈을 잡아먹을지 결정하기가 힘들었다. 그러다가 묘안을 냈다.

지금 한 마리를 잡아먹긴 하지만 남은 두 마리는 되도록이면 머리 좋은 놈을 남겨 재기할 때 좋은 종자를 보기 위해서 제일 머리 나쁜 놈을 잡아먹기로 한 것이다.

그래서 주인은 문제를 내기로 했다. 첫 번째 닭 '닭수니'에게 물었다.

"1+1은?"

'닭수니'는 주인을 장난하냐는 듯이 한번 쓱 쳐다보더니 "2…"라고 대답했다. 의외로 수학문제를 맞추는 데 놀란 주인은 두 번째 '닭도리'에게는 조금 더 심사숙고를 한 다음 물었다.

"2×2는?"

'닭도리'는 하품을 한번 하더니 대답했다. "4여…"

화들짝… 주인은 놀라지 않을 수 없었다. 이제 마지막 닭까지 문제를 맞춰버리면 자신은 또 굶어야 할 처지.

마지막 닭, '닭대가리'에게 물었다.

"19587395 × 2429085 + log22 는?"

'닭대가리'는 쥔을 올려다보며 말했다.

⋮

"털 뽑아 씨발넘아!"

이런 정신이면 암에푸 극복된다. 위기가 닥치면 도망가지 않고 의연히 맞서는 이런 정신. 암에푸 극복정신이다.

— 딴지경제부 기자

[건강경제] 직장에서의 응급처치 요령

직장에서 일어날 수 있는 크고 작은 사고에 대해 간단히 대처할 수 있는 응급처치법을 소개한다.

단, 아직 임상실험을 끝내지 않은 방법이 태반이므로 사용해보시고 그 효과를 알려주시면 대단히 감사하겠다.

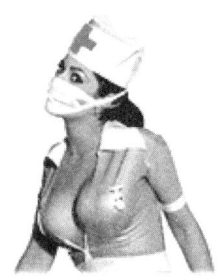

아프고 싶지?

사례 0) 입사시험 면접에서 '우리 회사를 지원하게 된 동기를 말해보라' 라는 질문을 받았을 때...

처치법

오라는 데가 없었는데 개중 제일 만만해서라고 말해본다. 만일 분위기가 써늘해지면 사실은 두 번째로 만만해서라고 조용히 외치고 면접관의 머리를 조심스레 쓰다듬어 준다.

사례 1) 평소 마음에 안 드는 부장이 과음으로 인해 쓰러져 신음할 때...

처치법

미지근한 물수건(약 섭씨 95도 정도)으로 환자의 코와 입 주변을 부드럽게 감싼다(단, 공기가 새어나가지 않도록 주의한다!). 환자의 상태로 보아 소리를 지르거나 반항할 기미가 있으므로 두 무릎으로 환자의 머리를 꼭 죈다(철공소의 바이스를 상상하면 쉬우리라 생각됨). 응급처치 초기에 강한 저항이 있더라도 계속 진행한다. 환자가 더 이상 저항하지 않을 때까지 강약을 두어 시행한다.

사례 2) 평소에 마음에 안 드는 과장이 계단을 헛디뎌 괴로워 할 때...

경제-이주의 포커스 8월 31일(월)

> **처치법**

환자가 실신할 가능성이 있으므로 두 손으로 머리를 감싸고 환자의 귀에 큰소리를 질러준다(이럴 땐 큰 웃음이 가장 효과적).
그리고 환자의 사고 사례를 사무실 내에 전파한다(유사사고 방지).

사례 3) 화장실에서 한 장밖에 남지 않은 휴지를 옆칸의 고참이 달라고 위협을 가했을 때...

> **처치법**

절대 위협에 굴복하지 않고 버틴다. 만일 상대방이 애원을 하면 코를 푼 휴지나 곱게 접은 개구리, 종이학 등을 건네준다(종이학의 알만을 건네주는 것이 가장 효과적이다).

사례 4) 상사의 정신이 갑자기 혼미해져서 느닷없이 "오늘은 야근이야!"라고 말하게 될 때...

> **처치법**

환자의 심적 상태가 상당히 위험한 상태이므로 조용히 그 자리를 피하거나 미지근한 비눗물을 여러 번 나누어 먹이고 가능하다면 신선한 레몬으로 두 눈을 맛사지한다(절대 안구를 직접 비비도록 한다).
환자의 건강을 위하여 다소의 반항은 묵살한다.

사례 5) 바쁜 일 중에 상사가 커피 심부름을 시킬 때...

> **처치법**

환자의 안구를 자세히 관찰한다. 대부분의 환자가 이 지경까지 왔을 때는 이미 안구가 풀어져 있을 확률이 높다. 환자의 요구를 들어주지 않으면 매우 난폭해질 가능성이 있으므로 요구에 순순히 따르는 척한다. 응급처치법으로는 환자의 커피잔에 침을 4~5회 나누어 뱉는다. 단, 환자가 모르는 상태에서 실행해야 효과가 있다.

물론 환자가 그 커피를 마시기 전에 동료들에게 이 사실을 알려야 환자의 치유에 많은 도움이 된다.

사례 6) 노래방에서 상사가 마이크를 들고 놓지 않을 때...
처치법

신속히 상사가 마시던 음료수캔에 담배꽁초를 집어넣고 2~3회 흔든 후 자주 마시도록 권한다.
30분 동안에 4~5개 정도의 꽁초가 적당하다.

사례 7) 일을 시켜놓고 낮잠을 자고 있는 상사를 발견했을 때...
처치법

조용히 양쪽 구두끈을 묶어 놓는다. 커다란 소리가 나도 절대 그쪽을 쳐다보지 않는다.
조사기관에서 물어봐도 절대로 모른다고 대답한다.

사례 8) 자동차를 빌려가 기름 바닥내고 차 옆구리 심하게 긁고 돌려줄 때...
처치법

분명히 상사 자신의 차에 불만이 있으리라고 생각하고 대추 1홉,생강 3개,설탕 1포를 약한불에 끓인 후 상사의 차 연료 주입구에 넣어준다. 혹은 주차브레이크에 속건성 시멘트로 보철을 해주는 것도 효과적인 응급처치방법이다.

- '건강직장 이룩해 암에푸 졸업 앞당기기 운동본부' 소속기자
윤석배 blue99@netsgo.com

만화 8월 31일(월)

사랑으로 극복하자! (5)

'보건체육부 선정 국민권장체위 10선'이 이제 이번 발표로 단 하나만을 남기게 되었다. 참으로 험난한 연구과정을 거쳐 탄생한 권장체위 10선에 보내준 국민들의 성원을 잊지 못할 것이다.

개포동 사는 조루증 씨(34)의 경우 권장체위를 꾸준히 연마한 결과 평소 지병이던 허리 디스크와 관절염이 깜쪽같이 나았을 뿐만 아니라 남몰래 고민하던 조루와 발기불능이 완전치유되어 이름까지 조지서로 개명했다고 한다. 가슴이 벅차다.

그 외에도 감사편지를 보내 온 많은 분들에게 잠깐의 성공에 결코 자만하거나 방심하지 말고 앞으로도 가일층 정진하라고 말씀드리고 싶다.

– 제8번 "삽질하며 올려치기"

이 체위는 원래 농경민족이었던 우리 조상들이 다망구, 오징어가이상, 말뚝박기와 함께 민족 4대 스포츠의 하나로 면면히 이어 온 전통의 체위였으나 일제시대 가증스러운 민족정자 말살정책에 의해 그 명맥이 끊겼다가, 최근 보건복지부 산하 〈역사바로꽂기 운동본부〉의 고증으로 그 원형이 복원된 유서깊은 것이다.

워낙에는 밭일 할 때 시간이 부족했던 신혼 농가에서 주로 행해졌던 것이나 이번에 고증팀의 노력으로 그 동작이 현대화되고 체계화되어

8월 31일(월) 만화

새롭게 선보였다. 남성이 허리힘으로 배 위의 공을 튕기듯 주기적으로 올려치는 동작을 반복해야 하므로 허리근력강화에 탁월한 효과가 있는 것으로 알려졌다. 또한 삽질 동작이 반복되는 동안 남성의 상체가 앞뒤로 흔들려서 여성의 승차감이 그만이라고 한다. 고증팀에 아낌없는 박수를 보낸다.

주의 보건복지부에서는 이 체위의 경우, 작업에 임하기 전에 반드시 1회 이상의 자지 근력 테스트를 받기를 권하고 있다. 자지 근력이 일정수준에 도달하지 못하는 남성의 경우 앞뒤로 왕복 삽질을 하는 동안 여성의 체중을 견디지 못한 자지가 굴절되어, 여차하면 여성이 삽자루를 타고 미끄러지면서 치명상을 입게 되는 경우가 종종 발생한다. 여태껏 대부분의 체위가 남성에게 그 위험성이 집중되었던 반면, 이 체위의 경우 여성을 지탱하는 포인트가 오로지 자지 한 군데인 관계로 여성들의 각별한 주의가 요망된다. 자지 근력 테스트는 각 지역의 보건소에서 무료로 받을 수 있다.

보건체육부 권장체위 8번 :
"삽질하며 올려치기"

- 제9번 "빠일롯 롤터코스터"

이 체위는 6·25당시 국내 파견되었던 유엔군 소속 조종사들에 의해 국내에 보급되었으나 국내 민간인들에게 전수되는 과정에서 여러 가지 버전으로 토착화되어 그 계보가 복잡하던 것을 이번에 정리 통합하여 발표한 것이다. 남성의 경우 고글과 롤러 스케이트의 착용은 필수이며 모자의 프로펠러는 선택사항이 되겠다. 정규복장을 착용하지 않으면 속도감을 비롯한 그 진가를 백프로 맛볼 수 없다고 한다. 이 체위에서 특히 중요한 것은 여성이 양팔벌리기, 양팔모아 앞으로 뻗기 등 적극적으로 포즈를 개발하여 동작의 단조로움을 피해야 만족스런 결과를 얻을 수 있다는 점이다.

주의 한마디로 과속금지다. 특히 색깔 있는 고글 착용시 남성들은 자신의 주행한계속도를 초과하여 과속하는 경우가 자주 발생하는데, 이럴 경우 여성이 양다리를 오므려 자지에 압박을 가함으로써 강력한 제재를 가할 필요가 있다. 여성이 자지 압박의 강도로 주행 속도를 자유자재로 조절할 수 있는 경지에 이르면 이 체위는 마스터했다고 봐도 무방하겠다.

보건 체육부 권장 체위 9번 :
"빠일롯 롤러코스터"

Chun-No Lingerie

혹시 여자친구가 한눈을 팔아서 고민이십니까? 마누라가 예전처럼 안 덤벼줍니까? 마냥 여성의 손길을 기다리고 있을 수만은 없습니다. 이제 남성이 섹시해져야 할 때입니다. 고개숙인 남성들께 "Chun-No Lingerie"를 드립니다.

"흑장미"

지금은 감성시대. 남자라는 이유만으로 모든 것을 참고 인내해야 하는 시대는 이제 끝났습니다. 버림 받은 남성들이여 그만 울음을 멈추시라... 이제 당신도 화려한 속옷으로 여성들을 유혹할 수 있게 되었습니다. 사랑을 잃고, 방황하는 모든 남성들께 이 제품을 바칩니다.

"백합화"

남편은 남자보다 아름답고, 남자의 변신은 지 조때로.

세계적 속옷 메이커 "Jocjey" 와 기술제휴한 수출 모델들.

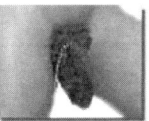
"Joji-ssage"

"Joji-nage"

- Chun-No Ppans Co. -

* 본 사업은 전직대통령의 비자금으로 운용되는 바 대금결제는 무기명 장기채권으로만 가능합니다. 자세한 문의사항은 마케팅 담당 : jangsedong@chun-no.com

사회

종필순 여사 사실혼 확인청구 및 혼인방해에 대한 위자료 청구소송...
없는 넘들이 씨팔하는 것은...
준비되지 않는 자에게 사회는 가혹하다
암에푸가 바꾼 생활 47가지...

[사회정화] 변태를 몰아내자!
[단신] 50대 아주머니 실명위기에 처해...

이주의 포커스

대한항공 사고, 그 진실을 밝힌다 (1) 승무원 편 · (2) 탑승객 편
[동물의 왕국] 원숭이에게서 인생을 배운다.

http://ddanji.netsgo.com

종필순 여사 사실혼 확인청구 및
혼인방해에 대한 위자료 청구소송...

여의도 화류업계에서는 5개월째 종필순 여사의 사실혼 관계에 대한 논란이 계속되고 있다. 이 논란의 핵심은 새로이 김되중 씨에게로 개가한 종필순 여사의 사실혼을 인정하느냐, 않느냐는 것이다. 본지는 현재 대법원에서 심리중인 〈종필순 여사 사실혼 확인청구소송〉의 재판기록을 단독입수하여 독점보도하는 개가를 올리게 되었다... 독자들도 이 소송을 보고, 과연 누구의 손을 들어줄 것인가 판단해 보기 바란다...

없는 넘들이 씨팔하는 것은...

암에푸로 있는 넘, 없는 넘의 구분이 더 명확해지고 있다. 없는 넘들만 죽어나고, 워낙 있는 넘들은 술 마실 때 건배하면서 "이대로~"를 외친단다. 하긴 요즘은 돈 있으면 돈놀이 하기 딱 좋다. 이런 걸 없는 넘들이 보고 있자면 열받게 되어 있다. 암에푸 이전에도 이후에도, 이럴 경우 울 나라에서 소위 '있는 넘'의 논리는 간단 명료하다.

"내 돈 내가 쓰는 데 누가 뭐라고 해, 꼬우면 너도 벌어..."

'없는 넘'은 더 간단하다.

"씨팔..."

준비되지 않은 자에게 사회는 가혹하다

사회는 냉혹하다. 준비되지 않은 자는 가혹한 대가를 치뤄야 한다.
우리 모두 아래 글을 읽고 유비무환, 임전무퇴의 정신으로...

암에푸가 바꾼 생활 47가지...

1. 재밌는 비됴가 나오면 빌려다 봤다. 지금은 포스터만 한참 들여다보고 집으로 돌아와 내용을 가늠해 본다.

2. 가끔 팝니다란에서 살 게 없나 검색했다. 지금은 삽니다란에 가서 팔 게 없나 알아본다.

3. 점심은 언제나 잡채밥 또는 짬뽕밥이었다. 지금은 저녁까지 안 굶으면 다행이다...

사회

▶ 정치 경제 사회 국제 문화/생활 정보통신/과학   ▶ BEST 스포츠 테마신문

(사회정화)
변태를 몰아내자 !

이 이야기는 실화입니다... 제가 겪고도 믿어지지 않는... 아니 믿을 수 없는 일입니다... 때는 97년도 여름...에 일어났습니다...

(단 신)
50대 아주머니 실명위기...

경찰은 어제 서울 모대학 3년 이모 군(22세)을 중상해 혐의로 긴급 체포했다. 이군은 지난달 3일 신촌의 한 공중변소에서 발생한 엽기적인...

(이·주·의·포·커·스)
대한항공사고, 그 진실을 밝힌다 (1) 승무원 편·(2) 탑승객 편

지난 5일 일본 나리타 공항을 출발한 대한항공 KE8702가 비로 인한 활주로의 수막현상과 이·착륙 때, 자주 발생하는 측면 돌풍 때문에 미끄러져 중심을 잃고 활주로를 벗어나 경비행기 격납고 도랑에 빠지면서 오른쪽 날개가 부서지고 격납고에 있던 헬기 1대가 파손되는 사고가 있었다.

이 사고로 26명이 중경상을 입었으며, 공항측의 늑장대응과 대한항공측의 사후처리 미숙으로 승객들의 원성을 샀다.

사고의 원인은 악천후, 그리고 낙후한 김포공항의 기상시스템, 마지막으로 조종사의 실수가 짬뽕된 것으로 보인다. 여기까진 거의 명확하다.

그런데...

(동물의 왕국)
원숭이에게서 인생을 배운다

영화 파워 오브 원(Power Of One)을 보면 어린 주인공과 유태인계 독일박사가 아프리카의 어느 골짜기의 큰 폭포를 바라보는 장면이 나온다.
거기서 박사가 그 어린 넘이 뭘 안다고 애한테 이런 썰을 푼다...

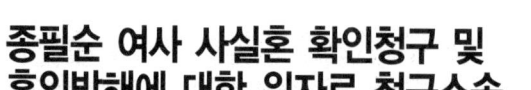

사회 8월 3일(월)

종필순 여사 사실혼 확인청구 및 혼인방해에 대한 위자료 청구소송...

여의도 화류업계에서는 5개월째 종필순 여사의 사실혼 관계에 대한 논란이 계속되고 있다. 이 논란의 핵심은 새로이 김되중 씨에게로 개가한 종필순 여사의 사실혼을 인정하느냐, 않느냐는 것이다. 본지는 현재 대법원에서 심리중인 〈종필순 여사 사실혼 확인청구소송〉의 재판기록을 단독입수하여 독점보도하는 개가를 올리게 되었다... 독자들도 이 소송을 보고, 과연 누구의 손을 들어줄 것인가 판단해 보기 바란다...

사건명
종필순 여사 사실혼 확인청구 및 혼인방해에 대한 위자료 청구소송

원 고
종필순(당 70세, 자민논 스텐드빠 주인)

피 고
한나리(당 65세, 한나리 룸싸롱 주인)

소송개요
이 사건은 몇 번의 이혼경력이 있는 종필순 여사가 1998년 2월 김되중 씨와 동거에 들어가 사실상 사실혼 관계에 있으나, 그녀의 전 남편인 한나리 씨가 호적상 정리가 완전하게 끝나지 않은 상태에서 이루어진 동거라는 이유로 원인무효임을 주장한 사건임... 이에 종필순 여사는 법적으로야 우째 됐든 이미 동거에 들어갔으므로 사실혼을

인정해야 한다며 소송을 제시했음...

사건개요

종필순 여사는 일찍이 1960년대 초반 화류업계에 뛰어들어, 군부대 앞에 처음 다방을 개업할 무렵 첫 번째 남편인 박정히를 만나게 되다... 그녀의 첫 남편 박정히는 작고 다부진 직업군인으로 종필순을 보자마자 서로 눈이 맞게 되었다. 근 10여 년 동안 박정히와 결혼생활을 유지하던 종필순은 〈자의 반, 타의 반〉이라는 알쏭달쏭한 말을 남기며 박정히와 헤어지게 된다.

이후 독신생활을 유지하던 종필순은 1990년에 들어 이른바 〈삼인합방〉이라 불리는 김용삼과 노테우 사이에서 삼각관계를 유지하게 된다. 1992년까지 이어지던 이들간의 삼각관계는 노테우의 정력과 돈이 바닥을 보이게 되자, 종필순 여사가 김용삼과 급속도로 가까와지면서 끝나게 된다. 김용삼과 몇 년간 늦은 신혼의 달콤함을 만끽하던 종필순은 '너무 늙어서 아들을 못 낳는다'는 이유로 소박을 맞게 되면서 또다시 파국을 맞게 되었다.. 이때 종필순은 '토깽이 같은 사내아이 못 낳아 구박받고 팽개침을 받는다' 라는 그 유명한 토사구팽이라는 말을 남겼다...

한동안 토사구팽의 정신적인 충격에서 헤어나지 못하고 있던 종필순에게 또 하나의 러브콜이 있었으니 그것이 바로 현 남편인 김되중 씨의 구애였다. 김되중 씨는 과거 몇 번의 연애경험이 있었으나 번번히 결혼문턱에서 주저앉고 말았다. 1972년, 1987년, 1992년 세 번에 걸친 결혼실패로 그는 한동안 독신선언을 하고 외국으로 떠나기도 했으나, 다시 이를 번복하고 결혼을 하겠다고 선언하였다. 그리고는 지금의 부인인 종필순 여사에게 청혼을 하게 된 것이었다... 결국 이들은 1997년 12월 결혼에 성공하여 1998년 2월부터 동거에 들어가게 되었다.

그러나, 종필순으로서는 아직 법적으로 완전한 호적정리가 이루어지지 않았으므로 전 남편인 한나리의 승락이 있어야 혼인신고를 할 수 있는 처지였다. 그런데, 종필순의 전 남편 한나리는 그녀의 복잡한 과거행적과 법적 하자를 이유로 그녀의 결혼을 인정하지 않고서 원인무효임을 주장하였다. 이에 대해 종필순은 결혼식도 치루고, 동거에도 들어가 사실혼 관계에 있음에도 전 남편이 법적 하자를 이유로 이 결혼을 승락하지 않는다는 것은 부당하다며 소송을 제기했으며, 현재까지 마누라 서리라는 특이한 명칭하에 김되중 씨와 어색한 동거를 유지하는 중이다...

* 위 사건은 궁민다방의 쥔과 기둥서방인 김대중, 깡종필과는 암 관계도 엄씀

이상이 본지가 단독입수한 대법원에서 심리중인 〈종필순의 사실혼 확인 및 혼인방해에 대한 위자료 청구소송〉의 내용이었다.

원체 거미줄처럼 얽히고 설킨 이들의 연애행각을 낱낱이 밝히는 것은 딴지독자의 정신건강에 위협이 될 수 있으므로 간단히 요약하였음을 양해해 주시길 바란다. 위 자료를 토대로 독자들이 냉철한 판단과 지혜로운 판결이 이루어지길 바래본다.

— 도규니 사회부기자 bluesens@netsgo.com

없는 넘들이 씨팔하는 것은...

암에푸로 있는 넘, 없는 넘의 구분이 더 명확해지고 있다. 없는 넘들만 죽어나고, 워낙 있는 넘들은 술 마실 때 건배하면서 "이대로~"를 외친단다. 하긴 요즘은 돈 있으면 돈놀이 하기 딱 좋다. 이런 걸 없는 넘들이 보고 있자면 열받게 되어 있다.

암에푸 이전에도 이후에도, 이럴 경우 울 나라에서 소위 '있는 넘'의 논리는 간단 명료하다.

"내 돈 내가 쓰는 데 누가 뭐라고 해, 꼬우면 너도 벌어..."

'없는 넘'은 더 간단하다.

"씨팔..."

있는 넘들은 자기들이 바로 '없는 넘'들을 고용해서 먹이고 살려주니, 없는 넘들은 찍소리 말고 고마워하라... 하는 논리를 펴고, 없는 넘들은 또 나름대로 우리가 일해줘서 니네가 벌었다... 아무리 니네 돈이지만 우리가 열받지 않게 좀 잘 써라... 사회적으로 재분배하자... 뭐 대충 이런 식으로 떠든다.

이런 야그가 발전하면 꼭 '있는 넘' 입에서 '공산주의'가 튀어나오는데, 자본주의 사회에선 능력있고 열심히 일하는 자가 정당하게 번 돈은 당당하게 쓸 수 있는 것 아니냐, 돈 쓸 권리와 자유가 보장되는 시스템 아니냐, 나쁜 짓에만 안 쓰면 되는거 아니냐, 왜 눈치를 보느

사회 8월 17일(월)

냐...

만약 똑같이 나누라거나 그런 돈 쓸 자유를 속박당한다면 그건 공산주의다. 그래서는 어느 누가 열심히 일하겠는가... 북한 봐라. 시스템이 그러니 생산성이 떨어지지... 어쩌고 저쩌고...

우리 나라에서 공산주의 나오고 북한 나오면 무조건 이긴다. 이쯤부터 '있는 넘'들이 이기기 시작하고, 이게 좀더 발전하면 없는 넘들이 지 게으른 탓은 안 하고, 지 머리 나쁜 탓은 안 하고, 열심히 일해 볼 궁리는 안 하고... 그저 있는 넘들 보고 배가 아프니까 그런다... 요기까지 발전하고 '있는 넘' 논리는 대충 끝이 난다.

그럼 없는 넘들 마지막 대답이 보통 상징적인 '씨팔'이다.

우리가 암에푸 구제 금융을 받게 되었다는 뉴스가 전 세계로 퍼져 나가자, 각국 언론의 초기 반응은 대충 이랬던 걸로 기억이 나는데,

일본 신문 - 걱정(빚이 제일 많이 물려 있으니까)
미국 신문 - 분석(무서븐 장사꾼 쉐이들)
유럽 신문 - 비아냥(나중에는 미국의 경제 패권주의를 경계하면서 '우리 편' 들어주기도 했다...)

그 중에 유럽의 신문들이 즐거워했었던 기억이 난다. '아시아적 가치의 환상은 끝났다'... 뭐 이런 제하의 기사가 우리를 더 비참하게 만들었는데, 동남아 위기와 극동의 한국이 쓰러지는 걸 보며 유럽 애들은 자신들과는 다른 '아시아적 가치' - 집단의 이익을 위해 개인의 희생이 정당화되고, 책임감과 비판의식보다는 의무와 순종을 강요하

며 민주주의보다는 독재 정권의 리더십에 의존하는 – 가 자신들에게 패배했다고 떠들었다.

아시아의 4룡이라던 나라들이 한창 경제성장 가도를 달릴 적에, 더 이상 고성장도 없고 실업률도 높아만 가는 자신들의 시스템에 가졌던 회의와 무력감이 안도감과 상대에 대한 비웃음으로 바뀌는 순간이었다.

그러면서 뭐라고 결정타를 날렸냐 하면,

"국가가 위기에 처하면 가장 먼저 달려가는 유럽의 엘리트와 다르게 아시아 위기의 현장에는 언제나 일반 국민만 죽는다…"

"일반 국민만 죽는다…"
조도 정확한 필살 똥침이었다.

'Noblesse Oblige' 라는 말이 있다. 이 말이 유럽 신문들이 말한 국가가 위기에 처했을 때 가장 먼저 달려가는 서구 엘리트 정신의 기본이다. 위기가 오면 서민들보다 먼저 튀어나가는 거다. 지위와 권한이 있는 만큼 보다 큰 의무를 져야 하고, 그런 의무를 지는 것 자체를 자랑스러워하는 그런 정신인데…

이것이 단지 지위, 권력에만 국한된 것이 아니라 바로 '돈'에도 해당된다는 사실이다. 있는 넘들이 있는 만큼, 없는 넘들에 앞서 대중과 사회에 일종의 책임과 의무가 있다는 거다.

사회 8월 17일(월)

자본주의의 총아 하면 미국이다. 사람들 똥꼬 놀라서 경련 일으킬 정도의 부자가 수두룩하면서도 거지도 발에 채이는 나라다. 자본주의가 극도로 발달한 만큼, 흔히 말하는 '돈지랄'이 사회적으로 별 지탄을 받지 않는다. 자기가 기르는 똥개를 위해 자기 집에 거대한 수영장을 짓고 극장과 골프 코스까지 딸린 거대한 대저택에서 똥개랑 단 둘이서만 살건, 지 혼자 깨끗한 공기 마시겠다고 침실을 산소탱크화 해서 디비 자든... 사회적 지탄의 대상이 되지는 않는다.

우리 나라의 있는 넘들이 '내 돈 가지고 내가 쓰는데 누가 뭐라고 그래...' 하는 것은 미국과 이런 점만 단순 비교해보면 설득력이 없는 것도 아니다.

그런데...
이 나라에선 신기하게도 '있는 넘'들이 사회적으로 존경을 받는다는 사실이다. 전부는 아니더라도 존경받는 넘들이 우리랑 비교할 수 없이 많다는 거다. 여기서 우리 나라와 아주 결정적인 차이가 나는데, 우리 나라에서 '있는 넘' 치고 존경받는 넘 드물다. 간혹 그 권력을 두려워해서 알랑방구뀌거나 엄청난 부 때문에 내심 부러운 대상이 되기는 해도, 사회적으로 존경씩이나 받는 넘은 거의 없다고 봐도 좋다.

이건희 회장이 존경받는가, 고위 공직자들이 존경받는가...

반면 서양넘들 중 존경받는 '있는 넘'들은, 있는 것이 돈이든 권력이든, 있는 것 자체 때문만으로 존경받는 것은 아니다. 그들이 사회적으로 지탄받지 않고 일정 수준의 존경받기를 유지할 수 있는 것은, 물론 거기도 졸부가 있고 지탄받는 개쉐이들이 많겠지만, 바로 'Noblesse Oblige' 정신을 실천하기 때문이다.

있는 넘들이 더 많이 자선사업에 기부하고, 있는 넘들이 더 앞장서서 없는 넘들 권익을 대변해주고, 있는 넘들이 더 앞장서서 정의를 부르짖는다 이거다. 이게 결정적인 차이다. 울 나라 '있는 넘'들은 더 많이 숨기고, 더 앞장서서 없는 넘들 울궈먹고, 더 앞장서서 비리를 저지르는데 말이다.

예를 들면 한국 재벌은 무슨 무슨 재단이니 미술관이니 하는 것을 많이 만드는데, 그것 자체로 부의 사회적 환원이라고 보고 기특하게 생각하다가도 그 뒷면의 목적, 즉 '절세' - 증여세나 상속세를 탈세하려는 의도 - 를 발견하게 되면 씁쓸해지지 않을 수 없다. 그래서 재벌의 재단이니 미술관이 만들어지는 시점은 묘하게도 소위 후계자 승계시점이나 자식들에게 재산을 상속하는 시점과 맞물려 있다.

그러니까 자신의 이익과 부에 연결되지 않는다면, 사회의 정의구현이구 나발이고 관심없더라 이거다. 비록 '있는 넘' 일수록 그 수단이 더 교묘해지고 더 그럴 듯하게 포장되지만 결국 그 속셈은 제 뱃속 채우기라는 것이다.

그런데, 서구의 경우는 그게 좀 다른 점이 있더라...

우리의 재벌 아들들이 연예인들이나 꼬셔보려고 혈안이 되어 자신이 '귀족'이라고 착각한 채 카지노에서 도박으로 몇백만 달러 날리고 있을 때, 미국 어느 유명한 재벌의 아들은 아버지 돈은 내 돈이 아니라면서 빈민가에서 고등학교 교사로 일하다 돈 몇 푼 때문에 살해를 당하고 그 아버지는 또 그것을 애통해하며 엄청난 규모의 장학 재단을 설립하더라...

사회 8월 17일(월)

뭐 이런 식으로 차이가 나고,

우린 기부금을 내도, 고등어 평생 팔아 모은 돈으로 할머니가 1억, 행상으로 평생을 보낸 할아버지가 또 1억 뭐 이런 식으로 신문을 장식하며 우리 가슴을 적시는데, 미국에서 정말 '있는 넘' 들이 무기명으로 1, 2억이 아니라 엄청난 돈을 십 몇 년간이나 몰래 자선 사업에 써 오다 기자의 추적으로 밝혀져 그네들 가슴을 적시더라...

뭐 이런 식으로 차이가 나고,

또, 우리가 금모으기 하는 데는 사별한 남편의 금반지를 가져오는 평범한 아주머니의 감동적인 스토리를 통해 그렇지 않은 사람들에게 죄책감을 주는 방법으로 금모으기를 독려하는데, 서구에선 자선 사업을 하건 모금 운동을 하건 정말 있는 넘들이 가장 먼저 나서서 엄청난 액수를 팍팍 기부하고, 그걸 본 서민들이 그 다음 따라 가더라...

뭐 이런 식으로 차이가 나더라는 거다.

그래서 '일반 국민들만 죽는다' 는 유럽 어느 신문의 사설은 너무도 정확하고 아픈 통침이었고, 울 나라 '없는 넘' 들은 그런 '있는 넘' 들의 정신자세 차이를 보고, 바로 그걸 보고 '씨팔' 하는 것이다.

그저 돈 때문이 아니라, 바로 정신자세의 차이를 보고 말이다.

씨팔...

— 영감 주신 하이텔 권희섭(heesup)님께 감사드리며 딴지총수가...

http://ddanji.netsgo.com

준비되지 않은 자에게 사회는 가혹하다

사회는 냉혹하다.

준비되지 않은 자는 가혹한 대가를 치뤄야 한다. 우리 모두 아래 글을 읽고 유비무환, 임전무퇴의 정신으로 이 어려운 암에푸를 이겨나가자...

어느 날, 내가 동아리 방에서 다 낡아빠진 기타의 목을 조르고 있을 때였다.

갑자기 후배 한 놈이 헐레벌떡 동아리 방에 들어오더니 갑자기 가방을 팽개치고는 다시 밖으로 뛰쳐나갔다. 그러고는 30분이 지나도 오지 않는 것이었다. 한 40분 지나서 놈이 땀을 뻘뻘 흘리며 울면서 들어왔다. 우리는 동그랗게 모여앉아 그 놈이 울면서 토해내는 비극을 들었다...

그 놈이 아까 그렇게 급히 뛰어들어온 데는 다 이유가 있었다는 것이다. ddong이 마려서 그랬다는 것이다.

그 놈은 땅깡아지 배때기에 물결 무늬 생기도록 뛰어서 학교 화장실로 직행했다. 우리 학교 화장실로 말하자면 서서 싸 장소가 1군데, 앉아 싸 장소가 세 군데가 있었는데 대부분 물내리는 것이 고장이어서 황금색부터 검은색 푸른색의 아주 탐스러운 뭉탱이들이 입추의 여지 없이 성황을 이루고 있었다.

사회 8월 31일(월)

어쨋거나 가운데 칸을 거침없이 밀고 들어가서 널려 있는 지뢰를 피해서 배변을 하였겠다. 그런데 보통 학교 화장실은 쪼그려서 투하하게 되어 있는 경우가 대부분이라 이 놈도 예외는 아니었다.

단지 변기 사이드에 양발을 놓아야 정상인데 양발을 놓아야 할 자리가 확보되지 않아서 (발 놓아야 할 자리에 탐스러운 다보탑이 보무도 당당하게 분위기도 뜨뜻하게 놓여 있었다.) 한쪽 발은 정상적으로 디디고 다른쪽 발은 발 끝으로만 디디게 되었다. (그러니 조준이 빗나가서 변기 턱에 쌓이고 다음 들어올 놈은 또다시 발 놓을 자리가 없는 악순환이 계속되더라...)

하여간 어렵사리 싸긴 다 쌌다.

뒷칸과 앞칸에서 흘러나오는 헐크호간 백드롭할 때 내는 신음소리와 아놀드 역기 올릴 때 내는 기합소리를 백 뮤직으로 삼아서...

놈이 아랫배에 공복감을 느끼면서 안도감과 느긋함을 느낄 즈음 심각한 문제에 봉착했다는 것을 알고 놈은 비명을 질렀다.

"아아악!"

휴지가 없던 것이었다. 대부분의 사람들은 이럴 때 화장실 변기를 뒤져서 재활용할 수 있는 화장지를 찾게 마련이다.

그러나...

화는 겹친다고 했던가? 아무리 찾아봐도 휴지 버리는 통이 보이지 않는 것이 아닌가? 그때 뒷칸에서 들려온 목소리를 그 놈은 4년이 지난 지금도 잊지 못한다고 한다.

"어... 시원하다. 휴지통 안 훔쳐 왔으면 닦지도 못하고 나올 뻔했네."

놈은 여기서 무전유죄 유전무죄 또는 빈익빈 부익부의 산경험을 했노라고 훗날 고백했다. 한 칸에 하나씩 있는 휴지통을 어떤 놈은 두 개씩 가지고 있어서 계중 비교적 깨끗한 휴지를 확보할수 있고 또 어떤 놈은 망연자실 머리털을 쥐어뜯어야 하다니...

결국 후배는 옷에 있는 주머니를 뒤지기 시작했다.

하지만 때마침 학생 수첩이라든가 기타 등등(집 문서, 성적표... 닦을 수 있는 것이라면 뭐든지)을 찾아 보았지만 아무것도 없었다. 그렇다고 손으로 닦고 나가기는 너무나 문화적 정신적 충격이 컸다.

그때 놈의 눈에 잡힌 것은 두 다리 사이에 걸쳐 있는 반 검은색(원래 흰색)의 빤스였다.

'번쩍!' 놈의 머리속에서 전광석화 같은 생각이 떠올랐다.

'그래 빤스를 벗어서 닦자! 그리고나서 다시 빤스를 사서 입자!'

세월이 지난 후 그 후배는 맥주를 10,000cc나 마시고 난 후 룸까페의 미스 양을 붙들고 이런 고백을 했다.

사회 8월 31일 (월)

그때 빤스 바로 밑에 보이는 양말에 대한 유혹을 떨치기 위해 많은 자제를 했다고... 그 양말은 여자 친구가 사준 것이기 때문에 도저히 사용할 수 없었다고...

그 말을 듣던 미스 양이 이런 이야기를 해주었다. "일단 양말을 벗어서 뒤집고 뒤집은 면으로 닦은 다음에 다시 뒤집어서 신고 신발을 신고 집에까지 오면 되잖아요?" 그 이후로 우리는 미스 양의 양말을 유심히 살피는 습관을 갖게 되었다...

다시 이야기로 돌아가서 놈은 빤스를 벗기로 했다.

아! 그러나 상황은 언제나 선량한 사람의 적이라 했던가. 빤스를 벗으려면 바지를 벗어야 하고 바지를 벗기에는 장소가 너무 협소해서 만약 억지로 바지를 벗으려 하다가는 빤스를 무릎에 걸치고 바지를 발목에 걸친 채 화장실 바닥에 슬라이딩을 하게 될 위험이 있었다.

그래서 생각해낸 것이 바로! 바로! 빤스를 찢는 방법이었다.

사실상 빤스를 찢기는 쉬웠다. 가장 연약한 옷이 바로 속옷이니까. 하지만 빤스를 좌우로 누빈 바로 그 가장자리 부분의 바느질은 너무도 튼튼했고 또한 고무줄이 들어간 부분은 손으로 찢기엔 너무도 끈질겼다. 하지만 놈은 상황에 굴복하기보다는 상황을 극복하는 스타일이었다.

손 대신 이빨이라는 말도 있지 않은가? 놈은 다시 빤스를 위로 올리기 시작했다. 그리하여 고개를 무한정 굽혔을 때 빤스가 얼굴 쪽으로 가장 가까이 오는 입실론 반경까지 접근시키고 이를 악물었다.

"찌찌직……"

빤스가 찢겨나가는 소리에 쾌감을 느끼며 고무줄을 질겅거리기 시작했다. (놈의 빤스는 원래 고무줄이 끊어져서 - 오래된 관계로 고무줄이 삭았다 - 어머님께서 긴긴 동짓밤 까만 고무줄로 성능개선 보수공사를 마쳐놓으신 사랑이란 이름의 빤스다.)

그때 놈은 처음으로 검정 고무줄의 맛이 꽤나 쓰다는것을 느꼈다. 그리고는 이것이 바로 인생의 맛이구나... 하는 생각을 했다 한다. 드디어 고무줄을 끊고 빤스의 바느질 부분을 침을 질질 흘리며 이빨로 끊었다.

훗날 놈의 뒷칸 화장실에 앉아 있던 김모 군(19. 직업 : 학교 옆 중국집 '홍콩반점' 배달원)은 이런 소리를 들었다고 증언했다.

"오! 신이시여, 정말 이 고무줄을 제가 끊었단 말입니까?"

하여튼 놈은 냄새를 단전호흡으로 극복해내며 빤스를 찢었다. 그리고는 보무도 당당하게 세상에서 가장 비싼 화장지로 뒷처리를 하고는 바지를 입고 쑤셔대는 허리를 골골하게 폈다.

아! 그러나 이 무슨 운명의 장난인가?

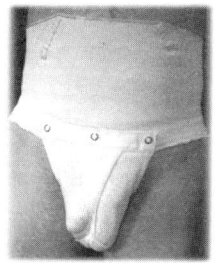

화장실 벽에는 머리 뒷쪽으로 작은 선반이 있었는데 그 선반 위에 얄팍한 휴대용 티슈 '몰라리자' 가 놓여 있는 것이 아닌가.

사회 8월 31일(월)

놈은 괴성을 지르고 그 휴지를 갈기갈기 찢고는 벽에 기대 서럽게, 아주 서럽게 울었다. 그때 앞칸에서 조용하고도 슬픈 목소리가 들려왔다.

"형씨도 시계를 빠뜨리셨군요. 그 심정 동감합니다. 흑흑..."

놈은 울면서 화장실을 나오다가 지뢰를 3개나 밟고 말았다고 한다. (우리에게 지뢰를 밟은 흔적을 보여 주었다.)

이야기는 여기서 끝난다.

놈의 이야기를 다 듣고 난 우리들은 아직도 울고 있는 놈의 등을 아무 말없이 토닥거려 주었다. 아무도 이야기하지 않았지만 서로의 눈에 맺힌 이슬이 놈의 아픈 상처를 공감하고 있다고 대변해 주었다. 그리고는 소주를 10병이나 까고 우리의 젊음과 그 젊음의 덧없음, 또는 아픈 사랑에 대한 개같음을 이야기하고 투사의 노래를 부르며 깊은 밤을 보냈다...

— 딴지 전천후 기자 윤석배 blue99@netsgo.com

8월 17일 (월) **사회**

암에푸가 바꾼 생활습관 47가지...

1. 재밌는 비됴가 나오면 빌려다 봤다.
   포스터만 한참 들여다보고 집으로 돌아와 내용을 가늠해 본다.

2. 가끔 팝니다란에서 살 게 없나 검색했다.
   삽니다란에 가서 팔 게 없나 알아본다.

3. 점심은 언제나 잡채밥 또는 짬뽕밥이었다.
   저녁까지 안 굶으면 다행이다.

4. 중국집에 짜장면 한 그릇 시키기 미안해 군만두도 같이 시켰다.
   중국집 전화번호 잊어먹은 지 오래다.

5. 바쁘고 시간없을 때는 택시를 탔다.
   뛴다. 사실 바쁜 일도 없다.

6. 밤새도록 통신해도 전화비 걱정은 안 했다.
   우체국에서 눈치보며 공짜 통신한다.

7. 친구에게 전화가 오면 반가웠다.
   전화기 선 뽑아둔다.

8. 화이트데이 때는 멋진 선물세트 준비.
   누룽지맛 사탕 한 봉지로 때웠다.

사회 8월 17일 (월)

9. 하늘을 바라다보며 씩씩하게 걸었다.
   동전이라도 주울까 싶어 땅을 보며 걷는다.

10. 외출시 저녁 식사는 항상 갈비와 술.
    롯데리아 리브샌드 반쪽씩 나눠 먹는다.

11. 주머니가 든든할 때는 배도 고프지 않았다.
    매시마다 배고파서 뒤집어진다.

12. 어머니가 안 차려주면 식사 거절해 왔다.
    국수라도 삶아서 다시다 가루 뿌려 먹는다.

13. 통신사에서 도서상품권이 오면 책을 샀다.
    할인해서 돈으로 바꾼다.

14. 오락실가면 동전 쌓아놓고 오락했다.
    중학생한테 가서 한 판만 시켜달라고 울부짖는다.

15. 만화가게에서 느긋하게 만화 읽었다.
    한 권 갖고 서너 번씩 다시 읽는다.

16. 만화가게에서는 으레 라면도 시켜 먹었다.
    침 질질 흘리며 옆에 라면 먹는 사람 구경한다.

17. 당구장에서는 항상 내기 당구 !
    쵸크라도 훔쳐서 팔아볼까 생각한다.

18. 당구장에서는 으레 짜장면 먹었다.
    단무지 냄새만 맡아도 여한이 없다.

19. 포장마차 떡볶이는 부담없이 사먹었다.
    떡볶이 먹어본 지 어언 4개월이 지났다.

20. 동네에서 동창 만나면 너무 반가웠다.
    마스크에 선그라스 끼고 피해다닌다.

21. 여자한테서 전화오면 당장 데이트 약속!!
    동생 목소리 내면서 형 없다고 한다.

22. 강아지한테는 항상 제일 비싼 사료를 먹였다. 빠삐차우 같은 거.
    제일 싸구려를 물에 뿔려 먹인다. 가끔 바퀴도 잡아 먹인다.

23. 신개봉영화는 암표라도 사서 본다.
    공짜 시사회표가 생겨두 걱정이다. 차비가 없어서...

24. 책 사는 것이 취미였다.
    헌책방 돌면서 파는 것이 취미다.

25. 댄스음악 신보가 나오면 구입했다.
    친구네서 빌려오고는 연락을 끊는다.

26. 핸드폰이 두 대 있었다.
    호출기도 없다.

27. YS가 별로 안 미웠다.
    Y자만 봐도 발광한다. 종로 YMCA 건물 앞에서는 항상 노상 방뇨.

28. 노느라 하루 24시간이 부족했다.
    하루에 15시간씩 잔다.

29. 무료 급식 센터가 있는지도 몰랐다.
    탑골공원, 용산역, 동대문 등등...

30. 램 64메가의 컴퓨터로 통신을 했다.
    컴퓨터 부품 뜯어 다 팔고 하이텔 단말기 빌려서 통신한다.

31. 하드가 부족하면 한 개 더 달았다.
    피 같은 음란 동영상 화일을 지운다.

32. 항상 다이어트 하려구 노력했다.
    안 해두 살이 절로 빠진다. 굶어서.

33. 차가 오면 다칠까 봐 항상 피했다.
    슬쩍 부딪혀서 보험금을 노린다.

34. 공공요금 오르는 것에 무관심했다.
    버스요금 10원만 올라도 피눈물이.

35. 바닷가에 가면 기분이 상쾌했다.
    빠져죽고 싶은 생각만 간절하다.

36. 항상 자살은 남의 이야기 같았다.
    이 글 다 쓰구 나면 어떻게 될지 모르겠다.

37. 치토스를 박스째 사다놓구 먹었다.
    뻥튀기, 건빵도 핥아먹는다.

38. 주말에는 영화관람!
    주말에도 시체놀이!

39. 펜티엄 II 컴퓨터를 사고 싶었다.
    CPU 사진 오려서 단말기 옆에 붙여 두고 만족해 한다.

40. 통신 OFF모임이 있으면 꼭 참석했다.
    그 시간엔 항상 외삼촌이 위독하시게 됐다.

41. 후배가 술 사달라면 사줬다.
    후배가 술 사달라면 줘팬다.

42. 친구가 청첩장 돌리면 축하해줬다.
    그날 아는 사람 장례식 있다고 뻥치거나 밥만 먹고 돌아온다.

43. 친구 아들 백일에는 으레 금반지.
    개새끼! 왜 새끼는 낳고 지랄이야?

44. 데이트 약속장소는 항상 커피숍.
    강남역의 외환은행이나 롯데월드 앞의 벤치, 종로 탑골공원...

사회 8월 17일(월)

45. 술값 계산은 항상 내가 먼저했다.
    군화 신고 가서 양말부터 다시 신는다.

46. 술 안주는 거의 활어회하고 매운탕!
    손가락이 뽈었다. 하도 빨아대서...

47. 집에서 결혼하라고 성화였다.
    결혼하겠다는 말 할까봐 부모님이 걱정하시는 눈치다.

- 딴지 수습기자 아이슨 freeson@chollian.net

[사회정화] 변태를 몰아내자!

이 이야기는 실화입니다...

제가 겪고도 믿어지지 않는... 아니 믿을 수 없는 일입니다...

때는 1997년도 여름...에 일어났습니다...
그때 016이었던가 019였던가...

한 PCS 회사에서 왕십리 한양대학교에 왔드랬습니다... 홍보차... 그리곤 노천극장에서 장기자랑을 열며 제일 점수가 높은 사람에게 PCS를 주기로 하면서 이상한 대회를 열었습니다. 제목은 기억이 안 납니다...

그때 당시 대학가에는 PCS를 가진 학생이 별루 없었드랬습니다. 몇몇 부르조아층의 아이들을 빼고는 PCS란 그림의 떡이었죠...

공짜라는 말에 구름같은 아이들이 모였습니다... 그리고 사회자는 최고의 인기를 구가하던 개그맨... '표 . 인. 봉'....

장기자랑은 춤으로 하더군요... 예선을 통과한 6사람이 남았습니다... 모두들 범상치 않은 외모의 소유자들이었습니다... 그 중엔 여자도 한 명 있더군요...

음악이 나가고...

사회 8월 31일(월)

결승전. 최종심사가 시작되었지요...
심사는 박수소리가 가장 큰 사람으로...

모두들 광란의 춤을 추어댔습니다...
그러나 박수가 별루 안 나옵니다... 냉혈한 한양인들...

그러자 한 놈이 웃통을 벗어 던집니다...

커지는 박수와 환호성... 그를 바라보던 다른 4명들...
같이 벗습니다...

한 명의 여인... 눈물을 삼키며... 결국 벗지 못합니다...
대신 해드뱅을 하더군요... 미친 듯이...

그런데 튀어야 한다는 강박관념에 못 이긴 한 녀석이 일을 저지르고 맙니다... 갑자기 해드뱅을 하고 있던 여인네를 번쩍 안더니, 자기 허리 위에 올립니다...

야시꼬롬한 자세가 되더군요...

그 여인네는 그의 허리를 두 발로 꽉 동여 쥐고 있었습니다...
황당하다는 얼굴을 하고...

관중들 열광합니다...

그 녀석은 그러더니 갑자기 빙빙 돌기 시작합니다... 매우 빨리 돕니다...

관중들 미칩니다... 함성의 도가니... 여인네... 넋이 나갑니다...
자신감을 얻은 그녀석은... 여인네를 저 멀리 던져버립니다...
구석에 처박힌 여인...

다른 사람들은 모두 춤을 멈추고 사태를 지켜봅니다.
관중들도 사태의 심각성을 알고 조용해집니다...
여인은 머리가 아픈지 머릴 감싸고 못 일어납니다...
그때 그 녀석이 갑자기 허리띠를 푸르더니...
쓰러져 있는 여인에게 채찍질을 가합니다...
정말 쎄게 때립니다...

관중들 다시 환호성을 칩니다...
세상이 다 미친 것 같았습니다...
때릴 때마다 환호성이 고조됩니다...

변태 한양대... (헉...나...나...나두?)
기세 등등한 그 녀석... 허리띠로 그 여인을 묶습니다...
영화의 한 장면입니다...
그 녀석의 얼굴은... 이미 사람의 얼굴이 아닙니다...

음흉한 미소... 능글능글한 눈빛... 능숙한 손놀림...
전문가의 손길이 느껴졌습니다...
이대로 가다간 어떤 꼴을 볼지 모르는 일...

결국 보다 못한 표인봉이 진정시키고 말합니다. 옷! 공인의 자세...

"니가 일등이야!! PCS 너 가져!!!"

PCS를 받는 자리...

표인봉 : 일등을 축하합니다... 정말 대단한 무대였습니다...
(그러나 그를 바라보는 표인봉의 눈은 인간을 바라보는 눈길이 아니었다.)

그녀석 : 뭐 그냥 열씨미 한 거죠...

표인봉 : 아까침에 던진 여자분은... 아는 분이세요? (니가 인간이냐?)

그녀석 : 당연히 모르는 여자죠...

표인봉 : 어떻게 그럴 수가 있죠?

그녀석 : 모르는 여자니까 가능하죠. 아는 여자면... 못해요...
(참고로, 그 여자는 그 무대가 끝나자마자 병원에 실려갔다... 충격에 울부짖으며...)

표인봉 : 한양대엔 정말 특이한 사람이 많군요...

그녀석 : 전 성균관대 다니는데요...

그 녀석은 그날 집단 린치를 당하고... 며칠 후 한양대 노천극장에 뼈를 묻었다는 소문이 흉흉하게 나돌았습니다...

변태를 ...

8월 31일(월) **사회**

몰아냅시다...

– 〈한국변태박멸협회의〉의 이름모를 남자가..

[단신] 사건과 사고 –
50대 아주머니 실명위기에 처해...

경찰은 어제 서울 모대학 3년 이모 군(22세)을 중상해 혐의로 긴급 체포했다. 이 군은 지난달 3일 신촌의 한 공중변소에서 발생한 엽기적인 청소부 아줌마 실명위기 주범으로 줄곧 경찰의 추적을 받아오다 집 부근 화장실에서 변비로 신음중인 것을 형사기동대가 덮쳐 검거에 성공했다.

이 군은 지난달 3일 신촌의 문고리가 고장난 공중화장실에서 힘겹게 문고리를 붙잡으며 배변하고 있던 중, 화장실을 청소하기 위해 욕을 중얼거리며 나타난 청소부 아줌마(53세)의 노크없는 문잡아당김으로 손에 힘이 빠진 채 뽀얀 엉덩이와 그 아래 매달린 똥덩어리를 들킨데 분노하여 순간적으로 이성을 잃고 아래 달려있던 똥덩어리를 손으로 뭉쳐 아줌마에게 던진 혐의를 받고 있다.

왼쪽눈에 정통으로 똥을 맞은 아줌마는 119구조대에 의해 인근 부랑자들이 많이 입원해 있는 새부랑소 병원으로 긴급 후송되었고 며칠째 의식을 회복하지 못한 채 눈 주위의 강도높은 소독을 받아왔으나 끝내 오래 묵은 변비똥의 똥독으로 인해 눈이 감염되어 실명위기에 처했는데...

이 군은 고교 시절에도 문고리 없는 화장실에서 볼일보다 급우의 갑작스런 잡아당김으로 인해 문고리를 붙잡은 채 몸 전체가 나왔다 들어간 엽기적인 경험으로 평소 문고리 없는 화장실에 대한 피해망상 증세가 있었다고 친지들은 전한다.

이번 사건 이후 당국에서는 전국의 문고리 없는 화장실에 대한 실사에 들어갔으며 김데중 정권 최대의 대대적인 화장실 개혁이 벌어질 전망이다.

- 똥꼬에 관련된 전국 거의 모든 사건과 사고를 커버하는
엽기기자 안동헌 p7170@mail.hitel.net

사회-이주의 포커스 8월 17일(월)

대한항공 사고, 그 진실을 밝힌다 (1) 승무원 편

지난 5일 일본 나리타 공항을 출발한 대한항공 KE8702이 비로 인한 활주로의 수막현상과 이·착륙 때, 자주 발생하는 측면 돌풍 때문에 미끄러져 중심을 잃고 활주로를 벗어나 경비행기 격납고 도랑에 빠지면서 오른쪽 날개가 부서지고 격납고에 있던 헬기 1대가 파손되는 사고가 있었다.

이 사고로 26명이 중경상을 입었으며, 공항측의 늑장대응과 대한항공측의 사후처리 미숙으로 승객들의 원성을 샀다.

사고의 원인은 악천후, 그리고 낙후한 김포공항의 기상 시스템, 마지막으로 조종사의 실수가 짬뽕된 것으로 보인다. 여기까진 거의 명확하다.

그런데, MBC는 사건 직후 당시 승객의 말을 인용, 스튜어디스가 승객보다 먼저 탈출하고 비행기 내에서 '불이야' 하는 고함을 질러 더욱 사태를 악화시키는 등 승무원들이 완전 붕신짓을 했다는 보도를 했고, 이 소식을 접한 시민들은 괌사고 1주년 바로 다음날 일어난 이 사고에 엄청난 비난을 퍼부었다.

그 보도가 사실이라면 비난 정도가 아니라 범국민적으로 대한항공에 똥꼬 안 앉히기 운동을 벌여도 부족할 것이다.
헌데...

본지에 그 뱅기를 탔던 승무원이 그게 그렇지 않다라는 투고를 해왔다. 또한 그 뱅기를 탔던 승객으로부터도. 둘다 읽어보시면 아시겠으나 적어도 MBC의 보도는 사실확인이 제대로 안 된 상황에서 나온 오보였다.

그렇다고 해서 대한항공측의 과실이 없어지는 것은 아니겠으나, 적어도 잘못하지 않은 부분을 졸라 잘못했다고 뒤집어쓴 당시 승무원들의 억울함은 풀어주어야 하겠기에 MBC 버금가는 독자를 확보한 국내 최대 정론지 딴지일보가 당시 상황을 지상중계한다.

더구나 국내 쭉쭉빵빵의 대명사 스튜어디스가 보낸 투고를 본지가 어케 외면하겠는가... 독자 여러분들도 다들 아시겠지만 본지 성격상 쭉쭉빵빵이 하소연하면 우린 이런 거 외면 못한다.

먼저, 당시 승무원 이지숙 씨가 보내온 투고내용을 보자.

저는 1998년 8월 5일 KE8702편에 탑승했던 승무원입니다. 뉴스와 신문을 통해서 본 일부 승객들의 인터뷰 내용들이 사실과 너무도 틀려 그 점을 해명하고 저희의 실추된 명예를 회복하고자 이렇게 글을 올리게 되었습니다. 부디 참고해주시길 바라며... 먼저 상황을 간단하게 설명드리겠습니다.

착륙한 비행기가 급회전하며 오른쪽으로 기우는 순간, 비행기 천정이 일부 무너져내리고 산소 마스크들이 떨어지는 게 보였습니다.

사회-이주의 포커스 8월 17일(월)

그리고는 바로 불이 몇 번 깜빡이더니 정전이 되었고 비행기는 이내 멈추었습니다. 일부 승객들은 박수를 쳤습니다. 그만큼 사태가 심각하지 않다고 생각했기 때문이라고 봅니다.

다음 순간 사무장님이 승무원 비상구를 열고 슬라이드를 펴!!란 방송이 들렸고 객실 왼쪽 세 번째 문에 앉아 있던 저는 담당 승무원과 함께 문을 열었습니다.

그러나 날개 위에 위치하고 있는 우리쪽 문의 슬라이드가 펴지는 것을 보는 순간, 저는 날개와 엔진에서 불꽃이 일며 불이 타오르고 있는 것을 보았습니다.

그 문으로 탈출하는 것이 불가능하다고 판단, 반대편 문쪽으로 달려갔습니다. 그쪽도 역시 날개가 심하게 파손된 상태인데다, 슬라이드가 바람에 날려 바닥까지 내려가지 않은 상태라 그 비상구 담당 승무원이 그 문으로는 탈출이 위험하다고 판단, 승객들을 좌우로 나누며 앞뒤 비상구를 이용하라고 소리치고 있었습니다. 그래서 바로 앞쪽인 두 번째 문으로 일부 승객들을 이동시켰습니다. 지금부터는 해명위주로 하겠습니다. 간단명료하게 그러나 정확히!!!!!

첫 번째로 여러분들이 가장 흥분하시는 대목... 바로 승무원이 승객보다 먼저 탈출하더라는 말에 대해서입니다.

예상되지 않은 비상착륙시 승무원은 (이번 경우 14명이 360여 명을 탈출시킴) 그 인원으로 전체 승객들을 탈출시키는 데에는 상당한 어려움이 있습니다.

따라서 시간적 여유가 있을 때에는 군인과 경찰, 건장한 남자순으로 협조자를 선정해 슬라이드 밑에 가장 먼저 내려보낸 뒤 위에서 내려가는 승객들을 엉키지 않고 또 튕겨져 나가지 않도록 잡아끌어주는 역할을 하도록 요청하게 됩니다.

그러나 이번 사고처럼 협조자를 선정할 시간적 여유가 없을 때에는 담당 비상구에 두 명의 승무원이 배치되어 있는 경우 둘 중 한 명이 내려가 그 협조자 역할을 하는 것이 원칙으로 되어 있고 실제로 그렇게 안전교육을 실습하며 익혀왔습니다.

제가 두 번째 문으로 달려갔을 당시 그 앞쪽 승객들은 이미 거의 빠진 상태였고 저는 세 번째 문쪽에 있던 승객들을 그쪽으로 소리질러 불렀습니다.

달려온 승객들은 슬라이드를 타고 내려갔습니다. 그러나 기체가 오른쪽으로 기울어 슬라이드가 너무 완만히 펴져 있는 상태라 사람들이 끝까지 내려가지 못하고 끄트머리에 뒤엉키는 형상이 되었습니다.

그 문 담당 승무원이 있었기에 저는 슬라이드를 타고 내려가 못 일어나는 승객들을 잡아 일으키고 내려오는 승객들을 부축해서 빠져나올 수 있도록 도와주었습니다. 그 협조자 역할을 제가 했고 그래서 승객들보다 먼저 내려간 것입니다. 그리고 저는 승객들이 다 내린 후 기체에 잔류승객이 없는지를 확인한 승무원 세 명이 내려오는 순간까지 슬라이드 아래에 있었습니다.

두 번째, 승무원이 승객들에게 폭팔할지 모른다고 위협해 우왕좌왕하게 만들었다는 부분입니다.

비행기 사고에서 1차가 불시착이라면 2차 사고로 보통 규정하는 것이 항공기 폭발입니다. 괌 사고 때도 그랬고 제주2033편도 그랬습니다. 그 당시 비행기는 첫 번째로 불시착했고 몇 분 후 폭발했습니다.

이번 사고에서도 엔진에 불이 붙었었고 그것은 곧 폭파 위험으로 치닫는 것이었기에 이때 승무원의 역할은 승객들을 가장 빨리 신속하게 비상구로 탈출시키는 역할입니다. 따라서 승객들이 들었다는 승무원의 말은 위협이 아니라 그만큼 빨리 사태의 심각성을 파악하라는 의미였습니다(일부 승객들은 보통 때처럼 짐을 꺼내는 등의 여유를 보이고 있었음).

세 번째, 비상구가 두 개만 열렸다는 부분에 대해서.

불시착 후 바로 사무장님의 비상구 오픈하라는 방송이 나왔고 담당 비상구에 있던 승무원들은 일제히 문을 열었습니다. 위에서 설명했듯이 날개측에 있는 세 번째 문 두 개를 제외하고 2층에 있는 한 개 문을 제외한 나머지 아홉 개의 비상구가 모두 열였고 작동되었습니다(자료화면에 나와 있는 전부 오픈된 슬라이드를 못 보셨습니까. 눈으로 보이는 게 있는데 보지 못한 이야기를 진실로만 받아들이시는지요...).

네 번째, 한꺼번에 승객들이 몰리는 바람에 부상자가 생겼다는 부분에 대해.

8월 17일 (월) **사회**-이주의 포커스

세 번째 비상구를 사용하지 못한 승객들이 두 번째와 네 번째 비상구로 달려갔습니다. 슬라이드가 정상적인 위치에서 터지면 그 높이가 11m가 되며 이는 인간이 가장 공포를 느끼는 높이라고 합니다. 또한 뛰어내리면 청바지가 찢어질 정도로 마찰이 심합니다.

그만큼 슬라이를 타는 것이 동네 미끄럼틀 타는 것처럼 쉬운 일이 아니라는 것입니다. 이번에도 슬라이드를 타는 과정에서 부상자가 생겼다고 합니다. 여기서 한 가지 중요한 것은 안전을 위해 탈출시에는 간단한 소지품 이외의 것은 가지고 내려선 안 된다는 점입니다.

심지어 여성들의 하이힐이나 뽀족한 핀도 금지되어 있습니다. 그로 인해 슬라이드에 손상이 가면 다른 승객들의 안전이 위협을 받기 때문입니다. 그러나 승객들은 탈출하라는 승무원의 지시에도 불구하고 각자 커다란 짐을 챙기고 있었습니다(물론 전부 다는 아닙니다). 짐꾸러미와 승객들이 슬라이드로 동시에 내려오니 그 상황에서 다치는 사람이 없을 것이라고는 생각하지 않습니다.

사람들은 대부분 승무원이 예쁘게 웃고 서비스만 잘하는 게 우선이라고 생각합니다. 그래서 이번 사고 때 바보 같은 승무원들이 승객들을 버리고 먼저 도망갔다고 생각하시는 것 같습니다.

그러나 저희는 서비스보다도 우선하는 첫째가 안전이라고 입사하는 순간부터 세뇌되도록 교육을 받고있습니다. 1년에 한 번씩 비상착수훈련과 정기안전훈련을 실시하고 자격증도 발급하고 있습니다. 그야말로 저희는 세계 항공사가 정해놓은 규칙에 따라 교육과 훈련을 받기에, 위험한 순간만큼은 승객들의 시야보다 더 넓게 보이고 더 빠르게 판단할 수 있습니다.

그렇기 때문에 이번처럼 370여 명을 3분 안에 탈출시킬 수 있었다고 자부하는 것입니다. 저는 우리 승무원들이 잘했다고 자랑하려 하는 것이 아닙니다. 무엇보다도 저희는 최선을 다했고 우리의 행동에 떳떳할 수 있기에 이렇게 글을 올리게 된 것입니다.

저희에게 쏟아지는 비난은 일부의 것입니다. 오히려 침착하게 대처해주어 고맙다고 몇 번씩 인사하는 승객들과 자처해서 일본인 승객들에게 상황통역을 해주시는 고마운 분들도 계셨기에 저희는 마지막까지 힘을 낼 수 있었습니다.

그러한 극한상황에서 기념촬영을 하는 승객들이 있었다는 건 왜 방송에 안 나오는지 모르겠습니다. 과연 누가 안전불감증이란 말입니까... 이 글이 얼만큼이나 반영이 될까요... 저는 눈물을 닦으며 떨리는 손으로 이 글을 쓰고 있습니다.

삼자들은 그냥 저런 썩어빠진 승무원들 같으니...하고 잊어버릴 수도 있는 문제이지만, 저희 당사자들만큼은 평생에 불명예로 기억하며 살아갈 수밖에 없습니다.

부디 저희의 노력이 헛된 것이 되지 않도록 도와주십시오... 진심으로 부탁드리겠습니다. 더운 날씨에 이 두서없는 글을 끝까지 읽어주셔서 감사합니다. 건강하십시오.

그리고 살아 있는 오늘을 감사하시길... 죽음의 문턱까지 다녀온 제가 감히 말씀드리며... 이만 줄이겠습니다...

상황이 대충 눈에 그려지시리라 여긴다. 이것은 순수하게 승무원의 시각이고 차분하게 대처한 승객도 없으란 법은 없다. 이번에는 당시 그 뱅기를 탔던 승객의 이야기를 들어보자.

사회-이주의 포커스 8월 17일(월)

대한항공 사고, 그 진실을 밝힌다 (2) 탑승객 편

아래는 당시 탑승객이었던 장석수 씨가 보내온 내용이다.

업무차 동경에서 오는 길에 KAL 불시착 비행기를 타게 되었습니다. 승무원의 태도 및 안전운항 불감증에 대한 언론보도에 국민들이 분노하는 것 같고, KAL은 해명하느라 노력하는 것 같아, 당시의 상황을 체험한 사람으로서 말하고자 합니다.

물론 KAL 승무원 이지숙 님의 글도 읽었고 KAL은 절대 안 탄다고 말하는 사람들의 글도 읽은 상태에서 이야기하겠습니다.

저는 이지숙 님의 그때 상황을 100% 인정하면서 당시 상황을 몇 가지 부연 설명하겠습니다.

1. 언론에서 말하는 승우원이 도망갔다는 말은 승객중에 일부 잘못 판단하여 말한 것 같습니다. 저도 슬라이드를 타고 내려와서 암흑같이 어두운 풀밭 위에서 우왕좌왕할 때 여승무원이 맨발로 뛰어오면서 "비행기가 폭발할지 모르니 반대편 활주로를 향해서 뛰세요."라는 소리에 아직 안전지대가 아님을 알고 뛰었고, 다른 승객도 마찬가지였습니다.

그때 여승무원이 왜 맨발이었는지 이지숙 님의 글을 읽고 고무 슬라이드에 손실을 주지 않기 위한 행위라는 것을 이해하였으며, 만약 몇 분 후에 폭발했으면 비행기 주위에 있었던 사람들도 살지 못했을 겁니다(최소한 100여 명 이상). 아직 비행기 폭발이 얼마나 크고 위력적인지 모르니까요.

2. 비행기 도착 때 '쿵탕'거리는 소리에 어느 정도 상황의 심각성은 인지했지만 '평소보다 조금 심하다'는 정도로만 인지했습니다. 그때 불이 꺼지면서 안에서 '불이야'라는 소리에 비로소 심각성을 인식했고 탈출구로 뛰어간 것입니다.

저 자신도 그 절명한 상황에서 회사서류를 챙기고 있었고 만약 이것을 소실하면 회사 목적상 일본간 출장이 말짱 꽝이 되어서 그런지 모르겠습니다. 조금은 안일하게 대처한 거지요. 그때 외치는 '불이야' '비상탈출' 등등의 소리가 없었으면 심각하게 생각하지 않았을지도 모릅니다.

3. 승무원의 노력
저는 이미 비행기를 빠져나온 상태에서 아직 못 나온 승객들을 위해서 비행기 안에서 분주히 돌아다니는 승무원을 볼 수 있었으며, '만약 저 비행기가 터지면 어떻게 될까?' 하는 생각이 들었습니다.

KAL의 잘못

1. 안내방송 부족입니다.
제주도로 가게 된 경위를 한참 뒤인 군산 상공 위에서 알게 되었으며, 한국어 말고 영어로만 하는 것 같았고 제주에서 다시 서울로 가게 된다는 방송도 일본어를 들어보지 못한 것 같았습니다.

저는 다음날 출근을 해야 하기 때문에 '왜 군산에 내리지 않고

사회-이주의 포커스 8월 17일(월)

그 먼 제주도까지 가느냐고 물었지만, 한국어가 안 되는 외국인은 영문도 모르고 앉아 있었겠지요.

근처에 있던 흑인은 영문도 모른 채 앉아 있었고, 제 자신도 '저 외국사람은 답답하겠구나' 하는 생각이 들 정도였습니다. 그러니 100명 이상의 일본인 승객은 얼마나 답답했겠습니까? 아마 승무원들의 외국어 수준이 비행기 뜨고 내리는 정도이지 이런 비상상황에 대해서는 별 교육이 없었던 것 같습니다.

2. 안전불감증입니다.
서울에 기착하지 못하고 제주도로 가게 되었을 때는 안전에 더욱 신경을 써야 했으며, 무리할 것 같으면 제주도에서 하루 묵어야 했을 겁니다.

밤 9시30분 이후에는 김포공항의 착륙이 없다는 얘기를 들었는데 사고 비행기는 10시 이후에 도착했고, 그러다 보니 비상구급차, 소방차, 버스 등이 사고 후 신속하게 나온다는 것이 무리였습니다. 아마 IMF라 제주도에 묵을 비용이 만만치 않았으리라 생각합니다.

3. 사후처리 미숙
대합실에 버스로 온 후에 누구도 관리하는 사람이 없었습니다. 저는 집이 분당이라 집도 멀고 막차 버스도 없는 상황에서 막막한데, 이러한 사고 후에 사후처리가 미흡한 것 같았습니다.

비행기 사고 속의 극한상황에서 취하는 각 국민의 태도

1. 흑인 : 악을 '꽥- 꽥-' 지르며 히스테리 반응을 보이면서 가장 먼저 밖으로 뛰어나가는 것입니다. 아마 그 흑인은 문을 열자마자 슬라이드가 펴지기도 전에 점프를 했을 것입니다.

2. 일본인 : 울기부터 하는 것입니다.
그 울음이 안전지대에 와서도 울고, 비행기 대합실까지 와서도 악몽이 살아나서인지 우는 것입니다. 일본 야구나 축구를 보면 여자 아이들이 우는 것을 자주 보곤 했는데 비슷한 현상이었습니다.

3. 백인 : 역시 침착한 것 같습니다.

4. 한국인 : 삶과 죽음이 목전에 있는데도 물건을 들고 뛰는 사람은 역시 한국인! 이지숙 씨가 지적했듯이 안전을 위해서 짐은 놓고 가야하는데 불에 타면 안 되고... 다시 오기도 귀찮고... 역시 산다는 전제로 모든 일을 하는 것 같습니다. 저 포함... 이런 정신으로 산다면 IMF도 무섭지 않을 텐데... 그리고는 오늘의 사고를 IMF로 돌리는 평론까지 하는 것입니다(비행기 활주로 위에서 승무원이 피지 말라는 담배까지 펴가면서...).

그런데 거꾸로 생각하면 이런 생각이 IMF를 만들었는지도 모르겠습니다. 부실에 대한 대비가 부족한 국민으로서...

곧 사고가 터지는데도 자기 일, 자기 명분만 챙기는 국민으로...

물론 사고의 총체적 책임을 져야 할 대한항공은 비난을 면할 수 없겠

사회 - 이주의 포커스 8월 17일(월)

지만, 적어도 당시 사고 직후 뱅기에서의 승무원 사고대응은 훌륭하게 제대로 이루어진 것이었다는 것이 딴지의 결론이다. 오히려 승객이 문제였지.

이것으로 한 껀 올렸다고 생각하고 마구 승객들쪽 시각만 전달한 MBC의 오보에 대한 검증은 끝난 것 같고, 이제 본지는 슬슬 당시 이지숙 씨와의 인터뷰나 언제 함 해볼까 한다... 독자 여러분들께서는 독자투고란에 이지숙 씨 나오라는 고함 좀 쳐주시기 바란다.

근데 지난 토욜(8/15) 주병진 나이트쇼에서 해명기회를 줄 것처럼 이지숙 씨를 불러놓고 옆에 앉아 있던 임모 교수는 왜 지 혼자 열변을 토하고 난리를 쳤나... 그럴려면 차라리 부르지를 말든지. 사고대응을 훌륭히 했음에도 불구하고 누명을 입어 해명하러 나온 승무원에게 기회를 준 건지 대한항공 질타하라고 부른 건지 분위기 파악 못한 그날 임모 교수는 졸라 오바맨이었다는 것이 본지 생각이다.

자 이제 당시 승무원 분들은 영차영차 힘내시고, 조또 대한항공은 자폭하라 !

- 딴지사회부 기자

[동물의 왕국] 원숭이에게서 인생을 배운다

영화 파워오브원(POWER OF ONE)을 보면 어린 주인공과 유태인계 독일박사가 아프리카의 어느 골짜기의 큰 폭포를 바라보는 장면이 나온다. 거기서 박사가 그 어린 넘이 뭘 안다고 애한테 이런 썰을 푼다...

"넓은 자연을 가만히 들어보렴. 자연은 인간에게 많은 것을 가르쳐 준단다."

그렇다. 인간은 자연과 그 속의 온갖 생물, 동물들을 통해서 많은 것을 깨달을 수 있다.

우리집은 경상도 산골짜기에서 목장을 하고 있다. 목장주이신 아부지는 동물을 무척 좋아하시어 가축 외에도 여러 종류의 동물을 기르셨고, 개중 가장 오래 길러온 것이 원숭이다. 현재 우리집에는 두 마리의 원숭이가 있다.

쭈쭈와 똘똘이

- 쭈쭈는 신장 55cm(팔내리고 꾸부정할 때), 몸무게 모름, 나이 한 5살(사람으로 치면 50대)의 늙은 원숭이로 포악하기 이를 데 없는 더러븐 쉐이다. 비록 늙었다고 하나 아직도 날 보면 죽일 듯이 무섭게 달려드는 성질 졸라 더러븐 쉐이. 그나마 철창 안에 있어 그렇지 안 그럼 지금 나 이 글 몬쓴다. 이런 판이니 몸무게를 어케 재겠는가. 한마디로 狂숭이다.

사회-이주의 포커스 8월 31일(월)

- 똘똘이는 신장 30cm(역시 꾸부정 시), 몸무게 가벼움(한손으로 히떡), 나이는 한 2살(사람으로 치면 자지 불끈거리는 20대)의 젊은 넘으로 사람을 가리면서 때로는 알랑방구도 끼고 때로는 으르렁대기도 하는데, 혼자 으르렁거리고 지랄할 때도 동그란 구멍 뚫린 물체를 갖다대기만하믄 허거덕 놀라 자빠지는 약간 희귀한 종류의 정신장애를 가지고 있는 문제있는 넘이다.

지가 매일 차고 있는 목도리의 구멍도 잊어버리고 있다가 목도리 함 툭 쳐주면 그 구멍에 놀라 발발 기며 몸사리는 희한한 병이다. 아마도 '후천적 구멍 공포증'에 시달리고 있는 듯하다. 그래도 이넘은 귀여운 맛이 있다.

전혀 프로파일(PROFILE)과 데모그라픽(DEMOGRAPHIC)이 다른 이 두 원숭이 쉐이들이 그래도 공통점이 있다. 뭘까?

불쌍하게도 둘다 상처했다. 한마디로 홀애비 복식조다. 늙은 놈은 늦게, 젊은 놈은 일찍 상처했다. 불쌍한 쉐이들... 그러나 상처의 원인이 다르다. 이게 중요하다. 狂숭이 쭈쭈는 앞서 설명했듯이 포악하기 이를 데 없는 쉐이로 일찍이 마누라 열라 패기로 유명하였다.

밥주면 마누라 논 밥 먹는다고 못 먹게 하려고 패고, 아무리 많이 주고 지가 배불러도 마누라 밥먹는 꼴을 못 보는 그런 나쁜 쉐이였다.

그때 쭈쭈의 마누라가 나에게서 밥을 쏜살같이 받아 쭈쭈의 사정거리를 필사적으로 벗어나, 때로는 삼십육계 뛰면서 먹는 그런 모습이 요즘도 눈 앞에 선하다. 물론 밥주는 사람도 쭈쭈의 경계를 흐트리고 때로는 싸워가면서 슬쩍 그 마누라에게 주는 솔로몬 왕의 지혜와 용기를 가져야 했다. 한마디로 원숭이 밥주기 조또 더럽게 힘들었다. 씨바.

그러던 어느 날 마누라를 손으로 패기만 한 건 아니고 방맹이로 패기도 했는지, 고 불쌍한 것이 임신을 하였다. 그러나 임신하면 뭐하나, 대우는 하나도 달라지는 게 없는데...

그 쉐이는 임신이 뭔지도 모리는 후레자슥 같은 넘이었다. 임신중인 마누라는 여전히 밥먹을라치면 열라 맞아야 했다. 그리고 얼마 후 마누라는 갖은 고생 끝에 새끼를 낳았다. 동물원 가봐서 알겠지만 원숭이 새끼는 애미 가슴에 매달려 젖을 빤다. 폭력가장 쭈쭈의 매를 피하며 고논과 그 새끼는 같이 뛰고 달렸다. 비폭력과 자유, 평화를 갈망하며...

그러나 앞서 예고했듯이 불행은 결국 다가왔다. 쭈쭈 그 쉐이 마누라한테도 밥 안 나눠주는데 지 새끼는 말해 뭐하나. 일정 시간 지나면 애미의 젖은 떨어진다. 그때부터 새끼들은 사람이 주는 밥을 먹어야 산다.

그러나... 쭈쭈 그 狂숭이가 설치는데 어케 밥을 먹겠나. 애미 역시 지 밥먹기 바쁜 한자리 아이큐 원숭이였고... 그때 우리 주인들이 신경 썼어야 했다. 그러나 그러지 몬했다. 후회한다.

이름도 짓지 못한 그 새끼는 결국 배고픔에 지쳐, 애꿎게도 우유 안 나오는 젖만 빨다가 팔다리에 힘이 풀려 위에서 떨어졌다. 아마도 애미가 새끼를 달고 쭈쭈 나쁜 쉐이를 피해 철창우리의 윗쪽에 있었을 때 봉변을 당했나 보다. 뇌진탕 및 전치 10주.

우리에서 꺼내어 극진히 보살폈으나 결국 죽었다.
흑...

그리고 곧 다가온 겨울.
애미인 쭈쭈 마누라도 얼어 죽었다. 남편의 폭정에 시달리다... 그리고 아마도 새끼를 잃은 슬픔과 죄책감에 시달렸을 것이다. 참으로 기고한 팔자라 아니할 수 없다. 그래서 쭈쭈놈 지금 혼자다. 그 독한 넘은 추운 겨울을 지 혼자 묵묵히 여러 번 넘겼다. 그리고 쓸쓸한 말년을 맞고 있다. 여전히 게거품을 물고...

다음 정신분열증세를 보이는 병자 똘똘이의 얘기로 넘어가자. 똘똘이는 아주 어릴 적에 암수 한 쌍으로 왔다. 주먹만한 두눈님들은 무척이나 순했는데, 요넘들 사이는 쭈쭈의 경우와 완전히 정반대였다. 똘똘이가 괴롭힌 게 아니라 허구헌날 괴롭힘을 당했다. 멀로 괴롭혔냐고? 기냥 잡아땡겼다. 시도 때도 엄씨. 퉁퉁 부어오를 때까지. 뭐를? 바로... 똘똘이의 고추를...

이거 당해보지 않은 사람은 모린다. 그 공포를. 혹시 다 크기도 전에 '고자'가 되버릴까봐 격리시키기도 했다. 아마도 이때쯤 똘똘이의 '후천적 구멍 공포증'이 생겼을 것이다. 똘똘이... 줄기차게 당했다. 혹시 단소증에 괴로워하는 남자독자들 있음 암원숭이 함 키워보시라.. 효과있을 것으로 사료된다.

그렇게 우습고 행복한 어느덧...겨울이 왔다. 우리집 원숭이 암넘들의 운명은 비슷했다. 똘똘이 짝... 얼어죽었다. 겨울이 밉다. 썅...

그리고 똘똘이 지금 혼자다. 실컷 당하기만 하고 이제 좀 커서 기 좀 펴볼라고 하니 짝이 가버렸다. 물론 주인 잘못이 크다. 반성한다.

그 뒤로 암에프 터져서 돈이 없어 암놈 새로 들이 형편이 안 되서 똘똘이 벌써 일 년 넘게 혼자다. 혈기왕성한 나이에... 불쌍하다. 그러나... 그래서 보이는 이놈의 천인공노할 행태가 가관인데... 사람도 원숭이과라는 것을 기억하는가. 이넘은 우리집에 온 여자손님들이 신기하고 귀엽다고 다가가면 졸라 흥분한다. 여자라고(미성년자들 때메 자세한 묘사는 피한다).

그러나, 웃기는 건 여자를 가린다는 것이다. 어떤 여자한테는 엄청 흥분하고 왠 여자한테는 콧방귀도 안 꾼다. 귀엽다고 다가간 여자들(아줌마 포함) 몇이 얼굴 발그레 웃으면서 당황하는 거 가끔 보았다. 똘똘이 이놈 웃기고 불쌍한 놈이다. 하루빨리 우리 나라 경제 펴야 한다. 암에프 조기졸업해야 한다. 씨바... 불쌍한 똘똘이.

결국 위의 원숭이들의 삶에서 우리는 무엇을 깨닫게 되는가?

자본주의 사회에서는 역시 돈이 있어야 짝을 구한다는 것이다. 그리고 여자는 소중하다. 한 번 생긴 여자, 잘 간수하자. 소 잃고, 아니 여자 잃고 외양간 고치지 말자. 한 번 가면 끝장이다. 요즘 같은 암에프 시대에...

쭈쭈의 고독한 말년을 보라.

똘똘이의 햇빛 따스한 봄날에 애처로운 몸짓을 상기하라.

 狂숭이 쭈쭈와 정신병자 똘똘이가 사는 우리 목장의 이름은 '성림관광목장'이다. 부산시와 경남 양산시 사이에 있는 도심에서 가까운 곳에 있으며 멧돼지 숯불구이 등을 파는 식당이 목장 내부에 있다. 전화번호는 0523-83-5678, 011-876-5157이다. 글 재미있게 읽었으면 함 이용해주시기 바란다. 여러분이 매상 많이 올려주셔야 똘똘이의 홀애비생활 빨리 끝낸다.

- 엽기사회부 수습기자 임병권 bklim@lgad.lg.co.kr

암살영화의 결정판 – The Jacket

그는 암살자. 노리는 건 자켓 한 벌. 주머니 많은 걸 원한다.
리처드는 가죽 한 벌 있고, 브루스는 없다. 씨바… 전쟁이다.

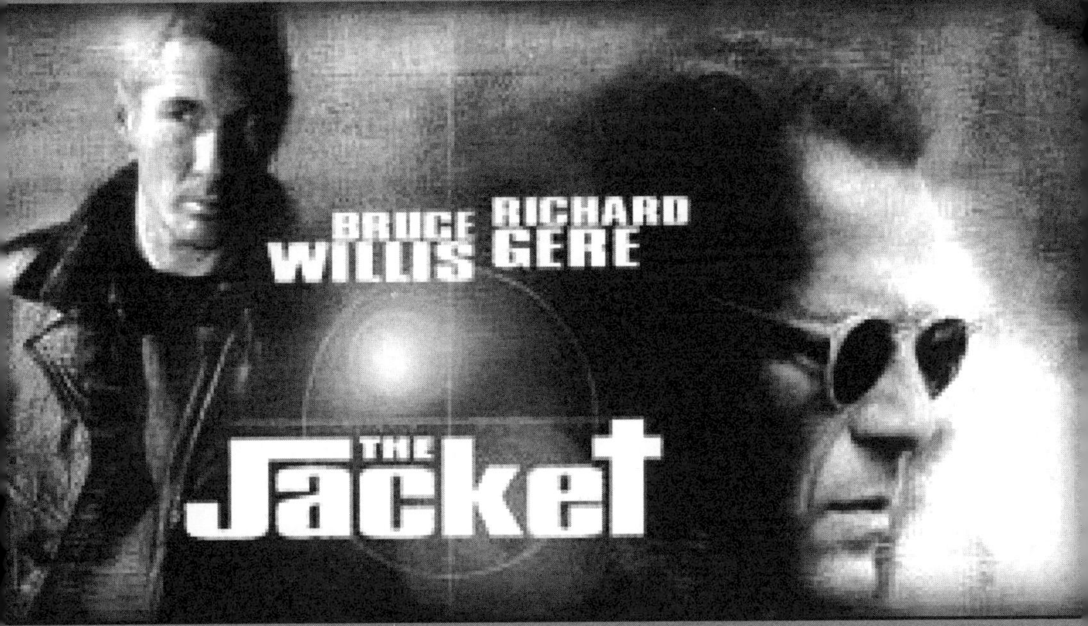

국제

르뽀

[르뽀] LA 쉑쉬특파원 심층보도 - 세계 속의 한국(Woman 편)

[르뽀] LA 쉑쉬특파원 심층보도 - 세계 속의 한국(Man 편)

[뉴욕정복] NY특파원 스페샬 리포트 (1)

주뱅진, 지구를 구하다!!

이주의 포커스

그대는 쿠르드족을 아는가...

[생활 리포트] 독일특파원 - 자전거

http://ddanji.netsgo.com

국제

▶ 정치 경제 사회 국제 문화/생활 정보통신/과학   ▶ BEST 스포츠 테마신문

르 뽀

LA 쉑쉬 특파원 심층보도 - 세계 속의 한국(Woman편)

여러분 두 주일간 모다 안녕하세요?

딴지일보 최초의 해외 특파원, LA 해외 특파원 지여니입니다. 지난 호의 '나이트편' 잠입르뽀에 이어 LA의 '여자' 들에 대한 심층분석임다. 앞으로도 계속 연재함다.

많은 성원 부탁드림다.
사뿐 꾸벅.

LA...

아무리 봐도 신기한 도시 LA에는 너무나 다양한 여러 종류의 사람들이 살고 있다. 본토박이 미국 사람들과 각국에서 이민온 교포들, 유학생, 주재원, 사업가, 부도내고 도피해 온 사기꾼, 곗돈 떼먹고 도망온 전직 계주들 등등, 너무나도 다양한 모습의 사람들이 여기처럼 많이 많이 모여사는 곳은 찾아보기 힘들 것이다...

르 뽀

LA 쉑쉬 특파원 심층보도 - 세계 속의 한국(Man편)

여러분 두 주일 간 모다 안녕하세요?
딴지일보 최초의 해외 특파원, LA 해외 특파원 지여니입니다.
지난 호의 LA의 '여자' 들에 대한 심층분석에 이어 '남자' 편임다.
앞으로도 계속 연재함다.

글을 시작하기 앞서 지난 호 'LA Woman' 편에 보여주신 무지막지한 사랑과 성원에 감사드린다...

주뱅진, 지구를 구하다!!

지구의 평화를 위해 밤낮없이 뛰고 있는 3총사 슈퍼맨, 배트맨, 원더우먼이 전격적으로 파업을 선언했다.

국제

> 뉴욕정복

NY특파원 스페샬 리포트(1)

암에푸로 사회 전체가 고개를 숙이고 있다. 일부 워낙 있던 넘들을 제외하곤 이제 안전지대란 없는 것처럼 보인다.

요즘... 좌절하는 사람들도 있겠고, 재충전의 기회로 삼는 사람도 있겠고, 그리고 이 기회에 아예 한국을 떠버릴까... 생각하는 사람들도 적지 않겠다. 아예 한국을 떠버릴까...

> 이·주·의·포·커·스

그대는 쿠르드족을 아는가...

터키의 중부, 기암괴석으로 뒤덮힌 '카파도키아' 라는 지역을 여행할 때였다. 버스를 갈아타야 하는 곳에서 연결되는 버스 시간이 좀 남았길래 지금은 이름도 기억이 나지 않는 조그마한 마을을 둘러보러 나섰다...

> 생활리포트

독일특파원-자전거

"뮌스터는 독일 노르트라인-베스트팔렌 주에 있는 도시로서 인구는 28만..." 하면서 특파원이 사는 곳의 소개를 시작한다면, 대부분의 독자들은 "독일에 뭐 그런 도시도 있었나?" 하실 것이다.

베를린, 뮌헨, 프랑크푸르트 같은 대도시의 이름들은 알려져 있지만, 뮌스터와 같은 조그마한 '시골' 까지 알기는 사실 어려우니 말이다. 솔직히 특파원 역시 한국에 살 때 그러했다.

[르뽀] LA 쉑쉬 특파원 심층보도
-세계 속의 한국(Woman 편)

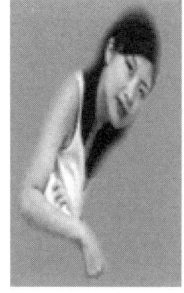

여러분 두 주일간 모다 안냥하세요?
딴지일보 최초의 해외 특파원, LA 해외 특파원 지여니입니다.
지난 호의 '나이트편' 잠입르뽀에 이어 LA의 '여자'들에 대한 심층분석임. 앞으로도 계속 연재함.
많은 성원 부탁드림.
사뿐 꾸벅.

LA...

아무리 봐도 신기한 도시 LA에는 너무나 다양한 여러 종류의 사람들이 살고 있다. 본토박이 미국 사람들과 각국에서 이민온 교포들, 유학생, 주재원, 사업가, 부도내고 도피해 온 사기꾼, 곗돈 떼먹고 도망 온 전직 계주들 등등, 너무나도 다양한 모습의 사람들이 여기처럼 많이 많이 모여사는 곳은 찾아보기 힘들 것이다.

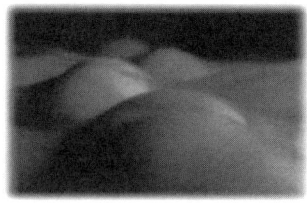

이번 호에서 딴지 특파원은 LA Woman에 대해 비교, 분석하고자 한다. 이번 기사를 위하여 LA 거주, 20대에서 30대 초반에 걸친 각 인종별 엄선된 후보자들을 선출하여 심층 인터뷰를 통해 연구하였다.

그리고 이번 연구를 도와준 LAPA(Los Angeles Playboy Association : 엘에이 제비협회) 남성 회원 여러분께 이 자리를 통하여 감사드리고 싶다. LAPA 회원 여러분들은 다년간에 걸친 여자 꼬시기 경험으로 갈고 닦은 노하우를 아낌없이 발휘, 정확한 연구서 작성에 지대한 공헌을 하였다.

그러나 본 특파원 눈을 속이고 한 LAWHC(Los Angeles White Hand Coalition : 엘에이 백수연합회) 회원이 LAPA 회원으로 가장, 잠입하였으나 그가 신고 온 쓰레빠 때문에 뽀록난 사건은 이번 연구에 큰 걸림돌이 될 뻔한 기억으로 아직도 연구원들의 뇌리에 남아 있다.

이해를 돕기 위해 LA 지역 걸들을 다음과 같이 구분하여 이해해보자.

- 오리지날 미국여자와 무늬는 동양사람이나 미국에서 자란 교포층
- 한국, 중국, 일본 등에서 이민 또는 유학의 형태로 건너온 분들

화장술 비교 분석

1 한국 여자

아주 객관적인 관점에서 볼 때도 한국 여자들은 누구나 가공할 만한 고난이도의 Professional한 화장술을 갖고 있다.

원판불변의 법칙에도 불구, 역시 그 누구도 따라오지 못할 신기술을 나날이 개발하며 LA 구석구석 변장한 얼굴을 선보인다. 이곳 현지인들은 감히 상상하지 못할 하늘색, 파랑색, 초록색 눈탱이와 1996년도 여름을 강타한 시꺼먼 입술(일명 저승사자 립스틱), 사이버 은색 입술 (일명 갈치비늘 립스틱) 등을 선보이며 LA 주민들을 경악하게 만들고 있다.

이외 미국에선 정말 Halloween 변장 때만 구할 수 있는 속눈썹, 쌍꺼풀 테이프, 가발 등등의 악세사리를 때와 장소를 불문하고 착용하

국제 8월 17일(월)

고, 심지어 화장을 하지 않고서는 집에서 한 발자국도 나서지 않는 프로의 자세를 보여주며 LA 분장술 발전에 일조하고 있다.

잘 알려진 일화를 들자면 한 한국 여인의 21세기 신기술 화장빨에 속아 결혼한 중국계 교포 남성, 왕쏘가 씨는 첫날밤 부인의 샤워 후 모습에 기절, 지금까지 식물인간으로 누워 있다고 한다. 과학기술은 선진국에 비해 조금 뒤질지 모르나 이 화장 기술 만큼은 한국이 일본을 약 10년, 미국을 약 15년 앞서 있다. 세계에 널리 이름을 날리고 있는 한국 여성들의 자랑스러운 쾌거라 아니할 수 없다.

2 오리지날 미국 여자 및 교포층
평상시 생활에서는 No 화장으로 본래의 모습을 드러내 놓는다. 이들은 가끔 특별한 일이 있을 때, 즉 결혼식이나 졸업식, 면접 시험 때를 제외하고 거의 화장이란 단어를 모른다. 데이트 시도 맨얼굴을 그대로 선보이는 여자들을 어렵지 않게 볼 수 있다. 한국 여자들로서는 가공할 일이다. 그리고 이들이 화장을 하려고 맘 먹을 때도 집에 가보면 화장품마저 거의 없다. 기초 화장품, 붉은 계열 립스틱 몇 개가 소장품 전부이다.

특히 신기한 것은 결혼식 신부 화장도 신부가 직접 아침에 일나서 뚜드려 바르고 간다는 것이다. 한국의 신부 화장처럼 전혀 새로운 인간으로 재창조하는 기술은 미국에서 정말 절대 찾아볼 수 없다. 대부분의 오리지날 미국 사람은 여러 면에서 약간 촌티나게 소박한 모습을 갖고 있다.

3 중국 여자
중국 아가씨들은 여러 면에서 한국 걸들을 따라하고 싶어한다. 특히

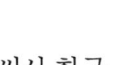

주변에서 한국 사람들을 접할 수 있는 여자들은 안간힘을 써서 한국 화장을 흉내낸다. 그치만 어설프기 짝이 없다.

심한 경우는 종전 한국 대포집의 독보적 테크놀러지를 선보여 사람들로 인해 향수를 자아내게 한다. 더불어 똥그란 얼굴형과 짝 찢어진 눈, 넓은 코평수 등이 화장이 정착하는 데 애로사항으로 작용한다(지난 호에서 말씀 드렸듯이 LA에 사는 중국계 여자들은 정말 희한하게도 독극물 수준이 많다). 정말 통탄할 만할 일이라 하겠다.

4 일본 여자

일본에서 건너온 아가씨들은 일본 현지 스타일을 그대로 고수한다. 사이키델릭한 눈탱이와 덧니가 보이는 입술에는 갖가지 다양한, 듣도 보도 못한 색깔의 립스틱을 선보인다. 사람에 따라서는 폭탄머리, 칼라풀한 색깔로 염색한 헤어스타일과 함께 인체전위예술을 펼쳐보여 같이 공부하는 미국 Classmate들로 인해 매일매일이 Halloween Day로 착각하게 해준다. 대단한 내공의 소유자들이며 얼굴 두께는 타의 추종을 불허한다.

의상 비교분석

1 한국 여자

한국에서 유행하는 각종 스타일의 패션을 그대로 입수, 모델 패션을 추구한다. 일본 여자들과 쌍벽을 이루며 학교 갈 때도 정장에 하이힐을 착용, 지루한 수업시간을 파티로 착각케 하여 학교의 활력소가 된다. 특히 Nix, 96NY, Basic 등의 청바지 등에다 (이곳에도 이렇게 비싼 한국 청바지는 다 들어와 있다) 미국 사람들은 상상할 수 없는 가공할 만한 액수의 돈을 퍼부으며 맵시를 뽐내고 오리지날 금, 은 등의 장신구류도 상당량 소지하고 있다.

하여튼 뻑적지근하게 화려하고 유행 싸이클도 짧고 옷 종류도 엄청 많다. 미국 와서도 화려한 치장은 사라지지 않는 우리 고유의 미풍양속이다.

2 미국 여자 및 교포층
다 떨어지고 무릎이 해진 (일부러 찢은 거 아님) 청바지와 츄리닝 윗도리 차림으로 일상 생활에 임한다. 가끔 무슨 날이 되면 차려입고 나오나 그 화려함의 정도는 울나라 여자들이 목욕탕 갈 때 입는 옷과 비슷한 정도라고 봄 된다. 글구 미국에서는 특이하고 이쁜 옷은 거의 파는 데가 없다. 본 기자 생각엔 수많은 미국 인구를 위해 만들어지기 때문에 유행도 자주 바뀔 수 없고 아주 특이하고 이쁜 옷이 모든 이에게 어울릴 수 없기 때문에 Target market을 고려해서 수수, 평범 스타일을 고수하는 것 같다. 옷 사이즈도 2 size(강수지용)부터 16 size(강호동용)까지 다양하다.

3 중국 여자

짱께로선 최고수준...

중국계 여성들은 보통 작은 키 때문에 그리 쭉쭉빵빵 스타일의 옷은 입고 다니지 않는다. 우리 나라에서 칠십년대에 유행했던 디스코 바지, 하얀 뺵바지 등과 발목까지 오는 긴치마 등 '시장' 패션을 추구한다. 남자들도 가끔 여자 옷을 빌려 입는지 몸에 딱 달라붙는 이상한 바지와 티를 입는다. 그러나 홍콩에서 온 여학생들은 구찌, 알마니 등 눈 튀어나오도록 비싼 옷들을 그 짧은 몸에 걸치고 다닌다. 그치만 당근 전혀 안 어울리고 가짜같이 보인다. 다시 한번 말하겠지만 LA 사는 중국 여자들은 정말 심각한 개선의 여지가 있다.

4 일본 여자

가끔 일본 잡지에서 볼 수 있듯이 정말 상상을 초월하는 이의정 패션이 난무한다. 일본 여인네들은 길가다 멀리서도 한눈에 포착할 수 있는데 보통 커다란 리본이나 키티삔 등을 머리에 다는 일명 '미친논' 패션을 선보여 가끔 미국애들이 진짜 사람인지 만져보는 사태가 발생한다. 일본에선 그러구 다녀두 티 안 나겠지만 여기서는 정말 정말 눈에 뜨인다. 그러나 주변 사람들이 신기하게 생각하고 비웃어도 이들은 전혀 개의치 않는다. 왜? 영어를 못 알아들으니깐…

여기서 우리는 미국 여자들과 동양 여자들을 둘로 양분하는 커다란 차이점을 짚고 넘어가야 하겠다. 그것이 뭐시냐 하면… 바로 동양 여자들은 너도 나도 뽕부라를 착용한다는 점이다. 착용의 사유가 신체적 결함인지 문화적 차이인지는 밝혀낼 수 없지만 수학적 원리를 이용하여 몇 가지 정의해보자.

수년 전 MIT의 한국계 학생들이 밝혀내어 한인 교포 사회와 학계에 커다란 파문을 일으킨 논문 주제로 '화장, 뽕부라의 두께와 미모의 상관관계'가 있었다. 즉, 미모의 정도와 화장 두께는 반비례하며, 화장 두께는 뽕두께와 0.1 : 1(단위 : 센티미터)의 비율로 정비례한다는 것이다. 피타고라스의 정리 이후 가장 위대한 수학계의 발견이요 길이 남을 커다란 업적이라 하겠다. 도표를 첨부하여 설명하고 싶으나 이해가 안 가는 분은 표 그려줘도 모를 것이 뻔하므로 오늘은 지면상 생략하기로 한다.

국제 8월 17일(월)

남자와의 교제

1 한국 여자
한국 여자들은 아직까지는 같은 민족과의 교류에 힘쓰며 단일 민족으로서의 긍지를 되살린다. 가끔 미국, 중국 뽀이들과 교제하다가도 좋은 경험으로 여기고 다시 컴백홈하는 게 보통이다. 한국에서의 기억을 잊지 못하고 매너있게 데이트시 남자가 돈 다 내는 것을 원칙으로 삼는다. 그리고 사귀는 기간 내내 징징거리면서 상당히 의존하는 모습을 보이며 하루에 한 번 예쁘다고 안 해주면 바로 하늘이 무너지고 땅이 꺼진다.

2 미국 여자 및 교포층
사람에 따라 차이는 많으나 기본적으로 상당히 독립심이 강하여 아무리 오래 사귀어도 너는 너, 나는 나의 사고방식을 갖는다. 만나자마자 빨리 친해지는 편이나 헤어질 때는 둘 다 별로 슬퍼하지 않고 담담하게 이별하는 게 보통이며 또 놀라웁게도 찢어진 후에 각별한 친구 사이로 남아 서로를 챙겨주는 경우도 허다하다.

굉장히 이성적으로 서로를 대하며 데이트시 남자가 2/3 정도 비용을 부담한다. 만나면 여자에게 모하고 놀 건지, 뭐 먹을 건지 정할 수 있는 우선권이 있고 만난 지 오래 되고 결혼해 할아버지 할머니가 되어도 물이라도 한잔 가져다주면 남자는 깎듯이 "Thank you" 한다. 한국의 갱상도 남자들이 보면 막바로 화병나서 입원할 광경을 항상 연출한다.

3 중국 여자
중국 여자들은 외모에서 풍기는 그대로 한마디로 정말 '쎄다'. 남자가 밥, 설거지를 도맡아 하는 것은 물론이고 혹이라도 맘에 안 들면 주변에 사람이 있건 없건 간에 커다란 목소리로 남자를 개쪽 준다. 남자들이 져주는 건지 여자들이 정말 힘이 센 건지 알 길 없지만 얘네들은 상상을 초월하는 라이프스타일을 영위한다고 보면 된다.

중국 남자들에게 한국 여자는 아무리 악다구니를 써도 천사 그 이상이라고 한다. 부엌 심부름 안 시키고 구박 안 하는 그 자체만으로도 한국 여자의 가치는 하늘을 찌른다. 거기다 이쁘기까지 하니까... 글을 쓰다보니 본의 아니게 중국 여자에 대해서 부정적인 면만을 강조하게 되는데 본 특파원은 절대 그들에게 사적인 유감이 없다. 다만, 이번 연구에 임해준 수많은 연구원들의 공통적 견해에 입각한 의견이니 제발 오해하지 말기를 바란다.

4. 일본 여자
오늘의 하이라이트이다. 일본 여자들... 정말 말로 형언키 어려운 불가사의한 존재이다. 이번 연구를 위해 나성 정보위 (정신대 보복 위원회) 회장님께 많은 조언을 듣고자 인터뷰 요청을 하였으나 오랜 기간 일본 여자를 사귐으로 생긴 부작용으로 한사코 증언을 거부하고 덜덜 떨고만 있었다.

과연 왜 그랬나? 한마디로 일본서 건너온 여자놈들은 두 얼굴을 교묘히 숨기는 재주를 누구나 갖고 있다고 한다. 사귈 때는 입 안의 혀같이 정말 정말 남자에게 잘해주며 말 그대로 천사표이나 남자가 혹 싫증내고

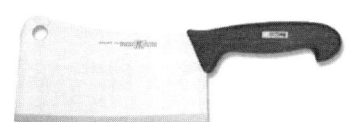
헤어지자고 할 때 일본놈들이 잘 쓴다고 정평이난 칼...

헤어지기를 원하면 미져리로 돌변하여 공포 미스터리 주인공의 참모습을 보여준다. 여러 명의 남자분들이 이를 체험하였으나 한사코 아

픈 기억을 떠올리길 거부하며 쓸쓸히 석양을 향해 달려갔다. 물론 모두 다는 그렇지 않으리라 생각하지만 남자분들은 조심하기 바란다.

Therefore, 심층 연구 분석 결과, 역시 한국 여자들이 돈이 좀 많이 들어서 그렇지 가장 착하고, 귀엽고, 이쁘고, 건강하며 쉑쉬하다는 것을 발견함으로 이번 연구를 쫑냈음을 딴지 독자 여러분께 고하며 한국에 있는 남성들에게 한마디만 하겠다.

"한국 여자들만 사귀는 니네는 복바다써, 쨔샤들아..."

그럼 다음 호에서는 각국의 남자들에 대해 연구하여 찾아 뵙도록 하겠다. 많이 기대해 주시길! 다음 호까지 안녕!

LA 쉑쉬 특파원 지여니 serendiper@hotmail.com

[르뽀] LA 쉑쉬 특파원 심층보도
    - 세계 속의 한국(Man 편)

여러분 두 주일 간 모다 안냥하세요?
딴지일보 최초의 해외 특파원, LA 해외 특파원 지여니입니다.
지난 호의 '여자편' 잠입르뽀에 이어 LA의 '남자'들에 대한
심층분석임다. 앞으로도 계속 연재함.
많은 성원 부탁드림다.
사뿐 꾸벅.

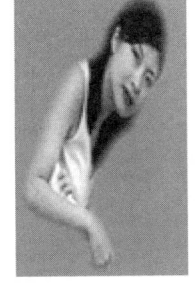

글을 시작하기 앞서 지난 호 〈LA Woman편〉에 보여주신 무지막지한 사랑과 성원에 감사드린다. 보내주신 엄청난 양의 격려메일과 팬 레터로 메일 서버가 다운될 지경까지 갈 뻔했었다. 특히 과거 일본 녀자들과의 기억에 눈물을 흘려가며 편지를 보내주신 몇몇 독자 여러분, 빨리 아픈 과거를 잊고 새출발하시기 바란다.

지난 기사에 이어 이번 호에서는 LA 지역 남자분들에 대해서 연구해 보자.

본 특파원은 평소의 조신한 행동거지와 순진함이 지나쳐 남자에 대해서 너무 아는 게 없었으므로 이번 기사 작성은 엄청난 출산의 고통을 의미했다. 그러나 본국에 계신 딴지 독자 여러분께 정확한 사실을 전해야 하는 특파원의 의무를 되씹으며 철저한 마켓 리서치를 통해 LA 지역 남자의 세계를 파헤쳤다.

특히 주변 인물 중 남자 친구를 주기적으로 갈아치우기로 소문난 인재들을 수소문해 잠복, 기습 취재하여 소기의 성과를 이루었으며 개

국제 8월 31일(월)

인적으로도 많은 도움이 된 교육적인 경험이었다.

자동차에 관하여

1 한국 남자

한국에서 온 남자들은 모두 재벌집 자식들이든지 아님, 자동차에 무지 관심이 많은 것 같다. 특히 이곳은 차가 없으면 거의 살 수 없을 정도로 생활에 제약을 많이 받고 또 실제로 차 안에서 상당히 많은 시간을 보낸다. 그래서인지 우리 대한의 건아들은 수입의 상당량을 차에 투자하여 벤츠, BMW 등의 너무도 비싼 차를 하나씩 몰고 다닌다.

집은 다 무너져가는 허름한 천막에 살더라도 차들은 다 삐까뻔쩍한다. 특히 코리아 타운에서는 조그만 극빈자 임대 아파트에 비용을 절약하기 위해 서너 명이 함께 살면서도 차들은 하나같이 벤츠를 타고 다니는 사람들을 어렵지 않게 마주치게 된다.

그중 유학생 집단은 모두 다 동일한 취미를 갖고 있는지 '계절마다 차갈아치우기', '빨주노초파남보 외제차 수집', '지지배 옆에 끼고 차자랑하기' 등등 다양한 프로그램을 선보이며 두각을 나타낸다. 작년 후반기 암에푸가 한국을 강타했을 때 불려들어간 유학생들 때매 코리아타운엔 때 아닌 외제중고차 세일붐이 한창이었던 기억이 새롭다. 이처럼 한국 남자들의 차에 대한 사랑은 노소를 불문하고 한결같이 꺼지지 않는 불꽃과도 같다. 한국 모 재벌그룹의 얼토당토한 자동차 사업 진출도 이와 같은 맥락에서 이해하면 될 것 같다.

2 중국 남자

세계에서 검소하기로 유명한 중국 사람들은 자동차를 살 때도 겉모양보다는 경제성 즉, 기름을 얼마나 적게 먹는지, 다시 팔 때 돈을 얼마나 많이 받을 수 있는지 등등을 연구 논문을 써도 될 정도로 정말 열씨미 연구, 탐구를 거듭하여 구입한다. 평균 육 개월 정도의 시간을 두고 도시 곳곳의 자동차 딜러는 한 집에 평균 다섯 번은 방문하여 "차라리 딴 데 가서 사라"는 소릴 듣고서야 겨우 산다.

이때도 이자를 지불하는 할부 구입은 절때 기피하며 집 마당에 금덩어리랑 같이 묻어놨던 돈을 다발로 들고 온다(실제로 LA 폭동 때 건물이 전소되어 많은 중국사람들이 묻어놨다가 재로 산화한 돈다발을 파내며 울부짖었다 한다). 또 한번 구입한 차는 태평양물이 마르고 닳도록 타며, 해도 넘하다 싶을 만큼의 돈을 받아내고 판다. 이들에게 자동차는 정녕 소모품이 아닌 굴러다니는 저금통장이다.

3 일본 남자

막강한 엔화의 위력은 과연 어디까지인가? 일본도 차 잘 맨드는 기술은 남부럽지 않지만 많은 일본 사람들은 유럽차를 타고 다닌다. 그들에겐 아마 껌값일지 모르겠지만, 그래서 아무렇지 않게 외제차를 탈 수 있겠지만 잘 빠진 스포츠카를 몰고 다니는 쪽발이들을 볼 때 참을 수 없는 울화가 깊은 곳에서 치밀어 오른다.

같은 외제차를 몰아도 울나라 남자들이랑 일본 남자들 사이에는 처절한 차이점이 있다. 바로, 누구는 돈 많아서 좋은 차 타는 것이고 누군 없는 살림에 가랑이 찢어지는 짓이라는 거다. 여러 나라 사람들이 어우러져 사는 동네에선 이런 것도 쉽게 보아 넘길 수 없게 된다.

교포 및 미국 남자

과연 이런 차가 굴러다닐 수 있는 것인지, 혹시 몇 년 전 영화화되었던 고인돌 가족에서 사용하던 차가 아닌지 고개를 갸우뚱하게 만드는, 자동차라고 부르기엔 뭔가 아쉬운 듯한 엽기적인 물체를 끌고다닌다.

이런 물체를 타고 다니면서 미국 남자들은 과연 쪽팔려하는가? 전혀 아니다. 대부분의 미국 남자들은 자신의 차에 이름까지 지어주고 마치 애완동물 키우듯이 이뻐한다. 엔진 오일, 브레이크 정비 등은 자신이 직접 주말을 이용해 아주 즐겁게 취미삼아 해내며 엔진소리만 들어도 어디가 어케 잘못됐는지 훤하게 안다.

소비에 관하여

한국 남자

두말 하면 잔소리다. 도대체 어디에서 그런 수입이 생기는지 당장 내일 지구가 멸망할 듯이 한국 남자의 소비 관념은 대책이 없다.

특히 미국은 부자나라라지만 실제 생활은 서울보다 검소하다. 흥청망청 써대는 사람은 거의 찾아볼 수 없고, 한국에서는 초등학생도 십만 원짜리를 들고 다닌다는데 이곳에 살면서 백 불짜리를 보게 되는 경우는 많지 않다. 한국 생각만 해서 그런지 돈이 있건 없건 무조건 다 사주고 보는 게 한국 남자들이다.

미국 친구들과 여럿이 함께 식사를 하게 되면 얼마 안 되는 돈이라도 각자 지불하는 게 보통 관습이나 한국 남자가 끼어 있으면 번번이 온갖 폼을 잡고 이까짓건 지가 낸다고 한다. 본 특파원이 재학중엔 미국애들이 이런 한국 남자들을 봉으로 알고 밥먹을 때마다 초빙한 적이 있었다. 전 세계를 돌아다니며 써대는 한국 사람들... 언젠가는 그 돈 꼭 벌어와야겠단 생각이나 하는지 몰겠다. 남한테 기회만 있음 빈대붙는 것보단 훨 낫고, 또 남들에게 잘해주는 것은 좋은 일이나 생각없는 소비는 지양해야 될 습관이라 하겠다.

2 중국 남자

돈에 대한 중국인들의 태도는 본받을 만할 정도로 검소하다. 경우에 따라서는 그 검소함이 도를 훨씬 지나쳐 모두가 혀를 내두를 정도의 짠돌이 기법을 배울 수 있다. 이에 딴지에서는 소문 혹은 선입견으로 알고 있던 중국인들의 검소함을 낱낱이 파헤쳐내고자 중국 남자와 교제해본 한국 여자분을 비밀리에 섭외하여 증언을 들어보았다.

우선 그녀가 데이트 기간 내에 경험한 신비로운 체험 중 가장 놀라왔던 점은 그들은 돈의 많고 적음에 상관없이 '내 사전에 필요없는 지출이란 없다' 라는 생활신조가 몸에 배어있다는 것이다. 일례로 데이트시 둘다 쫙 빼입고 엄청 멋있는 레스토랑에 식사하러 갈 때도 Valet Parking(한국에도 있는 '파킹보이가 대신 대주는' 폼나는 시스템으로 여기서는 약 $3.00 정도 내야 함)을 그냥 지나쳐 열라 뺑뺑이 돌다가 오백 미터 전방에 차세우고 걸어간다고 한다.

한국 남자가 이랬다간 재수없는 쫌생이, 잘 먹고 잘 살아라는 마지막 인사와 함께 그날 밤 데이트가 쫑나며 다시는 그 여자를 못 보게 될 것이다. $3.00을 아끼는 것도 중요하지만 절대로 쓸데없는 데는 돈을 안 쓰는 그들의 경이로운 절약 정신이 오늘날 미국에서의 중국인의 입지를 가능하게 한 것 같다.

3 일본 남자
얘들은 한국 남자와 중국 남자들의 중간이라고 보면 되겠다. 어디 가서도 남 앞에 나서지 않고, 그렇다고 지나치게 절약에 미치지도 않고 지 분수대로 알아서, 분위기에 맞게 소비한다.

별로 씹을 게 없을 정도로 적당하다. 그러나 혹자에 따르면 낮엔 점잖게 지내다가도 밤만 되면 Hollywood 밤거리를 헤매며 헐벗은 여자(?)들이 많이 모인 클럽에 모여 지폐를 양손에 부여잡고 있는 모습이 많이 목격된다고 한다. 이 부분에 대해 특별히 심층 분석 기사를 원하시겠지만 본 특파원은 해당 지역에 출입할 일이 없으므로 알고 싶은 사람이 직접 가보기 바란다.

4 교포 외 미국 남자
미국에서 교육받은 사람들의 특성 중 가장 두드러지는 점은 바로 '솔직함'이다. 우리가 드러내기 꺼리는 약점, 창피한 점들에 대해 그들은 너무나 자연스럽게 까발려서 가끔 듣는 사람이 미안할 때도 있다. 한국에선 집구석이 망해넘어가도 손님이 오면 상다리가 휘어지게 차려내오고 월급을 가불하는 한이 있더라도 식사, 술자리에선 서로 돈을 내려 안달이다. 그러나 미국적인 사고방식에서는 자기 분수에 맞게 살며 아무리 돈이 많건 적건 여럿이 식사를 하면 보통 지 먹은 건 지가 내는 시스템으로 돌아간다.

특히 집이 아무리 재벌 갑부라도 아부지 돈이랑 내 돈은 틀리니까 학생 때는 학생 신분에 맞게 그지같이 사는 게 당연하다. 한국계 교포 학생들도 고등학교 때까지는 이렇게 미국식으로 검소하게 생활하다가 대학에 들어가서 한국 유학생들의 소비 행각을 옆에서 보고 겪으며 실의에 빠지는 경우도 허다하다고 들었다.

자기는 맥도날드에서 아르바이트로 용돈을 벌어가며 검소하게 사는데 주위에서는 비싼 옷, 몇 만 불짜리 외제차에 여자 친구들에게도 비싼 선물을 사주는 유학생들을 보면 어쩔 수 없이 나는 왜 이러구 사나 하는 생각이 들게 마련이다. 힘든 상황에서 부모님까지 도와가며 열심히 공부하는 교포 학생들에게 배우지는 못할 망정 그들의 어깨를 늘어지게 하는 일부 퇴폐 유학생들은 정말 귀신은 안 잡아가나 오늘도 두손 모아 기원해본다.

여자에게

1 한국 남자

우리의 문화는 모든 분야에서 이심전심을 베이스로 깔고 이해하여야 한다. 수줍은 것과는 거리가 있는 이 이심전심의 사고방식은 남녀 관계에서 특히 크게 작용하여 다른 문화권의 민족들과 구분하여 준다. 한국 남자들은 여자들에게 잘해 주고 못해 주고를 떠나 여러 가지 얘기를 마음으로 한다는 것은 다 아실 것이다. 특히 경상도 분들은 찔리실 거다.

서양 아이들이 맨날 알러뷰를 외칠 때 말없이 윗도리를 벗어주며, 걔들이 주변에 사람이 있건 없건 서로의 바디를 간지럽힐 때 우리는 사대부집 가문의 명예를 지킨다. 그렇다고 여자를 사랑하고 위하지 않는다고 생각하면 절대 백 프로 오해인 것이다. 이런 이심전심의 문화 때문인지 LA에서 타민족과 살림차린 한국 남자는 거의 드물다고 본다. 역시 우리 것이 좋은 것이여~

국제 8월 31일 (월)

2 중국 남자

중국넘...

이 지구상에서 여자에게 가장 잘해주기로 소문난 중국남자에 대해 말하려면 타수가 일분당 약 1,000타 정도는 되어야 할 것이다. 중국 남자 정말 캡이다. 어떻게 해서 남자들을 이렇게 교육시켰는지 고대 중국 여인들은 그 엽기적인 노하우를 세계 방방곡곡에 전파했어야만 한다고 생각한다.

본 특파원의 중국 친구들을 보면 정말 가관이다. 남자들이 요리, 설거지, 청소, 빨래는 물론이고 육아에까지 활동 범위를 뻗친다. 중국 친구네 집에 놀러가서 식사를 하면 여자들은 소파 위에 주욱 둘러앉아 수다가 시작되고 남자들은 정말 열심히 부엌일을 한다. 손님으로 간 사람이 무안할 정도이나 그들에겐 당연한 것인가 보다. 중국 남자들의 서비스 정신은 항상 몸에 배어 있어 보는 사람, 특히 여자분들을 흐뭇하게 해준다.

3 일본 남자

이들의 이중 인격과 변태적인 행태는 이미 널리 알려진 상식이다. 일본인들에겐 남녀 교제의 기본 방정식이 전혀 통하지 않는 것인가 보다. 본국에서는 같은 환경에 같은 사고방식을 가진 사람들이 모여 살아 튀지 않겠지만 LA의 일본 사람들은 남자, 여자를 불문하고 이상하게 발랑 까져서 주위 사람들을 가끔 당혹케 한다. 참으로 친절하고 매너있으며 사근사근한 일본 남자들은 겉모습과는 달리 황당한 변태적인 요소를 갖고 있다고 들었다. 그러나 매일 매일의 실생활에서는 별 특징이 없으므로 터지지 않는 폭탄과도 같다고 하겠다.

4 교포 외 미국 남자

처음 교제를 시작할 때나 결혼한 지 몇십 년이 지났을 때나 똑같이 한결같은 태도로 여자들을 대한다. 한마디로 'Lady First', '여자는 보호해야 할 존재다' 라는 의식이 이들을 지배하며 자기 여자는 물론, 노소를 불문한 모든 여자들에게 매너있게 행동한다. 물론 어디에나 망나니 같은 인물들은 있게 마련이지만 미국에서 자라고 교육받은 이들은 여자들에게 정말, 정말 잘해 준다. 노부부가 손을 다정히 맞잡고 산책하는 영화 속의 장면들은 절대 연출로만 이루어진 것이 아니다.

그리고 자기 여자 친구가 누가 봐도 에이리언급인 외모를 겸비했다 하더라도 이들은 "내 애인이 세상에서 젤루 이쁘다."라고 말하고 다녀서 주위 사람들을 경악케 한다.

에이리언급

우리 나라도 점점 이쪽 문화로 변해가는 추세이나 얘네들처럼 오바했다간 주위에서 밸도 없는 인간으로 낙인 찍혀 사회생활이 힘들게 되든지 닭살 커플, 혹은 오징어 커플(오징어는 눈이 다리 바로 위에, 즉 아주 낮게 달려 있다)로 찍혀 이지메의 참뜻을 몸소 체험하게 될 것이다.

LA 생활을 시리즈물로 연재하면서 독자들로부터 많은 격려를 받았지만 미국에 사시는 분들, 특히 우리 동네인 LA 지역 딴지 독자분들은 본 기사의 내용에 처절하게 공감하신다고 한다. 그러니 한국에 계신 분들은 뱅기값, 노자돈 전혀 들이지 않고 태평양 건너 LA 사람 사는 모습을 위성으로 생중계받고 계신 거라 생각하시고 LA 심층 르뽀를 읽어주심 한다.

국제 8월 31일(월)

다음 호에도 여지없이 LA 사는 얘기는 이어진다. 기대하시라~

- 제 1호 딴지 특파원

LA 쉑쉬 특파원 지여니 serendiper@hotmail.com

[뉴욕정복] NY특파원 스페샬 리포트 (1)

암에푸로 사회 전체가 고개를 숙이고 있다. 일부 워낙 있던 넘들을 제외하곤 이제 안전지대란 없는 것처럼 보인다.

요즘... 좌절하는 사람들도 있겠고, 재충전의 기회로 삼는 사람도 있겠고, 그리고 이 기회에 아예 한국을 떠버릴까... 생각하는 사람들도 적지 않겠다.

아예 한국을 떠버릴까... 사실 마빡에 피 마르고, 철 들기 시작한 후 이런 생각 한번 안 해본 사람은 없을 것이다. 생활에 부대낄 때나, 이 꼴 저 꼴 못 볼 꼴 많이 봤거나... 때론 새로운 희망을 원해서 때론 도망치듯... 그렇게 뜨고 싶었던 사람... 한둘 아닐 것이다.

학생은 학생대로, 직장인은 직장인대로...

그러나 뜨고 싶다는 것과 실제로 떠서 전혀 생소한 시스템과 언어 속에서 제대로 뿌리를 내리는 것 하고는 전혀 다른 이야기다. 전혀 다를 뿐만 아니라 결코 쉽지 않은 이야기다. 그래서 우린 이민이나 유학가서 밑바닥부터 성공한 사람들의 이야기를 들으면 귀를 세운다. 부러워하기도 하고, 그 상황에 자신을 대입해 보기도 하고...

여기 한 젊은 여성의 성공 스토리가 있다. 그녀의 성공은 주요 일간지와 TV가 오동방정을 떨며 보도할 만큼 커다란 것은 아니다. 그저 자신이 하고 싶었던 것을 남들보다 좀더 열심히 노력해 결국 해낸 정도다. 그러나 그러기에 대부분의 평범한 사람들에게는 더욱 피부에 와닿는 이야기가 될 것이다.

NASA의 무슨 박사니... 실리콘벨리의 새로운 실력자니... 평생 나랑 아무런 상관도 없을 것 같은 사람들의 이야기가 아닌, 내 동생... 애인... 누나... 언니이기도 한 이 여자의 가식없고 솔직한 이야기를 이제부터 들어보자.

이런 정신이면 뭐든 못 해내겠는가...

효녀 심청, 억순이, 백설공주, 똑순이, 그리고 무엇보다 배고프고 괴롭고 슬퍼도 나는 안 울어... 캔디, 캔디...

5년 전 달랑 300불 들고 혼자 미국에 와, 막일에서부터 시작, 접시닦이, 호스티스, 짐 나르기, 식당 종업원, 댄서... 불법으로 일하면서 욕도 무진장 얻어 먹고, 도둑질도 하고... 그렇게 그렇게 이를 악다물고 일해, 지금은 NYU 석사를 따고, 레스토랑 경영 전문가, 식당 웨이츄레스 전문가, 짐 나르기 전문가, 밥 안 먹구 일 막 하기 전문가, 온몸 상처투성이인 인간 상처 디스플레이, 꼴같지 않게 무용가, 안무가, 공연예술 행정가, 공연기획 전문가가 되어 브로드웨이의 유명한 공연기획사 Dancing in the Streets, Inc.에서 무용공연 코디네이터로서 일하고 있는 뉴욕 특파원 이주현, 인사드립니다. 꾸벅.

총수님이 기사보내기 앞서 자신의 스토리부터 시작하는 게 좋겠다고 하셔서 5년 전 정말 빈손으로 처음 뉴욕에 와, 맨땅에 헤딩하던 시절부터 지금까지의 이야기를 몇 회 나눠서 할까 해요. 잼없어도 잼있다고 격려해주세요. 꾸벅...

1. 기회의 땅을 향하여...

고등학교 때부터 이야기를 시작하는 게 좋겠다...

나는 선화예고를 다녔으며 현대무용을 전공했다. 예체능은 예나 지금이나 돈 많이 드는 '부잣집' 과목이지만 타고난 끼 때문에 난 현대무용을 선택했다. 그리고 어렸을 때부터 소위 '아메리칸 드림'을 품고 있던 나는 영어 시간과 다른 외국어 수업시간만큼은 수업시간이 항상 부족하다고 느낄 만큼 집중했었고, 영어 교과서 전체를 외우다시피 했었다. 수학은 20~30 점대를 왔다리 갔다리 했었지만...

어릴 적 어머니가 멍청하다고 한 소리가 어린 마음에 못이 되었던지 "나는 멍청하지만 노력하는 사람이 되겠다"며 남들 두서너 시간 공부할 때 두세 배 이상으로 공부하곤 했었다. 미련하게 공부하던 그때를 생각하면 참 바보 같았다는 생각도 하지만, 한편으론 지금의 나를 있게 해준 '지구력'과 '인내심'은 바로 그때 키워진 것이라 여겨져 고마운 시절이기도 하다.

고등학교 3학년 때... '있는 집 학생들'이 대학실패하고 유학 떠나는 것이 무슨 유행처럼 붐이 일었던 그때, 나는 부모님에게 당시 집안형편은 생각지도 않고 가당치 않은 부탁을 했다.

"엄마, 아빠, 제가 대학을 진학하면 저 유학 보내주세요." 철이 없었어도 한참 없었었다.

국제 8월 31일(월)

그 당시 어머니는 식당에서 하루 웬종일 일을 하시며 집안 식구를 먹여 살리는 형편이었고, 우리 아버지는 일은 죽어라 하시고 남들에게 이용만 당하시는 그런 착하기만 한 분이셨다. 내가 유학 보내달라고 설치던 그때, 부모님 속 많이 썩으셨을 것이다. 일단 그러마... 라고 대답은 하셨지만 내가 대학에 진학하고 나서, 부모님들은 단 한번도 유학 이야기를 꺼내지 않으셨다. 부모님 원망도 많이 했고 없는 사람은 공부도 맘대로 못 한다고 불만에 가득찼던 시절이다. 학생시위에도 자주 끼곤 했다.

그러다 부모님 도움없이 혼자 유학을 가고야 말겠다고 다짐하게 되었고, 혼자 준비를 시작했다. 지금 이름은 기억이 잘 안 나지만 인사동에 있었던 것으로 기억되는 빌딩에서 미국대학 정보를 얻고 그곳을 통해 미국 대학원 입학원서들을 받아보며 혼자 꿈을 키워나갔다.

1992년 겨울, 졸업 즈음해서 부모님 몰래 준비해오던 유학준비가 거의 끝나가고 있었다. 여러 대학원에서 일차 합격통지서를 받았고, 뉴욕대학의 예술전문대인 Tisch School of the Arts에서도 일차 합격통지서가 날아왔다. 가고 싶은 곳이었다. 당시 난 졸업을 앞두고, 이대 무용과 교수로 새로 부임하셨던 조은미 교수님의 무용단 '탐'에 정식멤버로 입단된 상태였다. 이러지도 저러지도 못하는 상황이었다.

그때까지도 나는, 아르바이트해서 번 돈까지 가계에 보탰지만 나날이 나빠져만 가는 가정형편에 유학에 대해선 입도 뻥긋하지 못하고 있었다. 매일 생활에 부대끼며 살아보겠다고 발버둥치는 우리 가족을 뒤로 하고 혼자 유학을 떠난다는 것이 죄스럽기도 하고...

그런 상황이 뉴욕 대학의 실기시험과 면접일 일주일 전까지 계속되었다. 〈1993년, 2월 11일, 오후 2시, 뉴욕, 티쉬대학, 무용과, 2층, 실기 시험이 끝난 후 곧 면접이 있겠다…〉는 한 장의 편지를 쥐고 얼마나 접었다 폈다 했었는지…

뉴욕 실기시험 일 주일 전, 비행기 표를 장만하려고 정신없이 뛰어다니다가, 결국 부모님께 지금껏 몰래 준비해왔던 유학건에 대해 고백을 하지 않으면 안 되는 상황이 되었다. 나는 조용히 부모님께 지금까지 내가 NYU측과 서로 주고받은 서류들을 보이며 앞으로 계획하고 있는 나의 생각들을 차분하고 상세하게 말씀드렸다. 가서 시험만이라도 보고 오겠다고 간절히 말씀드렸다.

다 듣고 나신 부모님은 아무 말씀도 하지 않으셨다. 아버지의 얼굴이 지금도 기억이 난다. 난 아버지의 얼굴을 보고 나서 모든 것을 포기하기로 마음먹었다. 너무도 억울했지만 아버지 얼굴을 보고 나선 내가 잘못했다고 생각했다. 없이 사는 내겐 너무도 좁은문이라고 생각했다. 세상은 불공평했다…

그런데… 실기시험 이틀 전, 아버지께서 친구분이 도와주셨다며 비행기 표를 주셨다. 가슴이 벅차 아무 말도 하지 못했다. 가는 날 하루, 시험 보는 날 하루, 돌아오는 날 하루해서 총 3일간의 짧은 뉴욕행을 마치고 돌아왔다.

실기와 면접을 보고 한 달 후 1993년 4월, 뉴욕 대학원에서 편지가 날아왔다. 첫 문장이 Congratulations!이었다. 합격한 것이다. 입학일까지는 4개월이 남아 있었다. 나는 부모님께 또 다른 아픔을 드려서는 안 된다는 생각에 '이번 일은 여기까지하면 된 거야'라고 자위했다. 그래서 집에는 말도 못 했다. 그렇지만 억울했다. 많이 울었다.

국제 8월 31일(월)

장녀로서, 또 이제 집안을 같이 꾸려가야 하는 성인으로서, 갈등이 많았다. 그렇지만 아버지의 얼굴을 보고 모든 것을 포기하기로 했던 마음은 최종합격통지서를 받고나자 흔들리기 시작했다. 몇 년 동안 계획했던 것들을 모두 허사로 하기엔 너무도 아까웠다. 첫학기 등록금만 있다면 나머지는 어떻게 해볼 수 있을 것만 같았다.

나는 용기를 내서 부모님께 말씀드렸다. "어머님, 아버님, 저 대학원 첫 학기 등록금만 좀 도와주세요... 저 미국 가서 열심히 일해서 공부하고 생활비도 벌어가며 살 수 있어요..."

끝부분은 내 귀에도 들리지 않았다. 너무 죄송했다. 그렇지만 아버지의 얼굴을 보고 다시 한번 포기했다. 그래 이까짓 거 안 가면 어때... 그날 많이 울었다.

일 주일 후, 아버지께서 나를 조용히 부르셨다. "등록금이 얼마라고 했냐? 지금 겨우 이것 모았는데, 앞으로 좀더 구해볼 테니 너는 빨리 학교에 전화해서 네가 묵을 방 알아보렴..."

울음이 터지려 했지만 이를 악물고 참았다. 그리고 그때 난 결심했다. 다시는 울지 않겠다고. 어떠한 어려움이 닥치더라도 이겨낼 것이며, 절대 후회하지 않는 삶을 살겠다고 다짐했다.

있는 사람들은 결코 이해하지 못할 것이다... 돈이 얼마나 사람을 옭아매는지... 얼마나 구속하는지... 부모님이 주신 돈은 있는 사람들에게는 아무것도 아닌 액수겠지만 내게는 생명수 같은 돈이었다.

뉴욕 JFK 공항 도착...

우여곡절 끝에 나는 드디어 미국 뉴욕의 JFK 공항에 도착했다. 학교 개강일을 딱 일 주일 앞두고 벅찬 가슴으로 이곳 뉴욕에 첫발을 디뎠을 때 나를 반겨주는 것은 시끄러운 대합실의 사람들과 나를 스쳐 지나가는 여러 인종들이 풍겨내는 희한한 냄새... 그것밖에 없었다.

나는 다시 한번 절대 쓰러지지 않는다...는 말을 반복하며 하루 밤을 묵을 숙소를 찾기 시작했다. 그 당시 가지고 있던 뉴욕 여행 가이드란 책자를 들고 한국 사람이 있는 곳이면 좀 낫겠지 하며 한국인이 경영하는 스××드 호텔이란 곳으로 향했다.

짐이 무척 무거웠고 길을 생판 모르는 상황이라 택시를 타지 않으면 안 되었었다. 또 공항에는 험상궂게 생긴 사람도 많아 무섭기도 했던 것이 기억난다. 택시 안에서 나는 생활비 조로 어머니가 영한사전 속 사이사이 끼워 넣어 주신 $300불을 세가며 택시 미터기만 바라보고 있다 숨이 거의 넘어 갈 뻔했다.

JFK 공항에서 맨해턴 32번가까지 Toll비랑 팁까지 다 합쳐서 $35불 냈다. 이제 $265불 남았다. 이 돈으로 얼마나 버틸 수 있을까 나는 암담하기만 했었다.

어쨌든, 한국 사람이 경영하는 곳이니 사정을 잘 말하면 조금은 싸게 해주지나 않을까 하는 당시 생각이 얼마나 바보같은 생각이었는지 밝혀지기까진 오래 걸리지 않았다.

호텔문을 들어서자 많은 한국 관광객들이 줄지어 있는 모습이 보였다. 나는 프론트로 가서 아저씨에게 정중히 물어 보았다.

국제 8월 31일(월)

"아저씨, 저 한국에서 막 도착한 유학생인데요, 죄송하지만 제가 지금 가진 돈의 여유가 없어서 그런데 어디 잠만 잘 수 있는 곳, 어디라도 좋으니 제 짐이랑 함께 묵을 장소가 좀 있을까요?"

"이봐, 학생 여기 호텔이라고 써 있는 거 안 보이나. 이곳 뉴욕이 뭐 한국같이 그렇게 허술한 곳으로 보이나? 지금 바빠 죽겠는데... 다른 데 가서 알아보든지 아니면 제일 싼 방이 $80불이니 돈을 내든지."

"... 죄송합니다... 그럼, 제일 싼 방 하나만 주세요."

같은 한국사람이라 어떻게든 도움을 주겠지 했던 어린 내 마음이 산산히 부서지도록 큰 목소리로 나를 질타한 덕분에 다른 한국 관광객들의 시선을 한몸에 받으며 키를 받아 방으로 향했다.

방은 매우 비좁았으며 습기가 가득했다. 창틀이 흔들릴 정도로 쳐대던 천둥 번개와 난생 처음 보는 손가락만하고 날아다니기까지 하는 바퀴벌레가 내 뉴욕 첫날 밤의 동무였다.

뉴욕 도착 둘째날.
나는 아침 일찍 일어나 호텔 옆에 있던 한국 슈퍼 '한아름'에 가서 1불짜리 김치사발면을 사먹었다. 아침을 대충 그렇게 라면으로 때운 후 학교 기숙사로 향했다. 기숙사에는 벌써 많은 미국 학생들이 부모님과 함께 짐을 옮기느라 분주했다. 기숙사 사무실에 가서 열쇠를 받아 내가 거처할 방으로 올라갔다. 그날은 일요일이었다.

뉴욕 워싱턴 스퀘어 파크를 둘러싸고 있는 NYU는 한국의 대학처럼 캠퍼스가 있는 그런 학교가 아니었다. 그저 커다란 빌딩들이 이곳 저곳 세워져 있는 뉴욕다운 학교였다. 그날 학교 근처를 배고픔도 잊은 채 하루 종일 발에 물집이 생길 정도로 돌아다니며 우체국, 전화국, 가게, 은행 등의 위치를 파악했다. 한참을 돌아다니다 기숙사로 되돌아온 시각은 밤 9시였다.

2. 인생을 경험할 수 있는 기회

미국을 가장 빨리 경험하고 싶었다. 이곳에 온 이상, 미국 사람들과 같이 생각하고, 그들과 경쟁해서 이겨야 한다고 생각했다. 그런 이유로 나는 일자리를 구할 때도 항상 미국인이 운영하는 곳만 찾아 다녔다. 그래야 영어도 좀더 빨리 늘 것이고 미국인의 문화도 좀더 빨리 흡수할 테니까.

뉴욕에서 나를 도와줄 사람은 단 한 명도 없었다. 오히려 마음이 가벼웠다. 혼자 힘으로 인생이란 게임에 도전해볼 수 있다는 생각에 어떤 어려움이 닥쳐와도 기쁘게 받아들이기로 마음을 먹었다. 드디어 학기가 시작되었고 몇 푼 들고 온 생활비는 이미 거의 바닥이 났다.

미국은 장학금 제도가 잘 되어 있다는 소리를 들었기에 전공과 담당 사무실을 찾아갔지만 유학생에게는 장학금 지원을 안 한다고 했다. 그때 과조교로 있던 제니퍼는 한국에 있는 기관에 직접 연락해보라고 말했다. 그녀의 말대로 학기가 시작한 그날부터 졸업을 할 때까지 혹 생활비라도 지원을 받을 수 있을까 하여 수많은 한국 기관에 수없이 지원을 하고 편지를 보내 보았지만 모두 헛수고였다.
도대체 장학금은 누구한테 주는 건지...

그 때부터 나는 잠자는 시간 서너 시간을 빼놓고 학과가 끝나는 대로

국제 8월 31일(월)

일자리를 구하러 발이 부르트도록 뛰었다. 유학생은 미국에서 합법적으로 일을 할 수 없기 때문에 보수를 그날 현찰로 받을 수 있는 일자리를 찾아야 했다. 일자리를 구하기 위해 처음에는 많은 식당도 기웃거려 보았고 여기저기 돌아다녀보았지만 '유학생'이라는 신분 때문에 어느 곳에서도 받아주지를 않았다.

학교 주변에 있는 카페, 음식점, 신문가게 등등을 돌아 다니며 광고보드가 있는 곳은 어디든지 '파출부(House Keeper)나 아기 돌봐주는 사람(Baby Sitter)이 필요하십니까?'라는 광고를 붙이고 돌아다녔고, 학교친구들이나 교수님한테도 혹시 House Keeper나 Baby Sitter가 필요한 사람 있으면 내게 전화달라고 항상 부탁했다.

처음에 가장 어려웠던 것은 항상 경력이 얼마나 되냐고 물어보는 것이었다. 솔직하게 경력이 없다고 하면 나를 쓰는 사람이 없을 텐데… 난감했었다. 생각 끝에 생각해낸 방법은 처음 하루를 무조건 '무보수 서비스' 하는 것이었다.

내가 처한 상황을 솔직하게 얘기하고 그렇게 무보수로 하루 종일 정말 열심히 정성을 다해 구석구석 쓸고 닦고 일을 해주고 나면 주인이 꼭 하는 말이 있었다. "청소 정말 잘한다…"고.

그렇지만, 아무리 죽어라 일해도 전화주겠다고 해놓고 연락을 않는 사람도 많았다. 그런 날은 그냥 남을 위해 열심히 봉사했다고, 배는 고프지만 착한 일 했다고 스스로를 격려하곤 했다. 그렇게 난 주말을 잊기 시작했고, 닥치는 대로 일을 했다. 학교 공부와 일을 함께 해야 했던 나는 다른 유학생들처럼 모임에 참석할 시간도 없었고 몸이 아파도 아플 시간이 없었다.

내가 처음으로 달러를 번 일은 파출청소부였다. 미국에선 보통 토요일 오전 9시부터 5시 사이에 집을 비우고 그 사이 청소를 해주기를 바라는 사람이 많다. 그래서 당시 내게 토요일은 하루 종일 청소의 날이었다. 파출부로 집에 가면 가장 먼저 하는 것은 보통 설거지다. 그 다음은 화장실 청소... 변기청소, 샤워실 청소... 그리고는 바닥청소를 하고 마지막에 빨래를 하면 웬만큼 끝난다. 빨래를 하는 동안 주인집 음식을 조금 먹고 그날 하루 끼니를 때우면 그 주의 토요일은 끝이 나는 것이었다.

일 주일에 하루, 집 청소를 해 주는 대가로 받았던 보수는 일을 막 시작할 때 40불, 한참 후 경력이 좀 붙은 후에는 60불을 받았다. 열과 성을 다해 청소한 덕분인지 나는 점차 동네 미국 아줌마들에게 청소 잘하는 한국 여자로 알려지기 시작했다...

To be continued.....

— NY 특파원 이주현 Jewrhee@aol.com

국제 8월 17일(월)

주뱅진, 지구를 구하다!!

지구의 평화를 위해 밤낮없이 뛰고 있는 3총사 슈퍼맨, 배트맨, 원더우먼이 전격적으로 파업을 선언했다.

이들은 할리웃의 한 스튜디오에서 기자회견을 갖고 근 30년간 지구의 평화를 위해 동분서주했으나, 더 이상 열악한 복장으로는 근무할 수 없다며 전면 파업을 선언했다.

이들 3총사가 본지와 가진 단독기자회견에 따르면, 이들은 탄생 이후 줄곧 똑같은 팬티를 착용하여 만성습진, 가려움, 피부병 등 심각한 부작용에 시달리고 있으며, 단조로운 색깔과 디자인의 팬티를 착용하는 것은 날로 발전하는 세계패션조류에 역행하는 전근대적인 처사라고 호소하였다.

이들은 파업철회의 요구조건으로 단조로운 팬티의 교체, 요일별 팬티의 제공 등을 제시하며 이 조건이 받아들여질 때까지 무기한 파업에 돌입한다고 밝혔다.

이들의 기자회견 내용이 본지보도를 통해 전해지자 UN에서는 이들의 파업은 지구평화와 안전에 심각한 위기를 가져오는 중대한 사건이라고 판단, 긴급히 UN 안전보장이사회를 소집하였다.

UN 안보리에 참가한 각국의 대표는 이들의 장기적인 파업은 스타워즈와 같은 대규모의 우주전쟁을 야기할 우려가 있으므로, 자라나는 어린이들의 동심에 큰 타격을 줄 수 있다고 판단 이들의 요구조건을 전격 수용하기로 방침을 정하였다.

이에 따라 UN에서는 세계팬티협회에 공문을 보내 이 사태를 해결할 적임자를 추천해 줄 것을 요청하였으며, 세계팬티협회에서는 아시아 팬티문화연구소의 주뱅진 선임연구원을 그 적격자로 선정하였다.

이에 주뱅진은 슈퍼맨, 배트맨, 원더우먼이 파업을 벌이며 농성중인 LA로 급파되었으며, 삼총사에게 전달해달라며 전 세계로부터 답지한 패션 팬티 천여 장을 가방에 넣어 간 것으로 전해진다.

UN의 세계평화대사 자격으로 방문한 주뱅진의 팬티를 보고 슈퍼맨 등은 입이 함지박만해졌으며, 이들은 곧장 파업을 풀고 탈의실로 직행, 새로운 패션 팬티를 입어보며 행복한 기분을 만끽하였다.

들리는 바에 따르면 딱 붙는 삼각 팬티로 심각한 만성습진 증상을 보이던 슈퍼맨은 널널한 사각 팬티를 선택하였으며, 슈퍼맨에 강력한 라이벌 의식을 가지고 있던 배트맨 역시 이에 질새라 오랜 칼라팬티에 대한 꿈을 접고 사각 팬티를 선택했다고 한다. 민무늬 팬티에 식상한 원더우먼이 현란한 꽃무늬 팬티를 입기로 함으로써 그들의 파업은 끝이 났다.

이번 사태를 평화적으로 해결하는 데 혁혁한 공로를 세운 주뱅진은 클린턴 미 대통령의 초청으로 백악관을 방문하였으며, 백악관 만찬 도중 행한 즉석연설을 통해 '미 대통령이 팬티내부 문제로 복잡한 사건에 휘말리는 것은 세계평화와 안전을 위협하는 부적절한 문제이므로, 클린턴을 위해 적절한 특수강철정조대 팬티를 착용시켜야 할 것...'이라고 밝혔다.

국제 8월 17일(월)

한편, 이러한 소식을 전해들은 타잔도 자신의 팬티를 최신 디자인의 가죽 팬티로 만들어 줄 것을 요청하며, 무기한 농성에 들어간 것으로 전해진다... 이상.

- 딴지특파원

그대는 쿠르드족(Kurds)을 아는가...

터키의 중부, 기암괴석으로 뒤덮힌 '카파도키아'라는 지역을 여행할 때였다. 버스를 갈아타야 하는 곳에서 연결되는 버스 시간이 좀 남았길래 지금은 이름도 기억이 나지 않는 조그마한 마을을 둘러보러 나섰다.

잘 모르는 곳에선 그 동네 가장 높은 곳에 올라가 마을 전체의 생김새 파악하는 것부터 으레 시작하는지라 그 마을을 감싸고 있던 언덕배기를 좁다란 계단을 따라 올라가기 시작했다.

올라가는 사이 몰려 나와 신기한 듯 나를 따라 올라오던 동네 아새끼들을 똥꼬에 달고 꼭대기라고 생각되는 곳에 이르니 다 허물어져 가는 성곽이 있었다.

그냥 그곳에서 마을을 내려다 보는 것으로 그 마을 탐사를 끝내려는데 갑자기 저쪽 먼 하늘이 뿌옇게 변하는 것이었다. 동네 꼬맹이들은 갑자기 호들갑을 떨더니 다들 허겁지겁 뛰어내려가 버렸다.

첨엔 뭔가 했는데 가만 보니 모래 소용돌이 같았다. 카파도키아 지역은 수천 년 전 화산 폭발로 모래와 바위산으로 이뤄진 사막에 가까운 곳인데 마침 일종의 사막회오리가 몰려오는 것 같았다.

말로만 듣던 것인지라 신기하게 쳐다보고 있는데 5분도 못 돼 먼지가 바로 눈 앞까지 닥쳤다. 그 바람은 정말 무시무시했다.

눈을 제대로 뜰 수 없는 건 당연했고 서 있기조차 힘들었다. 성곽주변에 나무 몇 그루가 있었는데 그 큰 가지들이 뚝뚝 부러져 날아갈 정도였다. 이러다 똥꼬에 날아온 나무가지라도 꽂히면 대형사고다 싶어서 다급히 몸 숨길 곳을 찾았는데, 그때 내 눈에 무너진 성곽 한 귀퉁이에 문짝이 띄었고 그곳으로 급히 뛰어들었다.

안으로 들어가자 10대 소년 하나가 이미 들어와 있었다.

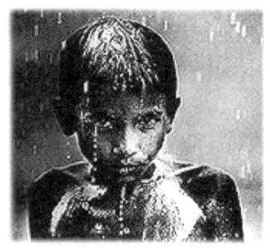
꼭 이렇게 쳐다봤었다...

그 아인 첨엔 나를 똥꼬 섬뜩하게 째려봤다. 그러다 내가 씨이익~ 웃어보였더니, 자기도 입이 찢어지게 웃는다. 말이 통할 리가 없으니 손짓 발짓을 하기 시작했다.

그러다 그 친구가 나이가 15살이란 것과 쿠르드족이란 것도 알게 되었다.

그때가 1993년이었는데, 당시 터키 군대가 터키 내 소수민족인 쿠르드 족을 헬기를 동원해 대규모 학살하고 있다는 뉴스를 들었던지라 쿠르드라는 단어를 듣는 순간 학살이란 단어가 기억나 섬뜩한 기분과 함께 주체 못할 호기심이 발동했다.

손짓 발짓 똥꼬짓까지 해가며 대충 파악한 사정은 쿠르드족 박해를 피해 부모와 헤어져 이곳까지 오게 되었는데 낮에는 여기 성곽에 숨어있고 밤에 내려가 먹을 걸 가져 온다는 정도...

문득 배고프겠다는 생각이 나서 가지고 있던 빵이랑 음료수를 꺼내 권했다. 나를 빤히 쳐다보더니 무척 배가 고팠는지 말도 없이 내 이틀치

쿠르드족 소년들...

식량 전부를 순식간에 먹어치웠다.
씨바...

다 먹어치우자 다시 뭔가를 설명하기 시작했다. 바닥에다 그림도 그리고 펄쩍펄쩍 뛰면서 포즈도 취하고 소리도 지르고 했지만... 그리고 그에 대한 화답으로 나도 벼라별 포즈를 다 취해봤지만... 손발짓과 똥꼬짓에도 한계가 있었다.

도대체가 정리가 안 되고 무슨 말인지 알아먹을 수가 없었다. 결국 버스 시간이 다 됐고 난 내려가야 했다. 그때 그 아이가 지어보였던 슬프고 참담한 표정... 잊을 수가 없다. 내가 일어서서 가야 한다고 하자 그 애는 나를 한참이나 끌어안고 뭐라고 중얼거렸다. 난 "그래 뭔 소린지 몰라도 너두 임마..." 하고는 일어섰다. 같이 가자고도 해봤지만 도리도리 고개짓을 했다.

박해를 피해 목숨 걸고 도망다니는 한 쿠르드족 소년과 사막 회오리를 피해 언제 무너졌는지 알 수 없는 터키의 한 성곽으로 뛰어든 동양 여행자와의 우연한 조우는 그렇게 30분만에 끝이 났다. 마을로 내려가는 내 뒤통수에다 대고 한참을 손을 흔들다 성곽 뒤쪽 어디론가 사라져버렸던 그 아이는 아직 살아 있을까...

뭔가를 설명해주려고 땀을 뻘뻘 흘리며 노력하다가 내가 전혀 알아듣지 못하자 그저 눈빛으로 그 안타까움을 전했던 그 아이... 별 말도 나누지를 못했고, 벌써 5년이나 지났지만 터키 군이 목을 잘라낸 쿠르드족 시체 사진을 볼 때마다 어김없이 그 소년이 떠오른다...

그 소년이 그렇게 안타깝게 나를 쳐다보며, 설명하고자 했던 것이 무엇인지 도대체 알 수가 없었던 것이 지금도 미안하고 아쉽고, 한편으론 죄스럽기까지 해서 이렇게 쿠르드족 이야기를 해본다..

쿠르드족은 독립국가가 없는 민족 중 세계 최대의 소수민족이다.

약 2천만 명이나 되는 인구가 터키, 이란, 이라크, 시리아, 러시아 등지에 흩어져 살고 있다. 아르메니아인들도 비슷한 사정이지만 적어도 쿠르드족처럼 사는 곳마다에서 박해받고 있지는 않다.

쿠르드족 반군 여성 전사

2천만 명 중 약 천만 명 정도가 터키 동부와 이라크 북부에 흩어져 살고 있는데, 다수이면서 독립국가가 없는 민족들이 흔히 그러하듯이 그들 스스로의 내부의 분열상이 심각하고 또 그러한 분열을 이용해 자국의 이익을 확보하려는 주변 강대국의 교활한 힘싸움이 그들의 독립을 막고 있다.

사실 작금의 중동 문제의 뿌리는 쿠르드족과 밀접한 관계가 있다. 2천 년의 역사를 가졌으면서도 힘없이 떠돌기만 했던 그들이 독립에 대한 열망으로 세계 정치사에 재등장하는 시기는 1960년대였다.

현재 가장 강력한 정치력을 보유한 이라크 내의 쿠르드족은 1960년

대부터 끊임없이 이라크에 대한 분리독립 투쟁을 벌였는데, 1975년 노선의 차이로 친이라크계인 쿠르드민주당(KDP)과 친이란계인 쿠르드애국동맹(PUK)으로 그 세력이 갈라지게 된다.

이 두 계파는 그들 자치구를 통과하는 이라크 송유관에 대한 세금문제와 자들끼리의 헤게모니 쟁탈을 위해 1990년대에 들어서 끊임없이 유혈 전투를 벌이게 되는데 이 전투가 바로 작금의 중동사태의 복잡함과 내막을 단적으로 보여주는 바로미터이다.

이 쟁탈전을 통해 자국의 영향력을 확대시키려 무기를 지원하는 이란과 그것을 막으려는 이라크, 그리고 이라크를 견제하려는 주변국과 미국의 복잡한 이해관계가 얽히고 설키면서 이 전투는 단순한 내부 헤게모니 쟁탈을 위한 내전 차원을 넘어 국제적인 외교 대리전 성격을 띠고 있기 때문이다. 과거 이라크에 대한 미국의 폭격도 그 직접적인 원인은 바로 쿠르드족이었다.

이라크 내 쿠르드족이 이러한 반면 이와 별도로 터키 내에서도 분리독립을 주장하는 독자적인 쿠르드 독립세력, 쿠르드 노동당(PKK)이 있는데 이들을 진압하러 터키에서는 지난 60여 년간 지속적으로 쿠르드 반군 소탕작전을 펼쳐왔다.

필자가 만났던 그 소년은 바로 이 소탕작전을 피해 도망온 것이었다. 그 소년은 터키 내륙으로 도망쳤던 것이고 반대 방향, 즉 이라크쪽으로 도망갔던 터키 쿠르드족은, 같은 민족이지만 친이라크, 친터키 계열인 쿠르드민주당(KDP)이 터키군과 합동으로 펼치는 소탕 작전에 많이들 죽었다...

쿠르드족에 자국 영향력을 확보하려는 이라크 정부는, 터키 군이 국경을 넘어 자국에 들어와 터키 반군 쿠르드노동당(PKK)을 소탕하는 것을 묵인했었다. 정상적으로는 용납할 수 없는 인접국가의 침략행위가 묵인되는 것을 봐도 쿠르드 사태가 얼마나 복잡한 국제 외교적 역학 관계 내에 있는지 알 수 있다.

수갑차고 끌려가는 13세 쿠르드 소년

지난해에는 이러한 박해를 견디지 못한 쿠르드 난민들이, 통합 유럽으로 가는 사전 조치 중 하나인 국경 상호개방 및 통제철폐를 내용으로 하는 〈솅겐협약〉이 체결된 후 터키를 탈출, 대거 이탈리아로 유입되었었다.

이들에 대해 유럽 각국은 자기들은 쿠르드족을 받아들일 수 없다고 다들 발을 뺐고...

나라없는 설움이 바로 이런 것이다.

그 소년이 말하고자 했던 것이 바로 그런 것들이 아니었을까 한다...

– 이젠 우리도 손바닥만한 땅덩어리에서 벗어나 관심을 좀더 넓게 가져야 할 때라고 믿는 딴지총수

[생활 리포트] 독일 특파원 – 자전거

"뮌스터는 독일 노르트라인-베스트팔렌 주에 있는 도시로서 인구는 28만……" 하면서 특파원이 사는 곳의 소개를 시작한다면, 대부분의 독자들은 "독일에 뭐 그런 도시도 있었나?" 하실 것이다.

독일 중서부지방에 위치하고있으며, 네덜란드와 가깝다.

베를린, 뮌헨, 프랑크푸르트 같은 대도시의 이름들은 알려져 있지만, 뮌스터와 같은 조그마한 '시골' 까지 알기는 사실 어려우니 말이다. 솔직히 특파원 역시 한국에 살 때 그러했다.

인구가 30만 가량인 도시를 한국에서 찾는다면, 춘천(24만)이나 순천(26만), 아니면 군산(28만) 등이 이에 해당하겠지만, 서울과 비교하면 한 개 구의 평균인구가 약 42만 명(1997년 통계)이므로 그보다도 훨씬 적은 주민이 사는 셈이다.

서울에서 살다가 이곳에 온 지 2년쯤 되는 특파원의 이 고장에 대한 느낌을 한마디로 요약한다면, "시골이지만, 그래서 좋다."이다. 물론 이곳 뮌스터도 독일의 기준으로는 제법 큰 도시이므로 '시골' 이라는 말이 정확한 것은 아니지만, 서울에 비교한다면 그야말로 작은 시골이고, 어찌보면 이 말이 이 도시의 특성을 잘 표현해 주는 것 같아 써 본 것이다.

그렇다면 도대체 이 도시의 어떤 점이 그렇게 '시골' 스러운지, 그리고 그런 '촌구석' 이 왜 좋은지에 대해 앞으로 독자 여러분께 소식을 전해 올리려 한다.

오늘의 이야기를 시작하기에 앞서서, 우선 도시의 이름인 '뮌스터 (Münster)'가 무엇을 뜻하는지에 대해 간단히 설명드려야 하겠다. 이 말은 (주교가 사는) '대성당'의 뜻인데, 가령 프라이부르크나 슈트라스부르크의 대성당이 유명한 '뮌스터'들이다. 이 말은 원래는 라틴어의 '모나스테리움(monasterium)'에서 온 것으로 수도원이라는 뜻이다.

뮌스턴 성 바오로 성당(St. Paulus Dom)

독일어에서 보통 대성당의 뜻으로는 '돔(Dom)'이라는 말이 사용되며, 이곳 뮌스터 안에 있는 대성당 역시 '뮌스터'가 아닌 '돔'이라고 부른다.

참고로 독일 내에는 뮌스터라는 이름의 도시나 마을이 10여 개 된다. 그래서 열차 시간표에 보면 혼동을 피하기 위해서 '뮌스터(베스트팔렌)'와 같이 그 지방 이름을 함께 써 주기도 한다.

제주도가 '삼다(三多)'의 섬인 것처럼, 사람들이 뮌스터에 대해서 말할 때면 역시 3가지를 꼭 이야기하는데, 하나는 '늘 안개가 끼어 있고 부슬부슬 비가 내리는' 나쁜 날씨이고, 둘째는 '하루 종일 쉼 없이 들려오는 성당의 종소리(성당들이 워낙 많아서)'이고, 세 번째는 '사람 수보다도 더 많은 자전거'이다.

바로 오늘의 이야기는 이 자전거에 관한 것이다. 혹시 일부 독자께서는 다른 신문이나 방송을 통하여 이곳 뮌스터의 자전거 이용에 관한

보도를 이미 보신 적이 있을지도 모르겠다.

'모범적인 자전거 도시'라는 별명이 뮌스터에 과연 어울리는지, 도대체 어떤 면에서 그러한지 살펴보기로 하자.

열차를 타고 와서 뮌스터 역에 내리면, 시내 쪽으로 나가는 문 위에 환영광고가 붙어 있다.
'베스트팔렌의 중심지 뮌스터에 오심을 환영합니다' 그리고 그 옆에는 이 도시를 상징하는 그림이 하나 그려져 있다. 바로 자전거다.

문을 나와 바로 역 앞으로 나서보면, 전후 좌우 어느 방향을 보더라도 자전거들이 그득그득 세워져 있다. 대부분의 공공장소에는 자전거를 세울 수 있는 장소와 시설이 마련되어 있기 때문이다. 심지어 역 근처에는 며칠이 지나도 주인이 가져가지 않는 자전거를 시에서 가져다가 보관하는(안 그랬다간 역 앞이 자전거로 꽉 차게 될 테니까) 자전거 주차장도 있다.

역을 벗어나서 시내 쪽으로 걸어가 보자. 천천히 걸어서도 역에서 시내 중심이라 할 수 있는 대성당과 시청이 있는 곳까지 가는데 15분이 채 안 걸린다. 가는 동안에 역시 수많은 자전거의 물결을 볼 수 있다. 물론 차들도 복잡하게 왔다 갔다 한다. 그렇지만, 정말 많은 사람들이 자전거를 타고서 움직이고, 그냥 세워져 있는 자전거까지 합친다면, 사람 수보다 많은 자전거가 이 도시 안에 살고 있다.

중앙시장길

또 옛날 성벽을 허물고 사람과 자전거만을 위한 산책로(프로메나데- Promenade라 부른다)가 8km나 되고, 아스팔트가 아니라 돌이 촘촘히 박혀 있어 운치를 더하는 이 도시의 가장 중심가, '중앙시장길(Prinzipalmarkt)'은 일과시간(오전 9시부터 오후 6시)에는 자동차들이 다닐 수 없어서 보행자, 그리고 자전거 이용자가 이 길의 주인이 되며,

대성당

대성당 앞에서는 수요일과 토요일에 장이 서는데 (한국의 시골의 장날을 연상하면 별로 다르지 않다) 그 앞의 광장이 사람과 자전거로 인산인해를 이룸은 물론이고, 대학 건물 앞에는 항상 수백 대의 자전거들이 늘어서서 주인들이 수업을 마치고 나오기를 기다린다.

이곳에서는 어린이들도 자전거를 탄다. 갓난 아이일 때에는 자전거의 뒷자석이나 앞자석에 유아 전용좌석을 마련해 타고 다니고, 아예 유아용의 수레를 자전거에 달아서 아이를 태우는 사람들도 있다.

조금 더 커서 직접 어린이용 자전거를 탈 수 있을 만한 나이가 되면, 반드시 보호헬멧을 쓰고, 또 자전거 뒤에는 큰 깃발(운전자의 눈에 금방 띄게 하려고)을 달고서만 자전거를 탈 수 있다. 유치원 다닐 만한 나이의 귀여운 어린아이가 노란 헬멧을 쓰고, 엄마나 아빠와 함께 자전거를 타고서 씩씩하게 가는 모습을 하루에도 몇 번씩 보게 되지만, 언제 보아도 보기 좋은 모습이다.

초등학교에서는 아예 자전거 교육시간이 있어서, 경찰관 아저씨도 함께 자전거를 타고 아이들과 동네를 돌아다니면서 안전 실습교육을 받게 된다. 경찰이라고 씌어있는 간편한 티셔츠를 입고 머리에는 헬멧을 쓰고서, 신호등 앞에서 아이들과 함께 자전거로 길건너기 연습을 하는 경찰관의 모습...

자전거 운전자들도 교통수칙을 잘 지켜야 함은 물론이다. 신호등을 엄수해야 하고, 좌회전이나 우회전을 할 때에는 한 손으로 신호를 해 주어야 한다.

음주운전을 하면 역시 단속의 대상이 되고, 자전거의 전조등과 후미등이 제대로 작동하지 않는 경우에도 벌금을 물어야 한다.

전국자전거협회에서는 자전거에 관한 안전교육을 실시하며, 아예 자전거 면허증을 도입하자는 이야기도 가끔 뉴스에 나온다.

'frei'는 '자유롭다'는 뜻이다. 표지판의 의미는, 일방통행이어서 자동차는 진입할 수 없어도 자전거는 통행이 가능하다는 것이다. 그러나 본 특파원은 그것을 이렇게 해석하고 싶다. 자전거는 우리를 자유롭게 한다.

기차를 타고 여행할 때에도 자전거를 가져갈 수 있도록 전용칸이 마련되어 있고, 자전거가 없는 여행자들은 역에서 자전거를 빌릴 수 있다. 대도시에서도 지하철에 자전거를 가지고 탈 수 있다.

휴가를 떠나는 자동차들의 지붕이나 뒷켠에 자전거가 실려 있는 것은 이곳 사람들의 자전거에 대한 사랑을 생각하면 너무나 당연하다.

자전거만을 위한 안내지도, 안내책자 등도 잘 마련되어 있다. 자동차는 한 가정에 한 대나 두 대만 있겠지만, 자전거는 사람 수만큼 있거나 대개는 더 많다. 낡은 자전거를 버리지 않고 상비용으로 보관해 두기 때문이다. 또 일상생활에서 쓰는 자전거 외에 운동용의 고급 경주용 자전거를 가지고 있는 사람들도 많다.

이곳 뮌스터는 대학도시이기 때문에 많은 학생들이 있고, 이 학생들은 더욱이 자전거를 애용한다. 도서관이나 강의실 앞은 물론이지만, 점심시간 무렵에 학교식당(Mensa)에 가보면 그야말로 자전거의 전시장을 볼 수 있다. 너무나 자전거가 많기 때문에, 자전거 보관대에 모두들 질서정연하게 세워두지 않다가는 도저히 놔둘 데가 없을 정도로 많다.

자전거를 타는 것은 지위고하와 상관없다. 총장을 역임한 원로 교수도 매일 자전거로 다니고, 대학 바로 옆에 있는 법원의 판사들도 모두 자전거로 출퇴근한다. 이상한 일이 아니고 너무나 당연한 일이다. 모두 그렇게 하니까 체면 상할 일도 없다.

본 특파원 역시 매일 자전거로 통학을 하는데 아침에 학교에 가노라면, 뒤에서 나이 많은 아줌마나 할머니들로부터 추월을 당하는 일이 다반사다. 여학생들이 특파원보다 힘이 세거나 자전거를 더 빨리 몰고, 구멍난 자전거 바퀴도 자기 스스로 다 고치고 하는 것도 여기서는 너무나 당연한 일이다. 한국과는 달리 자전거 수리점에서는 대개 부품만을 판매하고, 수리는 본인들이 직접한다. 인건비가 워낙 비싸기 때문이다.

기숙사에서 대학까지는 약 3km가 떨어져 있어서 자전거로 약 20분쯤 걸린다. 가는 도중에 보리밭과 밀밭도 지나고, 요즘은 옥수수가 한창 익어가고 있으며, 바로 옆의 풀밭에는 양들과 소, 그리고 말들도 노닐고 있다. 시내 쪽으로 접어들면 자동차와 함께 가야 하지만, 도로 한쪽에는 자전거전용도로가 잘 마련되어 있기 때문에 아무런 문제가 없다. 즉 세 가지의 길이 항상 있는 셈이다. 자동차용, 자전거용, 그리고 보행자용.

자전거를 안전하게 이용하는 데에 자전거 전용도로가 얼마나 중요한지 하는 것은 두말할 필요가 없다. 시내가 아닌 교외까지도 자전거만을 위한 도로망이 잘 정비되어 있을 뿐 아니라 운전자들이 자전거 이용자와 보행자를 철저히 우선으로 하는 것도 이곳의 특색이다.

본인도 이곳에서 자전거를 타면서 처음에는 참 많이 놀랬다. 횡단보도 앞에서 한국식으로 생각해서 늘 내가 먼저 서서 자동차가 지나가기를 기다리면, 자동차들은 참을성 있게 내가 먼저 지날 때까지 기다린다. 예외가 없다. 한국식의 '자동차 우선'에 익숙해져 있던 내가 이 '새로운 관습'에 익숙해지는 데에는 꽤 시간이 걸렸다.

몇 년 전 서울에서 한번은, 신림동에서 반포까지 자전거를 타고 가본 적이 있다. 그냥 경험삼아 한번 그런 것인데, 약 두 시간이 걸렸던 이 짧은 여정에서 거짓말 않고 6번은 생명이 위독한 상황을 경험했다.

자동차 도로에서 자동차와 함께 가야 했고, 또 횡단보도에서 특히 위험한 경우가 많았다. 비싼 생명보험을 들어 두지 않은 이상, 다시는 자전거를 타고서 시내에 나가는 일이 없어야 하겠다고 결심을 했었다.

그러나 이곳 뮌스터에서 자전거로 숲길이나 들판을 지날 때면, 온몸으로 시원한 바람을 맞으면서 향긋한 보리내음을 맡는다. 옆에서는

국제-이주의 포커스 8월 31일(월)

평화롭게 말들이 풀을 뜯고 있고, 밭의 옥수들은 날로 키를 더해간다. 서울이 아니라, 뮌스터라는 조그마한 '시골'에 살고 있다는 사실이 새삼 행복하게 느껴지는 순간이다.

자전거로 뒤덮인 서울을 꿈꾸며...

- 뮌스터에서 '촌놈' 특파원 remus@uni-muenster.de

섹녀홍 양은 아직도 첫번째 티꼬를 타고 있슴다.

섹녀홍 양은 티꼬를 타고 허벌 밟다가
갑지기 쏠렸슴다. 그래서 옆에 타고 있던
남자친구 조디에디 열나 키스를 했슴다.
막 딴 짓도 하려던 찰나...

중앙선을 침범하여 맞은편에서 달려오던
시커먼 자동차와 정면충돌을 하였슴다.
아저씨, 아줌마가 타고 있던 그 차는
아작이 났슴다.

그 차에서 아줌마가 내리면서
" 아! 난 가벼운 찰과상밖에 안 입었다 "
하면서 좋아했슴다. 아저씨도 내리면서
" 야 신난다. 나도 팔밖에 안부러졌다 "
면서 좋아했슴다.

우린 멀쩡했슴다.
우리으 티꼬도 멀쩡했슴다.
그래서 우린 졸라 뺑소니를 쳤슴다...

대우자동차

문화·생활

[건국 50주년 기념 역사 바로 눕히기] 화투의 역사

[집중분석] 사투리를 해부한다 - 경상도편

[역사탐방] 오지달인의 전설...

[생활건강] 가정 상비 응급법

[건강] 식품의약안전청은 자폭하라!

집중 토론

[건국 50주년] 이제는 넘어야 한다 (1)·(2)

http://ddanji.netsgo.com

문화 · 생활

건국 50주년 기념 역사 바로 눕히기

화투의 역사

건국 50주년이다. 그러나, 암에푸로 민족의 기가 한풀 꺾였다고들 한다.

바로 이런 때를 위해 탄생한 본지는, 우리의 찬란했던 역사를 되돌아보고 왜곡되었던 역사를 바로잡음으로써 보다 힘차고 새로운 도약의 에너지를 국민 여러분께 드리고자 한다. 이제 앞으로 가끔씩 튀어나와 왜곡된 역사를 바로잡겠다...

금동똥광보살좌상

집중분석

사투리를 해부한다 - 경상도 편

전라도, 충청도, 강원도, 제주도 사투리도 역시 집중분석해서 앞으로 다가올 통일 시대에 대비해야겠다. 독자 여러분의 적극적인 참여가 요구된다...

집·중·토·론

건국 50주년

이제는 넘어야 한다 (1)

참 해야 할 것이 많은 요즘이다. 정치, 경제, 문화, 사회... 어느 것 하나 제대로 되고 맘이 놓이는 것이 없다. 건국 50주년이라는데 말이다. 암에푸까지 우릴 덮쳤으니 정말 국가적 차원에서 해결해야 하고 뛰어 넘어야 할 문제가 한두 가지가 아니다.

그러나... 어떤 일이 있어도 미뤄서도 안 되고, 그냥 덮어두고 가서도 안 되며 대충 대충으로 결코 해결될 수 없는 것이 있다. 바로 지역감정이다...

문화 · 생활

(역사탐방)

오지달인의 전설...

月月이

-오지달인

五指가 往復하니,
無骨이 有骨이요.
白水가 落下하니,
心身이 快樂이라.

(생활건강)

가정 상비 응급법

경제면에서 〈직장에서 응급처치법〉과 함께 여기서는 가정 상비응급법을 소개한다.

단, 아직 임상실험을 거치지 않았으므로 실생활에 적용하신 후 그 결과를 보내주시면 급히 몸을 피하겠다.

(건 강)

식품의약안전청은 자폭하라!

요즘 복지부 하는 짓을 보면 마빡 피도 안 마른 아쉐이들한테 비아그라 쥐어준 것마냥 불안하다. 보건복지부가 해야 할 일이 도대체 무엇인가?

집·중·토·론

(건국 50주년)

이제는 넘어야 한다 (2)

건국 50주년이다. 암에푸까지 우릴 덮쳤으니 정말 국가적 차원에서 해결해야 하고 뛰어넘어야 할 문제가 한두 가지가 아니다.

본지는 [건국50주년]을 맞아 이 '지역감정퇴치'를 본지의 제 2의 사명으로 삼고 앞으로도 지속적으로 노력할 것을 독자 여러분께 엄숙히 선언한다. (제 1사명, 먹고 싸는 문제.. 물론 계속한다. 걱정 마시라...)

문화·생활 8월 17일 (월)

[건국 50주년 기념 역사 바로 눕히기] 화투의 역사

우선 본지가 추진하는 운동이라 하면 언제든지 달려와 홍보를 자청하고 이번에도 '광풍 98 캠페인'에 직접 출연해 주신 김데중 대통령에게 심심한 감사의 뜻을 전한다.

건국 50주년이다. 그러나, 암에푸로 민족의 기가 한풀 꺾였다고들 한다. 바로 이런 때를 위해 탄생한 본지는, 우리의 찬란했던 역사를 되돌아보고 왜곡되었던 역사를 바로잡음으로써 보다 힘차고 새로운 도약의 에너지를 국민 여러분께 드리고자 한다. 이제 앞으로 가끔씩 튀어나와 왜곡된 역사를 바로잡겠다.

오늘은 임나일본부설을 함 까보자.

倭(왜)가 신공황후 49년에 가야 지역을 군사정벌하여, 4세기 말 5세기 초에 한반도 패권을 둘러싸고 고구려의 광개토왕과 대결을 벌이고, 5세기에는 한반도 남부를 일본 영토로 중국 남조 송(宋)에게 인정받는 등, 임나일본부라는 통치기관을 중심으로 약 300년간 한반도 남부를 경영하다가, 흠명천황 23년에 이를 신라에게 빼앗겼다는 것이 임나일본부설이다.

한마디로 왜넘들이 우리를 오래 전에 지배했었다는 우끼고 자빠지는 소리인 거다. 물론 이 임나설은 이미 학계에선 검토의 가치도 없는 황당무계설로 판정, 더 이상 연구조차 이뤄지지 않고 있었다.

그러던 중, 본지 산하 '우리 역사 바로 눕혀 명랑사회 앞당기기 실천본부'에서는 일본의 역사 왜곡실태를 파악하기 위해 일본에 특파한 고증전문위원들을 통해 이 임나설의 근거가 되는 「日本裸歌梨遺事(일본나가리유사)」를 다시 한번 정밀검토하게 되었다.

그 결과 일본넘들이 우리 역사를 왜곡하기 위해 광개토왕비와 칠지도의 명문만 삭제, 조작한 것이 아니라, 임나일본부설과 일본의 고대사를 기록한 역사책인 「日本裸歌梨遺事」 자체를 조작했음이 밝혀졌다.

본지가 확인한 바에 따르면 백제 시대에 들어 우리 민족 고유의 두뇌 스포츠인 화투가 각종 문물과 함께 일본에 전수되어 당시 무지몽매했던 일본 백성들의 여가선용에 획기적인 전기를 마련했다는 「日本裸歌梨遺事」의 문구가 그동안 의도적으로 지워져 있었다는 것을 밝혀냈음은 물론, 우리의 국보급 문화재가 대규모로 숨겨져 있는 곳을 표시하는 보물지도까지 발견하는 사학계에 길이 남을 개가를 올렸다.

금동초단보살입상

더구나 이번 보물지도에 의해 일본 '파토' 현에서 발굴된 여러 보물들은 모두 보존 상태가 아주 양호하여 사료적 가치가 매우 뛰어난 국보급인 것으로 평가받고 있다.

특히 이 중 백제 유민들에 의해 도입된 것으로 추측되는 9세기경의 화투장은 인쇄 상태가 선명하고 화투장의 질이 상당히 우수하여 그 당시 수준 높은 우리 민족의 인쇄, 제조술에 다시 한번 놀라지 않을 수 없다.

문화·생활 8월 17일(월)

오광선인

이번에 복원된 「日本裸歌梨遺事」의 문구에 따르면 당시 일본에 직접 건너가 화투를 전수했던 한 백제인이 있었으니, 그의 본명이나 나이 등은 기록되어 있지 않고 다만 일본인들이 그를 五光仙人(오광선인)이라 부르며 추앙했다는 기록이 남아 있다.

그는 쳤다 하면 오광을 다 묶꼬 의연히 판을 싹쓸이했으며 특히 맨 마지막에 팔광을 먹는 기술은 신기에 가까워 함께 치는 사람들이 입을 다물지 못했다 한다.

고대 일장기

이에 일본인들은 오광선인의 팔광 먹는 기술을 높이 기려, 팔광의 해를 새긴 깃발을 만들어 걸었는데, 이것이 바로 일장기의 시초가 되었다.

그러면서도 그는 불우한 이웃들을 위해 판돈 전부를 개평으로 희사하는 고귀한 화투 정신을 가진 탓자였는데, 말년에는 전국에서 그를 찾아오는 인재들을 모아 오로지 하루 한 판씩 지도대국만 하다가 어느 날 갑자기 고도리 속의 세 마리 새를 찾아 입산하여 다시는 속세로 돌아오지 않았다는 신비스러운 인물이었던 것으로 전해진다.

오늘날에도 일본 전역의 하우스에는 그의 자화상이 걸려 그 신기와 불멸의 화투 정신을 기리고 있다.

일화에 따르면 이 오광선인은 입산 직전 멀리 중국에서 그의 소문을 듣고 그 신묘한 기술을 사사 받고자 찾아온 한 젊은이를 어여삐 여겨 한 달간 다른 제자들과는 일체 대국을 중지하고 오로지 그 젊은 중국인과 집중대국을 가졌는데, 한 달간이나 식음을 전폐하고 이뤄진 이 단기숙성 코스를 거친 젊은이는 이 기간 동안 머리털이 다 빠졌다 하니 그 훈련의 강도를 가히 짐작할 수 있겠다.

이 젊은이는 훗날 중국 본토로 돌아가 당시 화투의 불모지였던 중국에 화투를 퍼뜨리기 시작해 오늘날까지도 중국 화투계의 아버지로 불리고 있으니 바로 비광대사다.

비광대사

또한, 중국과 일본에서는 민화투, 월남뽕 정도의 저급한 수준의 화투 문화가 주종을 이루었지만, 국내에서는 화투 종주국답게 계속적인 연구와 발전을 통해 화투 문화의 최고봉이라 일컬어지는 고도리가 개발되어 이미 사대부 집안을 중심으로 폭넓게 행해졌다.

고도리 문화가 조선 시대 들어 백성들 사이에 급속도로 확산되었는데, 이 당시 고도리는 양반집의 규방에서 특히 많이 행해졌으며, 단오절 그네뛰기와 함께 여염집 처자들의 2대 레포츠로 자리잡게 되었다.

그러나, 모든 일이 그러하듯 그 폐해도 나타나게 되었는데, 일부 고도리 중독증에 걸린 처자들은 고도리를 끊기 위해 작은 칼을 가지고 다녔으며, 이는 다시 한번 고도리를 하면 손가락을 자르겠다는 결심을 지키기 위한 것이라 한다. 이것이 은장도의 효시다.

한편, 조선 말에 들어 서양의 선교사들이 포카를 들여와 보급하기 시작했으니 바로 '포카 포교'다. 그러나, 얼마 지나지 않아 포카놀이는 카드의 퀸과 킹 그림이 왕권모독이라는 이유로 왕실에 의해 금지되었다.

그러나, 서양의 선교사들과 일부 포카 옹호자들이 계속해서 포카 포교를 실시했는데, 정부에서는 이들을 잡아 모두 칼을 씌우고 능지처참을 하였으니 이를 '신유년에 피본 선교사들 박해', 줄여서 '신유박해'라 하며 더 줄여서는 '피박'이라 한다. '피박썼다'의 어원이 되겠다.

국내 유일의 홍단대원군 사진...

이러한 조치에도 불구, 동양의 위대한 놀이문화라 일컬어지던 고도리에 대해 전해들은 서양인들이 고도리의 비법을 계속 전수할 것을 요구하였는데, 이들의 청을 물리치고 쇄국정책을 편 이가 있었으니 그가 바로 홍단대원군이었다.

당시 홍단대원군은 '고도리문화'가 미개한 서양인들의 손에 넘어가 숭고한 고도리 정신이 훼손되는 것을 막고자 강력한 쇄국정책을 펴게 되었다.

상황이 이러하자 프랑스는 1866년에 7척의 군함을 앞세워 강화도를 점령하고 고도리를 전수해 줄 것을 요구하였으나, 대원군은 이들을 '쌍피산성'에서 격퇴하였으니 이것이 '병인양요'다.

이때 프랑스군은 강화도의 외고장각 문서를 뜯어가서 현재까지 이 문서의 반환문제가 해결되지 않고 있으니 안타까울 뿐이다.

외고장각은 현재는 확인할 길 없는 대대로 전해 내려오는 고도리 규칙과 화투장의 변천 및 그 내용이 집대성된 문서를 소장하고 있었다 전해지니 이의 반환이 절실하다 하겠다.

홍단대원군의 강력한 쇄국정책은 조상의 얼과 슬기가 있는 놀이를 미개한 서양넘들에게 넘길 수 없다는 강한 의지의 표현이었으니, 그의 숭고한 전통수호정신에 고개가 절로 숙여지지 않을 수 없다.

이처럼 면면히 이어내려오던 고도리의 전통은 개화기와 일제 침략기를 거치며 역사조작과 은폐를 통해 유실되고 잊혀졌으니, 참으로 안타깝다 할 것이다.

그러니 이제 더 이상 고도리를 일제의 잔재니 하면서 부끄럽게 생각하지 마라. 당신이 내리치는 화투장 속에는 면면히 전해지는 우리 조상들의 빛나는 슬기와 얼이 담겨 있으니 말이다.

혹 본 연구결과를 보고 열 받은 일본넘들은, 본 학설은 니네 임나설이랑 거의 같은 수준의 학문적 정확성을 가진 것임을 알고 찍소리 말기 바란다. 이상.

(본 학설에 추가하고 싶은 내용이 있는 화투연구가께서는 여기로...)

- 우리 역사 바로 눕혀 명랑사회 앞당기기 실천본부장 겸 딴지총수

[집중분석] 국내 사투리를 해부한다 - 경상도 편

발음	해석
가!	가라! GO!
가?	그 사람?, 조금 전 그 사람?
가가	가씨 집안
가가!	갖고 가버려!
가가?	그 사람인가?, 아까 전 그 사람이었나?
가가가?	성이 가씨냐?
가 가가...	가져가서...
가가 가가~	그 사람이 바로 그 사람이었구나.
가가 가가?	그 사람이 아까 그 사람이었어?
가가가 가!	성이 가씨인 그 사람은 가거라!
가가 가가가?	그 사람 성이 가씨냐?
가가 가가 가가?	그 사람이 성이 가씨라는 그 사람이냐?
가가가 가 가가...	성이 가씨인 사람이 가져가서...
가가가, 가가가가?	그 사람이 그 사람이고, 다른 사람은(또다른) 그 사람이냐?
가가가가 가가가...	성이 가씨인 바로 그 사람이 가져가서..
가가 가가 가가가?	그 사람이 성이 가씨인 바로 그 사람이냐?
낙타! 니 깔래?	낙타는 따로 울지 않는다
니 주디가 왜 그 와카노	자기 립스틱 색깔 예쁜데
내 디져도 그런 말 몬한다	자기 사랑해
문디 가스나	예쁜 아가씨
문디 자슥	멋진 청년

햄인교...	형님 안녕하세요
샘인교..	선생님 안녕하세요
사분이 조포 되삐다	비누가 두부처럼 됐네요.
알라들은?	여보, 우리 애들은 어디 있소?
밥도	냄새가 좋군. 저녁 메뉴가 뭐지?

전라도, 충청도, 강원도, 제주도 사투리도 역시 집중분석해서 앞으로 다가올 통일시대에 대비해야겠다. 독자 여러분의 적극적인 참여가 요구된다. 자신의 출신지 사투리를 위와 같이 분석해 주실 분들 관제엽서나 소포로 보내주시면 감사하겠다.

- 지역사투리 극복하여 통일시대 앞당기기 추진본부

문화·생활 5월 31일(월)

[역사탐방] 오지달인의 전설...

月月이

-오지달인

五指가　往復하니,
無骨이　有骨이요.
白水가　落下하니,
心身이　快樂이라.

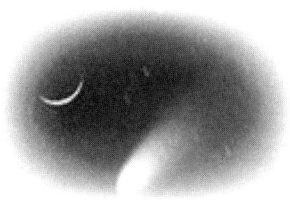

위 시조는, 조선 시대 전국을 유랑하며 사람들에게 다양하고 오묘한 月月이(달달이)의 기술을 전파하던 오지달인께서 신비스런 月月이의 맛에 취해 백두산 정기를 마시며 쓴 시조로서, 현존하는 유일한 오지달인의 시조가 되겠다.

6·25 당시 한국전에 참전한 많은 미군들을 위해 위문공연을 왔던 '좆내논'에 의해 백두산 천지의 좆두암에 각인된 상태에서 발견된 이 시조는 전쟁 중임에도 불구하고, 민족의 굳쎈 얼을 기린다는 취지에서 청와대로 옮겨졌다.

당시 전란 중이라 국내에 전문적인 검증기관이 부실했던 관계로 가까운 일본의 국립과학수사연구소에서 정밀검증을 마친 결과 좆두암에 새겨진 시조는 거시기의 힘만으로 새겨진 것으로 밝혀졌다. 경이로운 오지달인의 거시기 힘에 맘이 숙연해질 뿐이다. 바위에 휘갈긴 그 힘찬 필체를 보고 놀란 사람들에 의해 훗날 '파죷지세...' 라는 말이 생겼다 한다.

전해 내려오는 문헌에 의하면 오지달인은 이성과의 접촉을 멀리 하고 자신의 오지만으로 불타는 욕정을 다스렸다고 한다. 이성과의 접촉이 없었기에 노년에 접어들었을 때도, 축적된 양기로 그의 거시기는 바위를 조 쎄리 뚫을 정도로 강인할 수 있었던 것이다.

우리 백의민족의 남성들은 어릴 적 月月이만으로 욕정을 다스리는 순수함을 지녔었다. 그러나, 어릴 적 순수하던 성생활은 세파에 시달리며 세상과 타협을 하게 되고 이성과의 접촉을 반복하다 50만 넘으면 자신의 의지와는 상관없이 기립 능력을 상실해 가는 자신의 거시기를 원망하며 눈물과 함께 비아그라를 삼켜야 하는 지경에 이른다.

순백한 성생활을 한다는 것이 얼마나 어려운 일인지는 본 기자나 이 글을 읽고 있는 남자넘 독자들이나 함께 온몸으로 느끼며 잘 알고 있다.

기러나, 신선의 경지에 다다랐던 오지달인은 이런 범인들을 위해 다음과 같은 月月이 고유의 '108 장점'을 집필해 전해 주고 있으니 그의 가없는 명랑생활 추구 의식과 국민화합정신에 절로 고개가 숙여진다.

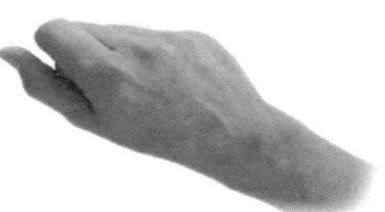

오지달인은 잠을 잘 때도 이 손자세를 유지했다 하니 경이로울 따름이다...

다만, 일제의 민족정자 말살정책으로 일곱 번째 항목 이후는 정체를

문화·생활 8월 31일(월)

알수 없는 뿌연 액체로 덮여 굳어 있어 그 글을 판독할 수 없으니 안타깝지 않을 수 없다.

남아 있는 항목이라도 국민 모두 한마음 한뜻으로 숙지하여 명랑사회가 하루빨리 도래했으면 하는 마음 간절하다.

- 오지만 움직이니 기의 낭비가 없어 좋다.
- 즐기고 난 후 돌볼 것이 없어 언제나 떠날 수 있으니, 그 터프함이 사내의 기상이라.
- 하루 10회를 해도 몸이 쇠하지 않으니 건강에 그만이라.
- 주막비가 들지 않아 경제에 보탬이 됨이 부국의 첩경이라.
- 때와 장소를 가리지 않으니 이 또한 시간의 절약이라.
- 눈을 감고 마음을 비우면 양귀비마저 눈앞에서 옷을 벗으니, 이 또한 별미가 아니랄 수 없다.
- 때론 짧고 간결하게, 때론 시간을 두고 길게 해도 걸릴 것이 없으니 절정의 참맛을 느끼는 데는 이만한 것이 없도다...

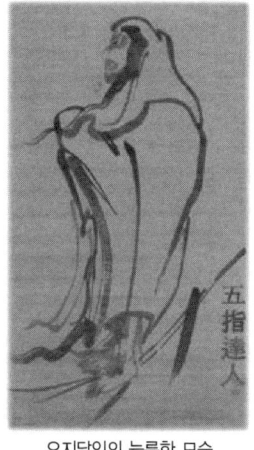

오지달인의 늠름한 모습

이제 그럼 마지막으로 오지달인이 우리에게 남겨 주신 시조를 경건한 마음으로 분석해 보자.

- 五指가 往復하니
'오지가 왕복하니...' 그렇다.

대부분 오지가 왕복한다. 때론 새끼 손꾸락을 제외한 사지만 활용하는 경우도 발생하나 이는 무아지경에 빠진 일부 범인들이 정도를 벗어나 하는 일탈행위로, 정석은 역시 오지가 되겠다. 오지달인은 어떠한 경우에도 오지를 견지했다고 한다. 그의 굳센 의지에 가슴이 벅차다.

- 無骨이 有骨이요.
이 시조의 압권이다.

'무골이 유골이요...' 아주 짧고 단순해 보이지만 이보다 더 정확한 표현이 어디 있겠는가. 무릇 현학과 허례를 싫어했던 그의 신선 정신이 적나라하게 구현된 표현이다. 군더더기 없는 이 담백한 표현에 우리는 또 한번 겸허해지지 않을 수 없다.

- 白水가 落下하니
'백수가 낙하하니...' 여기서 우리는 오지달인의 무한한 겸손을 읽을 수 있겠다. 거시기로 바위를 파냈던 그 기개로 과연 '낙하...' 했겠는가. 우리 같은 범인들은 수평 비행거리가 겨우 1미터도 못 되는 오줌발을 화장실 벽에 갈기며, 흔히들 '발사' 한다는 거창한 표현을 쓴다. 그러나 그는 그저... '낙하하니...' 라고 하고 만 것이다... 숙연해진다...

일부 해독이 불가한 여성들께서는 각성하시기 바란다. 본지의 독자라면 이 정도는 해석이 가능해 줘야 한다. 이 정도도 모른다면 그것은 반사회적인 행위라 하겠다.

- 心身이 快樂이라.
'심신이 쾌락이라...' 안빈낙도... 바로 그 경지다. 범인들은 이 포인트에서 허탈해지고 때론 자학하기 마련이다. 그러나 그는 '낙수'가 끝난 뒤 오히려 즐거움을 노래한다. 그 유유자적한 여유로움에 그저 감탄할 뿐이다. 오지왕복으로 이 이상의 경지는 없다.

문화·생활 8월 31일(월)

우리 민족 남성들의 알을 살리는 의미에서라도 초등학교 때부터 교육을 시켜서 역사를 바로 세우고 月月이의 우수성을 널리 알려야 한다고 본 기자는 외친다...

- 엽기고증 전문기자 주세윤 argus@ktnet.co.kr

[생활건강] 가정 상비 응급법

경제면의 '직장에서의 응급처치 요령'과 함께 여기서는 가정 상비 응급법을 소개한다.

단, 아직 임상실험을 거치지 않았으므로 실생활에 적용하신 후 그 결과를 보내주시면 급히 몸을 피하겠다.

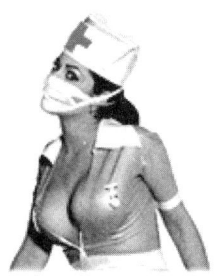

아프고 싶지?

옆집 아이가 우리 집에 놀러와서 10원짜리를 삼켰을 때...
-가급적 관심을 끊는다.
단, 지폐를 삼키지 않도록 주의를 준다.

옆집 아이가 우리 집에 놀러와서 500원짜리 두 개를 삼켰을 때...
매우 위험한 상황이다. 오래 경과 될경우 하루 종일 담배없이 지내야 하는 상황이므로 아이를 꺼꾸로 들고 등을 두드리거나 비눗물을 먹여 토하도록 한다. 만일 대변에 섞여 나왔을 경우 핀셋으로 조심스레 집어 동생을 시켜 담배를 사오도록 한다. 동생과 1주일간 악수를 삼가한다.

우리 아이가 옆집에 가서 10,000원짜리 지폐를 삼켰을 때...
가급적 많이 삼키도록 유도한다. 또한 물을 자주 먹여 씹어삼키는 것을 미연에 방지한다.

회식 후 2차로 단란주점에 갔다가 립스틱 자국이 생겼을 때...
당당하게 집에 들어가서 아내에게 17대 1로 싸웠는데 그 두목이 '공포의 독입술'이라는 여자였었고 그 여자에게 40번이나 물리고도(입

문화·생활 8월 31일(월)

을) 내공이 고강해 살아있노라고 소리친다.
만일 통하지 않는다면 갑자기 엎어져서 죽은 척한다.

아내가 부탁한 TV드라마(예 : 복어 또 복어 등) 녹화를 까먹었을 때...
그 시간에 대통령 특별 담화문이 발표되었다고 거짓말한다.

만일 거짓말이 들통나면 우리 집에만 은밀하게 전달되는 특별담화문이었다고 끝까지 우긴다.

1주일 쓰라고 준 용돈을 당구쳐서 다 물렸을 때...
손에 묻은 흰색 가루를 보여주고 이제 나는 백내장에 걸려 얼마 못 살게 되었다고 외친다. 백내장에 대해 꼬치꼬치 물어보면 뻐꾸기 울음소리를 내곤 미친 척한다.

어젯밤 왜 그렇게 늦게 들어왔느냐고 따질 때...
국가 신인도에 대해 장황히 늘어놓은 뒤 지금 짜장면 시킬 건데 단무지를 대신 먹어달라고 집요하게 부탁한다...

밤 12시가 넘었는데 윗집에서 못질을 할 때...
천장에 꺼꾸로 붙어 삽질을 한다.
만일 삽이 없다면 곡괭이도 무방하다.

컴컴한 골목에서 인상이 더러운 한 떼의 사내들을 만났을 때...
신문지로 모자를 만들어 쓴 다음 허수아비 흉내를 낸다.
만일 그래도 시비를 걸어오면 배를 내밀고 장승 흉내를 내본다.

― '건강가정 이룩해 명랑사회 이룩하기 운동본부' 소속기자 윤석배 blue99@netsgo.com

[건강] 식품의약안전청은 자폭하라!

요즘 복지부 하는 짓을 보면 마빡 피도 안 마른 아쉐이들한테 비아그라 쥐어준 것마냥 불안하다. 보건복지부가 해야 할 일이 도대체 무엇인가?

최근(8월 25일) 복지부 산하 식품의약안전청(이하 식약청)에서는 보도자료를 통해 '시중유통 한약재에서 표백제 및 중금속 검출 – 갈근 등 6종 한약재에서 표백제가 최고 1,034ppm이나…' 라는 제목으로 엄청난 발표를 하였다.

금년 4월부터 8월까지 한약재 판매업소 (한약방, 약업사, 생약업소, 약국, 제약회사, 양행)에서 17종 52개 품목을 수거, 검사한 결과 총 7종 32개 품목에서 인체에 유해한 물질이 검출되었다는 것이 주 내용이다.

그 결과로서 유해 한약재를 전량 수거하여 폐기토록 시, 도에 지시하였으며, 표백제를 인위적으로 사용한 혐의가 있는 우성양행 및 동명약업사 등 12개 한약재 규격화 제조 또는 포장업소를 검찰, 경찰에 고발토록 하였다고 자랑스럽게 까발겼다.

얼핏 들으면 식약청이 대단한 작업을 통해 국민건강을 지킨 파수꾼 역할을 했다는 얘기로 들린다. 그러나 홍길동 기자가 지난 수년간 복지부 행태를 지켜본 결과로는 '천만의 말씀, 만만의 콩떡!' 이다.

우선 그 한약방, 약업사, 생약업소, 약국, 제약회사, 양행 등의 업소

문화 · 생활 8월 31일(월)

는 당연히 식약청 관리감독하에 있는 업소들이다.

그러므로 이미 전국에 깔려 있는 약을 수거하여 조사하기 보담은 포장하기 전에 이미 철저한 검사를 시행하여 단 1ppm의 독극물이라도 우리 서민의 몸에 축적되지 않도록 하는 섬세한 보건 서비스가 제공되어야 한다는 것이 본 기자의 견해이다.

왜냐하면, 이번 조사품목은 밀수품도 아니고, 바닥에서 유통되는 밀거래품도 아닌 정부허가를 받은 업소에서 '검' 자 도장을 콱~~찍어서 내보낸 '한약재' 이기 때문이다. 생각해 봐라. 우리 서민 입장에선 깨끗한 포장지에 정부인가 도장을 콱~~ 찍은 한약재를 보면 믿고 사게 될 수밖에 없지 않은가?

'사후 딸딸이' 라는 말이 있다. 죽은 넘 자지 잡고 아무리 비벼 본들 무슨 소용이 있겠는가? 민초들은 정부에서 인가한 회사라는 거 하나 믿고 게다가 '검' 자 도장의 공신력 하나 믿고 한약을 사먹었는데, 거기에 독성물질이 최고 1,034ppm이나 검출되었다니 아연실색, 기절초풍, 혼미몽연하지 않을 수 없다.

이미 뱃속으로 들어가 몸속 깊이 축적되어 있는 중금속 등 독극물을 즉시 똥꼬 밖으로 털어내달라!!!!!!

또 주목할 것은 독극물 검출 시기와 발표 시기의 현저한 '시간적 차이' 라 할 것이다. 식약청에선 약재 독극물 함유여부검사를 4월부터 8월까지 4개월간 했다고 한다. 추측컨데 4월에 발견된 독극물 약재가 있었을 거고, 아마 5월, 6월, 7월에 발견된 것도 있었을 것이다.

그렇다면 영사미식 폭탄선언식 발표보다는 즉시 독극물 한약재를 전량수거, 폐기하고, 바로 관리책임자를 고발,구속케하는 것이 국민을 위한, 진정으로 똥꼬 션한 일이 아니었을까 싶은데, 혹시 복지부는 독극물에 노출된 서민들을 한낱 마루타 정도로 여기지 않았는지 싶다.

만약 이런 넘들이 있다면, 정말 건데기가 나오더라도 20세기 최후의 무기인 '메가똥침'을 숫돌에 갈아 깊숙이 찔러드려야 한다고 강력히 주장한다.

이번에 적발된 업소는 앞서 말한 몇 종의 업체(약업사, 한약방, 양행, 제약회사, 생약업체, 약국 등)인데, 이 업체들은 누가 봐도 공신력으로 똘똘 뭉친 업체들이다. 공신력을 앞세우고 서민의 건강에 심각한 위해를 가할 수 있는 농약이나 표백제를 한약재에 뿌려대는 몰지각한 행위를 자행한 이 사람들은 즉시 면허증이나 업소개설 허가증을 반납받고, 다시는 건강의 파수꾼이라는 입에 발린 소리를 못 하게 해줘야 한다.

그렇다면 '독극물 실험용 마루타'가 된 불쌍한 우리 국민의 가슴을 적셔줄 어떤 해결책은 없을까?

본 딴지기자 홍길동은 대책도 없이 떠드는 철딱서니 없는 잉간이 아니라는 것을 밝혀 두고 싶다. 추후 절대 이런 비극적인 일이 벌어지지 않아야 한다는 관점에서 본 기자는 담과 같이 강력히 주장한다.

첫째, 현행 한약 규격화 기준을 전면적으로 검토해야 할 것이다.
콩나물의 경우에서 보듯이 깨끗하고 보기에만 좋은 것을 찾다보면 생산농가에서 당연히 농약을 칠 수밖에 없다. 또 가공업소에서 표백제를 칠 수밖에 없다. 그러므로 농협에서 한약재 생산농가로부터 한약재를 수거할 때, 깨끗한거를 1등품으로 삼는 관행을 고쳐달라.

콩나물의 경우처럼 한약도 그대로 적용하면 된다. 역설적이지만 조금 벌레먹은 한약재를 1등품으로 삼아라!! 빛깔과, 향기 등 옛부터 내려오는 조상님들의 어떤 약재분류방법이 있지 않을까 하는 생각이다.

'크고 굵은 것이 좋다'는 고정관념에서 벗어나야 한다. 자지야 크고 굵은 것이 상등품이지만, 작아도 맵고 시고 달고 향긋한 고유의 맛이 살아있는 품질의 약재가 약효가 좋다는 것은 누구나 잘 안다. 즉시 그런 기준을 우선으로 한 규격화기준으로 약재감별을 실시하라.

둘째, 식약청 담당부서가 비전문가 일색이기 때문에 이런 사태를 초래했다는 지적이 있다. 즉시 전문가로 교체하는 것이 좋겠다. 민초시민을 상대로 독극물 복용을 4개월 동안이나 방치한 해당부서 공무원을 즉시 해임하라. 그리고 정말 국민들이 안심하고 건강을 떠맡길 책임감 있는 공무원, 게다가 한약의 특성을 정말 잘 아는 공무원으로 즉각 교체시켜야 한다.

셋째, 난마처럼 얽혀 있는 한약유통을 바로잡을 전담유통공사를 설립하는 방법도 고려해야 할 것이다. 자연에서 재배 또는 채취한 한약재는 조금만 방심하면 변형, 변색, 변질될 우려가 많은 상품이다. 그러므로 반드시 전문유통공사가 전량 수거, 매입, 배급시켜야 안심하고 맡길 수 있다. 즉 인삼을 전담하는 전매청처럼 한약을 전량 수거, 분류, 포장, 배급하는 전담유통공사가 시급히 요구된다.

국민의 밥상에 올라가는 식품과 고통을 이겨내는 의약품을 전담하는 식품의약청의 행태를 바라보면 정말 선진국이 되기 참 어련 나라에 사는구나 하는 생각이 든다. 제발 하나라도 바르게 국민을 위해 서비스를 펼쳐줬으면 좋겠다.

제발 우리 서민들 잘먹고 잘 싸게 좀 해주라...
누가 돈 달래냐. 우째 그것도 못하냐 엉~

– 한의학부 전문위원 홍길동 sparkle@ppp.kornet21.net

문화·생활-집중토론 8월 17일 (월)

[건국50주년] 이제는 넘어야 한다 (1)

참 해야 할 것이 많은 요즘이다. 정치, 경제, 문화, 사회... 어느 것 하나 제대로 되고 맘이 놓이는 것이 없다. 건국 50주년이라는데 말이다. 암에푸까지 우릴 덮쳤으니 정말 국가적 차원에서 해결해야 하고 뛰어넘어야 할 문제가 한두 가지가 아니다.

그러나... 어떤 일이 있어도 미뤄서도 안 되고, 그냥 덮어두고 가서도 안 되며 대충대충으로 결코 해결될 수 없는 것이 있다. 바로 지역감정이다.

과거 이 땅의 정권을 잡았던 자들이 국민들을 이간질시켜 다시 자신이 재집권하고, 자신들의 기득권을 계속 유지하려고 만들어 낸 악마가 바로 지역감정이다. 그리고 지금은 잠복해 있지만 선거를 치르게 되면 또다시 이 악마를 부려먹으려 주술을 외우는 정치인넘들이 나올 것이다. 이런 악마들은 아예 씨를 말려야 한다.

그러자면 결코 적당히 덮어두고 가서는 안 된다. 우리는 흔히 아픈 곳이 있을 때 대충대충 좋은 게 좋은 거라고 덮으려고만 한다. 그러나, 좀 아프더라도 밝은 곳에서 까발리고 정확하게 환부를 찾아 지속적으로 치료를 해야 상처는 낫는 법이다. 재발도 안 되고...

본지는 [건국50주년]을 맞아 이 '악마퇴치'를 본지의 제2의 사명으로 삼고 앞으로도 지속적으로 노력할 것을 독자 여러분께 엄숙히 선언한다. (제1사명은 다들 아시다시피 먹고 싸는 문제에 대한 집중고찰... 쩝...)

그 제 1탄으로 대선 당일날 한 경상도 네티즌이 전라도 사람들에게 통신에 띄웠던 공개 메시지를 싣는다. 새벽 4~5시경 당선자가 확정된 직후 올라온 글이라, 글 속에 당시의 격앙된 감정이 그대로 녹아 있다. 그 때 그 시각으로 한번 돌아가보자...

경상도 문둥이가 전라도 깽깽이에게

우선 이 말부터 하고 싶습니다.

"이 전라도 깽깽이들아, 공산당도 아닌 것이 90% 몰표를 한 인물에 던져대는 이 3류 국민들아, 오늘 하루는 이제 드러내놓고, 맘 놓고 짖고 떠들고 까불고 좋아하거라. 세상이 다 네것처럼 들뜨고 외쳐대거라. 오늘 하루는 그렇게 감격해 하거라."

아주 오래 전부터 전 꼭 이 말을 해보고 싶었습니다. 전 정말 당신들을 "에이 씨팔 3류 국민 전라도 깽깽이들아" 하고 맘 놓고 욕해 보고 싶었습니다. 그런데 할 수가 없었습니다.

단 한번도 드러내 놓고 할 수가 없었습니다. 당신들을 그런 3류 국민으로 만든 또 다른 3류 경상도가 제 고향이었거든요...

50년 만의 정권교체도 좋고, 능력 있는 놈이 대통령 되는 것도 희망차고, 책임을 묻는 국민의 목소리를 확인하는 것도 참으로 즐겁습니다.

그런데 그런 오늘, 주제넘게도 당신들에게 꼭 들려주어야 할 말이 있

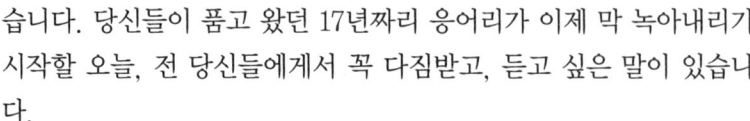

습니다. 당신들이 품고 왔던 17년짜리 응어리가 이제 막 녹아내리기 시작할 오늘, 전 당신들에게서 꼭 다짐받고, 듣고 싶은 말이 있습니다.

제 이야기부터 먼저 하지요. 저는 경상남도 진해에서 태어났습니다. 부산에서 초등학교, 중학교를 거쳐 서울로 이사를 왔지요. 저희 친척들은 지금도 대부분 경상도에 기반을 두고 살고 있습니다. 일부는 충청도에도 살고 있고, 나머진 서울에서들 살고 있지요. 그래도 다들 경상도 문둥이들이지요.

얼마 전이 저희 할아버님 생신이었답니다. 흩어져 살던 친척들 대부분이 오랜만에 한자리에 모였지요. 투표권을 가진 성인들만 20명이 넘게 모였답니다. 선거 이야기가 나왔습니다. 20명 중 대중이를 찍겠단 놈은 저 하나였지요.

친척 한 분이 무섭게 노려보더니 제게 그랬었죠. "니 미쳤나…" 그 다음엔 사방에서 저를 성토하는 목소리들이 튀어나왔습니다. "점마가 요새 일이 잘 안 되니깐에 돌아삐는갑다…"

어차피 논리로 당해낼 일이 아닌 줄 알면서도, 열심히 떠들어 봤습니다. "아이다… 이젠 바까야 될 역사적 당위성이 있는기라… IMF 체제에선 어쩌고 저쩌고… 외교적 사고의 필요성이 이러쿵 저러쿵…"

제가 알고 있는 모든 논리를 총동원해 기를 써 봤지요.

"대중이 검마는 치매라 안카나, 그 새끼는 빨갱이 아이가 임마, 경상도에 통반장도 전부 전라도 아들이 다 한다카더라, 전라도 깽깽이들이 지랄하는 꼬라지를 우째 보노, 다리 저는 빙신새끼가 되모 세계적으로 쪽팔린 일인기라..."

당장에 무더기 반격이 돌아온 건 당연했지요.
스스로 하고 있는 말들이 사실이 아닌 줄 뻔히 알면서도, 그들은 경상도를 이용해 자기 배만 채우며 정권을 잡아온 자들이 만들어 준 핑계거리를 그렇게 열심히 되뇌이고 있었습니다.

서로 서로 한마디씩 던져놓고 그 말들을 서로 서로 확인해 주며 그렇게 공범이 되어가고 있었던 거지요. 서민들은 원래부터 가져본 적도 없는 기득권을, 그런 있지도 않은 기득권을 잃을 것이란 불안감을 그렇게 토해내고 있었던 거지요.

제가 세상에서 가장 존경하는 저희 할아버님은 몇 년 전 후두암을 앓으신 후 발성기능을 상실하셨습니다. 성대가 없으셔서 무슨 말씀을 하시는 건지 잘 알아들을 수가 없답니다. 그래서 말수가 아주 적어지셨지요.

30분을 친척들끼리 떠들고 있을 때 당신께서 갑자기 입을 여셨어요. 다들 조용해졌죠. 조용하지 않으면 도저히 알아들을 수가 없으니까요.

"고마치 해묵었으모 됐다... 부끄러운기라... 이제 마 대중이가 해라케라..."

아... 평생 1번만 찍으셨던 할아버님께서 그렇게 말씀하셨습니다...

전 가슴이 아팠습니다. 잘못하는 것보다 더 나쁜 건 잘못을 인정하지

문화·생활-집중토론 8월 17일(월)

않는 것이라 제게 가르쳐 주신 80대 경상도 노인네 입에서 나온 그 말속에 숨어 있는 경상도의 부끄러움과 자조가 저를 가슴아프게 했습니다. 정권욕에 사로잡힌 자들이 경상도의 가슴에 심어 놓은, 아무도 드러내놓고 말하지는 않지만 누구나 알고 있는, 원죄의식이 저를 슬프게 했습니다.

더 이상 아무도 아무 말도 하지 않았습니다.

아마 그 분들 대부분은 그래도 대중이를 찍지는 않았을 겝니다. 저희 어머님이 평생 처음 기권하신 게 그나마 그 말이 우리 가족에 미친 영향의 전부일 겝니다. 적어도 겉으로 드러난 걸로는 말입니다. 이번 대선에 경상도의 숨은 마음은 그랬답니다…

이제 당신들 이야기를 해야겠군요.

전 사실 당신들이 겪었다는 차별과 설움과 괴로움을 제대로 이해하지 못합니다. 아무리 해도 절절히 가슴에 와 닿지가 않더군요.

'그래 내 친구가, 이웃이, 가족이 내 눈앞에서 죽어갔다면… 아무도 나서지 않는 그 상황에서 대중이가 그 슬픔을 같이 나누어주었다면… 그랬다면 나라도 저네들처럼 응어리가 지고 답답했을 것이고 대중이에게 표를 주지 않을 수 없었을 게야…'

이렇게 입장을 바꿔놓고 생각을 해보았지만 그런 당신들을 이해는 해도 결코 내가 직접 겪은 슬픔처럼 와 닿지는 않더군요.

대중이 당선이 확실하단 소릴 듣고 담배 한대 피워물었습니다.

'그래 전라도는 대중이에게 빚을 지고 있었다... 자신들이 위기에 처했을 때 목숨을 걸고 자신들에게 와서 자신들 편이 되어 준 대중이에게 빚을 지고 있었던 거구나... 그래서 그 응어리를 풀어 낼 희석제가 될 자격을 가진 자는 대중이밖에 없었던 게로구나...'

이런 생각들이 연기 사이로 피어 오르더군요.

전 전라도 사람이 단 한순간도 되어 본 적이 없어 이 정도에서 생각이 멈추고 말았습니다. 당신들을 이해하는 한계는 여기까지입니다. 그런데 여기까지 생각이 미치자 당신들에게 하고 싶은 말이 갑자기 떠올랐습니다.

좋습니다.

이런 식으로밖에 풀어 낼 수 없다면 그건 당신들만의 책임은 결코 아닙니다. 아니 당신들에겐 아예 책임이 없는 건지도 모릅니다. 당신들이 5·18을 만들어낸 게 아니었으니까요. 당신들이 형제를 죽인 건 아니었으니까요. 당신들이 차별을 만들어낸 건 결코 아니었으니까요...

그렇지만 이제부턴 정말 당신들에게 책임이 있습니다.

당신들이 그렇게 찍어댄 대중이가 결국 대통령이 되고 말았거든요. 대중이가 마침내 대통령이 되고 말았걸랑요. 경상도 몰표를 당신네들이 잘도 막아주고 상쇄시켜 나머지 도에서 결국 대중이가 이기고 말았거든요.

문화・생활-집중토론 8월 17일(월)

여기서부터 이제 정말 당신들은 책임을 느껴야 할 겝니다. 대중이는 이제 당신들만의 대통령이 아니거든요. 대중이는 경상도의 대통령이기도 하거니와 대한민국의 대통령이 되고야 말았거든요.

경상도는 경상도 대통령을 뽑아놓고 책임지지 못했습니다. 매번 정권 잡은 소수들이 원하는 대로 움직이고 말았습니다. 경상도의 자조는 그래서 억울합니다. 경상도도 이런 미친놈의 지역 감정의 피해자이걸랑요. 아니 우리 나라 전체가 그런 소수의 미친놈들에게 당해 온 피해자이걸랑요.

자 이제 당신들에게서 듣고 싶은 말이 있습니다.

무섭게 돌변해 주시길 바랍니다. 가장 무서운 감시자가 되어주시길 바랍니다. 이젠 대중이로부터 벗어나십시오. 대중이가 대통령이 된 순간부터 당신들이 대중이에게 진 빚은 이제 모조리 탕감되었습니다. 이제부턴 당신들이 빚을 지게 되었네요. 당신들은 대한민국에 빚을 지게 된 겁니다.

당신들의 대중이에 대한 빚갚음이 정당해질 수 있냐 없냐는 당신들이 대한민국에 새로 지게 된 빚을 당신들 스스로 어떻게 갚아내는가에 달려 있습니다. 가장 무서운 대중이 비판자가 되어 주십시오.

왜 경상도가 50년간이나 제대로 지지 않았던 채무를 당신들에게만 강요하냐구요? 그건 할 말이 없네요. 그래요, 경상도는 제대로 해내지 못했어요. 그러니까 당신들이라도 해내세요. 경상도와 전라도만으로 선거가 치뤄지는 기분은 이제 더 이상 가지고 싶지 않습니다. 제발 해내주십시오.

그렇게 제대로 5년이 흐르고 나면 이젠 아무도 당신들을 '당신들'이 라고 부르지 않을 겝니다. 우리들이라고 부르겠지요...

그렇게 할 수 있다고 말해 주세요. 그렇게 말할 수 없다면 난 당신들을 이젠 드러내놓고 욕할 겁니다. 아무 거리낌 없이... 마구 욕해댈 겁니다. 속았다고, 씨팔 3류 전라도 깽깽이들한테 속았다고... 마구 떠들어댈 겁니다.

이젠 저두 맘 편하게 가족 중 가장 열나게 대중이를 씹어대는 사람이 될 겁니다. 이젠 맘 편하게 같이 씹어대자구요. 경상도 문둥이와 전 라도 깽깽이가 같이 말입니다.

그렇게 함께 '우리'가 되어 갑시다...

PS - 다른 도 출신 여러분... 며칠만 이런 경상도와 전라도의 마음을 봐 주세요... 이것부터 까부셔야 합니다. 경상도와 전라도의 대결이 끝날 날이 이제 머지 않았습니다. 이제야 우리끼리 통일이 되는 날이 머지 않았습니다. IMF도 이렇게 함께 풀자구요. 그래야 우리 모두가 삽니다.

— 지역감정박살내기 범국민 추진본부

문화·생활-집중토론 8월 31일(월)

[건국50주년] 이제는 넘어야 한다 (2)

건국 50주년이다. 암에푸까지 우릴 덥쳤으니 정말 국가적 차원에서 해결해야 하고 뛰어넘어야 할 문제가 한두 가지가 아니다. 그러나... 어떤 일이 있어도 미뤄서도 안 되고, 그냥 덮어두고 가서도 안 되며 대충대충으로 결코 해결될 수 없는 것이 있다. 바로 지역감정이다.

본지는 [건국50주년]을 맞아 이 '지역감정퇴치'를 본지의 제 2의 사명으로 삼고 앞으로도 지속적으로 노력할 것을 독자 여러분께 엄숙히 선언한다. (제 1사명, 먹고 싸는 문제.. 물론 계속한다. 걱정 마시라...)

과거 이 땅의 정권을 잡았던 자들이 국민들을 이간질시켜 다시 재집권하고, 자신들의 기득권을 계속 유지하려고 만들어낸 악마가 바로 지역감정이다. 그리고 지금은 잠복해 있지만 선거를 치르게 되면 또 다시 이 악마를 부려먹으려 주술을 외우는 정치인넘들이 나올 것이다. 이런 악마들은 아예 씨를 말려야 한다.

그런데 이렇게 정치적으로 조작된 지역감정을 아직도 신주단지처럼 붙들고 있는 사람들이 있다. 아직도 전라도가 씨바... 어쩌고... 경상도가 조또... 어쩌고... 하는 사람들이 있다.

그건 아니다... 이제 그런 말은 제발 하지 말자.
그런 사람들에게 날리는 본지의 메시지, 제2탄이다.

영화관에서 봤던 '쉰들러 리스트'를 얼마 전 다시 비디오로 봤다. 다들 아시겠지만, 호색한에다 돈밖에 모르던 오스카 쉰들러가 어찌어

찌하여 인간에 대한 사랑을, 유태인 박대를 통해 깨닫고 유태인들을 자신의 돈을 부어 구해낸다는 실화를 바탕으로 한 영화다.

보다가 문득 떠오르는 게 있어 몇 자 끄적해본다...

전 이스라엘 총리 Rabin을 암살했던 사람은 유태인이었다. 금방 이해가 가지 않는다. 팔레스타인 게릴라였거나 아랍계 급진주의자였다면 대충 이해가 가겠는데 말이다. 범아랍계와 내외적으로 대치 상태에 있는 그들이 왜 그들의 지도자를 스스로 암살했을까?

왜...

예루살렘에는 유태인 고유의 생활양식과 종교적 전통을 수천 년 전 그대로 유지하며 집단으로 모여 사는 동네가 있다. Mea She'arim이다.

이 동네에 들어서면 가장 먼저 눈에 띄는 것이 경고 간판인데 바깥 동네와 이어지는 모든 골목의 입구에는 엄중한 경고가 붙어 있다.

'이스라엘의 딸들아, 토라(유대교경전)는 복장이 이러해야 한다고 가르치고 있다' 그러고선 이러이러해야 함을 설명해 놓고서는 단정하게 입지 않은 자는 절대로 들어오지도 말라고 으름장을 놓고 있다.

그 간판이 낡았다고, 요즘 같은 세상에 별 소리 다한다고, 어릴 때 학교에서 배우기로나 영화에

(Women inmodest dress are strongly forbidden to enter our neighborhood)

http://ddanji.netsgo.com

서 보기로나 항상 악당은 아랍인들이었지 유태인이 아니었다며 이 간판을 무시하고 이 지역에 들어선 단정치 못한 복장(여성의 경우 팔꿈치와 무릎을 드러내놓거나 남성의 경우 반바지나 찢어진 바지)으로 단정치 못한 행동(남녀가 껴안는다거나 여하간의 '백주대낮 애정행각')을 하는 사람들은 실로 대단한 경험을 하게 된다.

그저 힐끗 힐끗 쳐다보고 '어쩜 저런 옷을 입고 저러고 다니냐' 이런 것이 아니다. 다가와서 욕을 하고 침을 뱉고(와서 침을 뱉는다니까 글쎄...) 혼구녕을 내서 쫓아낸다.

당해보면 알겠지만 그거 장난 아니다. 그냥 옛 전통을 유지한다 이런 수준이 아닌 것이다, 무서우리만치 융통성 없다.

토라의 가르침에 어긋나는 걸 처벌하는 건 총리라고 예외가 되는 건 아니었다. 토라의 가르침과 어긋나게 팔레스타인 인들과 타협하고 여러 주변 중동 국가들과 유화적으로 대화했던 Rabin은, 그래서 바깥에서 보기엔 드디어 중동 평화를 가져다 줄 것 같던 Rabin은 '평화'의 이름 아래 집회를 하던 도중 결국 Mea She'arim의 동족에 의해 '신'의 이름으로 암살되고 말았다.

이들 극단적인 유태 전통주의자들은 그들의 오랜 원수 팔레스타인 난민 지도자인 아라파트에게 '원수'들이 득실득실한 팔레스타인 자치구 Jericho 내에 자신들의 자치구를 만들어 줄 것을 요구한 적도 있다. 예루살렘이 아니라 그 자치구에 들어가 산다고.

도저히 그냥은 이해가 안 간다. 그러나 그들의 정통 유태교 믿음에 의하면 아직도 메시아는 오지 않았기 때문에 이스라엘 역시 메시아가 세운 나라가 아닌 이상 그들이 영원히 살 곳은 아니라는 것이다. 그래서 이스라엘 자체를 부정하는 것이다. 황당하다…

아리아 인의 우수성을 입증하고 사람들의 이성을 마비시켜 전쟁으로 몰고가려는 '나찌' 에게 '마녀사냥' 을 당해 몇 백만 명이 죽어갔던 '대학살' 의 아비규환 속에서도 살아남은 유태인의 후예 Rabin은,

결국 자신들이 그렇게 2,000년을 싸워 세운 나라에서 팔레스타인 '원수' 가 아니라 같은 민족에 의해 그렇게 죽은 것이다…

아우슈비츠의 개스실..

1980년 어느 날 광주에서 나찌 '전두환' 일당에 의해 '학살' 이 있었다. 정권 찬탈을 위해 정치적 목적에 의해 광주라는 지역을 선택해 '마녀사냥' 을 했다.

나는 '전두환' 일당을 같은 동포라고 생각하지 않는다. 나 역시 경상도 출신이지만, 나는 그 일당을 동향이라 생각하지 않는다.

경상도 사람들아, 그들을 같은 동향이라고 생각하지 마라. 그들은 재수없게 경상도라는 땅에서 태어났을 뿐, 그들은 광주의 적이 아니라, 대한민국의 적이다. 우리 역사의 치욕이고, 우리 민족의 배신자다.

'나찌' 가 유태인들을 '마녀사냥' 할 때, '나찌' 보다 더 나빴던 것은

문화·생활-집중토론 8월 31일(월)

아리아 인의 우수성을 입증할 각종 허위 자료를 만들어내며 허구의 유태인상을 만들어 내고, 대학살의 정당성을 뒷받침하기 위해 일반 대중의 눈과 귀를 가리는 역할을 했던 '식자층'이다.

광주에서 '학살'이 있을 때, 우리 일반 대중의 눈과 귀를 막았던 무리들... 그런 '언론'과 침묵했던 '식자층'들... 아니 그냥 침묵 정도가 아니라 지역감정의 정당성을 부여하기 위해 몇 백 년을 거슬러 역사까지 조작하고, 우리들의 눈을 그토록 오랫동안 가리며 동포에 대한 가학적 집단 '마녀사냥'을 자행하고 '전두환' 정권을 오히려 지켜주는 데 열을 올린 자들... 그들은 '전두환' 일당보다 더 비열하고 사악하다.

그런데, '전두환'도, 그랬던 '언론'과 '식자층'도 떵떵거리며 여전히 잘 살고 있다. 정치적 보복은 없다면서... 민족 대화합이라면서...

좋다. 만약 그럴 수밖에 없는 이유가 있다면 좋다. 그게 길게 봐서 멀리 봐서 우리 민족을 위하는 거라면 좋다. 우린 왜 맨날 두리뭉실 비비적 비비적 그냥 넘어가는지 답답하고 화나지만 좋다...

그런데 말이다...

왜... 또다시 광주를 '암살' 하려 드는가... 당신이 별 생각없이 뱉어 내는 지역감정을 조장하는 한 마디는 우리 동포를 암살하는 '총알'이 된다.

시대가 변했음에도 오로지 수천 년 전의 사고방식으로 똘똘 뭉쳐 '평화'를 부르짖던 동포 Rabin을 암살한 극단적인 자들처럼, 광주를 또다시 '암살' 하고 싶은 건가...

아직도 정치인과 더러운 언론이 세뇌시켜 놓은 대로 사고하고 있다는 건가. 그건 허구다. 두 눈 크게 뜨고 봐라. 그건 허구다. 아직도 지역감정을 유대경전처럼 움켜쥐고 믿고 있다면 그건 정말 통탄할 일이다.

이스라엘 민족이 그토록 오랫동안 갈구했던 자신들의 나라에서 결국 자신들의 총리를 암살했던 것처럼, 그토록 오랫동안 갈구했던 참된 민족 화합의 기회가 왔건만 왜 '총구'를 겨누고 같은 동포를 '암살'하려 하는 건가...

오스카 쉰들러의 무덤은 예루살렘 신시가지에 있다. 지금도 그의 무덤에는 꽃이 바쳐지고 있다. 끊임없이 전세계로부터. 얼마 떨어지지 않은 곳엔, 유태인 학살 추모관 Yad va-Shem이 있다.

그곳에 있는 어린이 추모관을 들어가면, 학살로 죽어간 어린이들의 이름과 나이를 하나 하나 끝없이 읊조리는 나레이터의 목소리가 사방을 둘러친 거울에 부딪혀 메아리치는 거울로 된 방이 있다. 그곳에 서면 참으로 슬퍼진다...

어린이들이 신던 신발... 그 작은 신발...

광주에서도 어린이들이 죽었다. 그래도 그들에겐 추모관이 없다. 추모관은 못 지어 줄지언정, '총알'을 날리지 마라.

쉰들러가 되지는 못했을지언정, 또다시 암살자가 되지는 마라...
그건 천벌받을 짓이다...

  － 지역감정박살내기 범국민추진본부

저두가능할까여?
함 해봅시다.

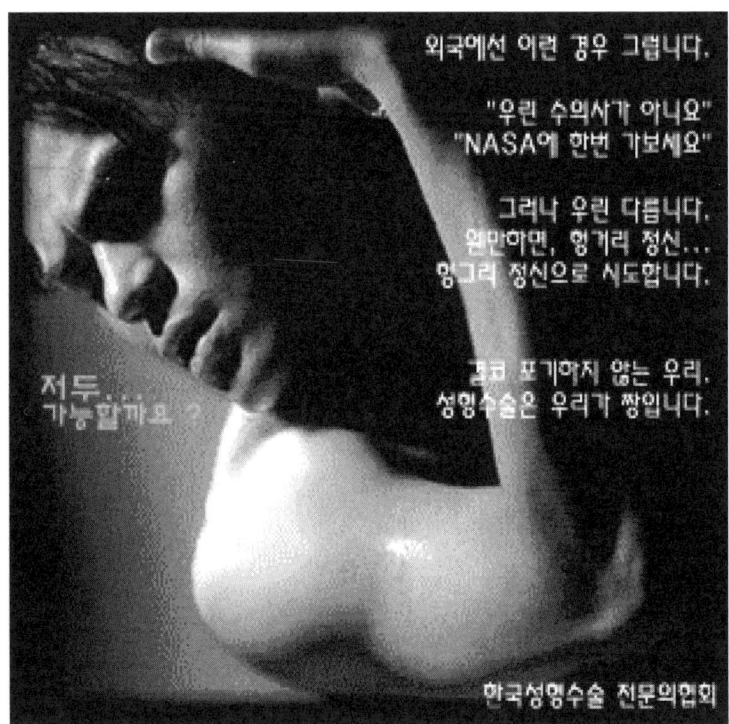

정보통신·과학

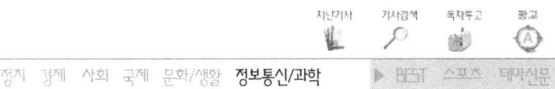

[과학] 마징가 Z에 대한 고찰 (최종판 I · II)

[정보] Window 98 Launch!

Window 98 Launch! (영문판)

이주의 특집

[규탄] 기존 언론은 딴지 음해를 즉각 중지하라!

[호소] 청기와 식당을 살려내라!

http://ddanji.netsgo.com

정보통신 · 과학

과학

마징가 Z에 대한 고찰 (최종판 I · II)

하마터면 미궁에 빠질 뻔했던 마징가에 얽힌 미스테리를, 초중고생도 아닌 이런 노땅 연령층이, 주로 점심시간에 달라붙어서 기필코 풀어내고야 마는 우리 민족의 엽기성에 가슴이 벅차다.

정보

Window 98 Launch!

지난 6월 28일 오후 2~5시 사이에 실리콘 벨리의 DeAnza 대학의 B섹션 주차장에서는 세계 소프트웨어 역사에 한 획을 긋는 장대한 Window 98 Launch식이 있었다. 실리콘 벨리의 리눅스 사용자 그룹(SVLUG, Silicon Valley Linux Users Group)이 주최한 이 행사는...

Window 98 Launch! (영문판)

정보통신 · 과학

이·주·의·특·집

규탄

기존 언론은 딴지 음해를 즉각 중지하라!

발행되자마자 전국 가판대를 초토화시키며 언론계에 혜성같이 출현한 본지의 등장에 놀라 스트레스성 똥꼬긴장으로 괄약근 과도경색이라는 무서운 병마에 시달리고 있는 기존 언론사 편집장이 한두 명이 아니라는 소식이 있다.

발행한 지 한 달 반 만에 25만의 독자를 확보한 경이적인 성장을 보고 있노라면 그럴 수도 있을 것이다.

그런데...

호소

청기와 식당을 살려내라!

본지 기자단은 이 청기와 식당에 담 회식 때 단체로 방문해서, 국민화합 차원에서 거국적으로 열나 먹어주리라 굳게 다짐했었다.

더구나 과거, 배째 요리학당과 미 뿌린스프 꼴리지에서 라면조리학 박사를 땄던 초대 이 주방장이 '4·19 집단 식중독' 사건으로 면직된 후, 육군 취사병 출신들 주방장들이 내리 해먹어서 메뉴가 완전 짬밥 수준이었을 때는 도저히 푸석푸석해서 먹을 것도 없었고...

정보통신・과학

[과학] Mazinger Z에 대한 考察 (최종판 I)

본지의 주 독자층은 20~30대의 졸라 멀쩡하고 정상적인 사회인이다.

하마터면 미궁에 빠질 뻔했던 마징가에 얽힌 미스테리를, 초중고생도 아닌 이런 노땅 연령층이, 주로 점심시간에 달라붙어서 기필코 풀어내고야 마는 우리 민족의 엽기성에 가슴이 벅차다. 앤이나 마눌도 당신이 이 정도로 엽기적이라는 것을 알고 있는가...

이게 다 학교 다닐 때 '탐구생활' 열심히 한 결과가 아닌가 한다. 이런 탐구정신이라면 이제 겨우 2년 4개월 남은 21세기에는 울나라도 드뎌 명랑과학입국으로 우뚝 설 것임을 믿어 의심치 않는다.

자 그럼, 그동안 제기되었던 미스테리와 이에 대한 해답을 차례로 검토해보기로 하자. (원래 제기되었던 미스테리를 자세히 보시고 싶은 분은 1권을 보시면 되겠다.)

미스테리 1.

a. 왜 깊이 지하를 파서 마징가를 숨겨놓느라 국고를 낭비했는가? 어짜피 그렇게 숨겨 놓는다고 적이 모르는가? 그냥 지상에다 놔두고 천 같은 걸로 덮어놓으면 엄청난 돈이 절약될 것을... 그 공사비의 일부를 비자금화한 것이 아닐까 하는 심각

한 문제가 제기된다.

b. 마징가 제트의 주제가를 들어보면 '부쇠팔 무쇠다리' 라는 말이 나온다. 녹이 슬기 쉬워서 수영장의 물이 그렇게 떨어지는데, 방수처리를 안한다면 마징가 제트는 출동하다 녹슬어서 볼장 다 볼 것이다.

위의 미스테리에 대해 독자 여러분께서 파헤친 진실은 아래와 같다. 역시 진실은 밝혀지고 마는가 보다.

　원본에 보면 마징가 Z가 감춰진 곳은 수영장이 아닌 폐기물 보관장이다. 또한 국고 낭비를 걱정할 필요는 없다. 왜냐? 이 연구소는 광자력 연구소이기 때문이다. 원래 기초과학을 연구하는 연구소는 대부분 기업산하 혹은 대학산하에 편재한다. 사실 기업에서 기초과학을 연구하는 연구소에 그다지 많은 비용의 연구비를 대지 않지만 아이템이 있는 연구소는 예외다. 아니면 강박사 유가족협의회나 건물주협의회에서 도움을 받았을 가능성이 크다. 그것도 아니면 마징가에게 졸라 깨진 괴수 잔해를 포철에다 처리하고 그 이익을 챙겼을 가능성을 배재할 수 없다.

- 김진호 (STEFANO@KIST.RE.KR)

　마징가는 재피니움이라는 새로운 광석(우라늄의 원자력을 대체하는 광자력 에너지의 원석)을 응용해 만든 초합금 제트이다. 무쇠팔 무쇠다리라는 말은 왜곡된 것이다. 마징가 주제가의 원안은 "... 철권! 로켓또 판치"이다.

- 이제형 (venus74@netian.com)

　우리 나라 만화 주제가의 90%를 쓰신 마상원 씨는 작곡가 겸, 한

정보통신·과학 8월 31일(월)

국 ##방송사 지휘자였다. 마상원 씨가 물질공학에 대해 무지할 수밖에 없다. 마징가의 원재료에 대한 언급은 여기서 더이상 논의하지 않는 것이 마상원 씨에 대한 예의가 아닌가 한다.

- 신익훈 (ikhoons@hotmail.com)

한편, 마징가 제작에 참여했던 제작진으로부터 독자투고란에 마징가에 얽힌 비리 제보도 들어왔다. 그 용기에 본지는 찬사를 보내는 바이다.

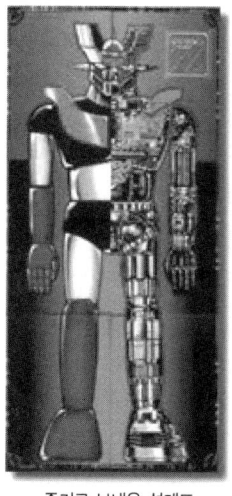
증거로 보내온 설계도

전 김박사에게 설계도를 받아 마징가를 제작한 엔지니어 스코티 박입니다. 제작비는 1979년 마징가 제작 당시 10년 분할로 삼천백만 달러에 낙찰 되었으나 중간하청을 준 결과, 실제 제작비는 천칠백만 달러로 그 중 아직까지 미수금 삼백만 달러가 남아 있습니다.

부실의 대표적인 형태로 그후 그레이트 마징가는 외국감리업체의 도입으로 이천오백만에 제작, 다소 마징가의 부실을 보완할 수 있었습니다.

지금은 1억 불에 울트라 마징가를 제작 중에 있으나 그 부실의 규모는 더욱 증가하고 있어 그 심각성에 경종을 울릴까 해서 이렇게 알립니다.

- 스코티 박

고찰 2.

a. 마징가 제트의 주무기 로켓 주먹. 1t의 주먹을 마하 4로 발사하

는 데 드는 에너지는 정확히 617,160,500 j(주울)이고 이는 60kw짜리 전구 3천만 개를 1시간 동안 켤 수 있는 에너지이다. 왕 심각한 에너지 낭비가 아닐 수 없나...

마징가 Z 연구소는 광자력연구소이다. 자력, 즉 초전도체를 연구한다고 보면 되겠다. 초전도체라는 것은 온도가 거의 절대온도에 접근할 때 물체가 가지는 전기에 대한 저항이 0이 되는 것이다. 이 원리로 우리가 EXPO 때 보았던 자기부상열차가 공중을 떠서 운행이 되는 것이다. 위의 자력 연구 때문에 1t의 마징가 주먹도 그리 많은 에너지가 필요하지 않았을 것이다. 물론 다시 제자리에 돌아와 붙는 시스템은 많은 고찰을 해 봐야 할 것이다만...

— 김진호 (STEFANO@KIST.RE.KR)

고찰 3.

a. 쇠돌이의 성은 무엇인가. 쇠돌은 주어온 자식이거나 아님 박사가 바람을 폈다는 말인데...

b. 쇠돌이는 고자가 틀림없다. 연구소에는 김박사의 딸 애리가 사는데 쇠돌이는 애리에게 눈길 한 번 주지 않는다...

c. 김박사가 수상하다. 마징가가 위험에 처하면 "위험해~! 쇠돌아 정신차려~!" 이런 누구나 할 수 있는 말만 하는가. "마징가 제트의 오른쪽 주먹의 유압분출과 출력을 1억 알피엠으로 조정하고 왼쪽 출력 게이지를 조정하여 적의 오른쪽 뺨의 사마귀를 겨냥하라~!" 이래야... 박사답지 않은가...

정보통신·과학 8월 31일(월)

우선, 김박사의 전혀 박사답지 않은 행동의 이유는, 같이 수학했던 장영호 씨의 독자투고 제보로 그 전모가 밝혀졌다. 우리 사회의 무조건적 학벌지상주의를 규탄한다.

저는 마징가 제트의 설계자로 알려진 김박사와 미국 MIT 대학에서 함께 수학했던 사람입니다. 당시 김박사의 전공은 돌고래 생태연구였는데 MIT를 나왔다는 이유로 마징가 제트의 총책임자로 내정되었습니다.

- 장영호 (young05@samsung.co.kr)

쇠돌이가 애리에게 눈길도 안 주는 상황... 이 부분에는 상당히 의견이 분분했다. 애리가 성전환 수술한 남자라는 주장을 하는 분이 있는가 하면 와떠벌려씨에 아줌마들의 압력에 키스씬과 정사장면이 삭제됐다는 주장 등이 난무하고 있었는데...

최근 본지에 자신이 과거 마징가 연구소 연구위원이었다는 사람의 메일 한 통이 답지하면서 새로운 형태의 문제가 제기되고 있다. 쇠돌이와 애리는 별 이상 없었던 반면, 마징가와 아프로디테 A는 그렇지가 않았다는 것이다.

고민하는 그들...

전투가 없는 날이면 이 둘은 연구소 뒷산으로 종종 모습을 감추었으며, 가끔 아프로디테 젖통 미사일이 분실된 채 돌아오곤 했다는 것이다. 특히 이런 때면 항상 마징가 조디가 부서져 돌아왔다 한다.

또한, 아프로디테가 임신하자 우주평화를 위해

8월 31일(월) 정보통신·과학

가정을 이루는 것을 잠시 미뤄야 한다고 마징가가 말해 둘 사이가 소원해지자 연구소에서 크게 걱정한 적도 있다고 전해진다.

다음, 쇠돌이의 성이 무엇인가... 하는 부분... 이 부분은 철저한 고증이 선행되어야 밝혀지는 부분이었다. 이 고증을 해준 무명 네티즌에게 본지는 고개숙여 감사를 보내는 바이다.

마징가 제트의 배경이 되는 모든 상황은 이렇게 시작된다.

지중해에 있는 바토스 섬이라는 곳에서 고대 그리스 시대에 번성했던 미케네 제국의 유적이 어느 날 발견된다. 놀랍게도 이 미케네 제국은 고대 그리스의 도시국가 중의 하나인 미케네가 아닌, 지하세계에서 번성하던 수수께끼의 기계인간 제국이라는 것이 밝혀진다.

이 기계문명 유적의 조사를 위해서 쇠돌이의 할아버지인 강일원 박사를 비롯한 여러 명의 과학자 조사단이 이 섬으로 파견되는데, 그 일행 가운데는 헬 박사도 포함되어 있었다. 유적 속에서 나온 거대한 거인 병사들이 실은 조종이 가능한 로봇들이라는 것을 알아차린 헬 박사는 그 거인 병사들을 조종하여 조사단 전원을 살해해 버리고, 바토스 섬을 자신의 세계정복 야망을 펴기 위한 전진기지로 만들어 버린다. 그러나, 절대 탈출이 불가능한 이곳에서 기적적으로 한 사람만이 탈출을 하게 되는데 그가 바로 강일원 박사다. 바토스 섬의 모든 비밀을 알아낸 채로.

그것을 알고 있는 헬 박사가 강일원 박사를 살려둘 리가 없다. 10년 동안 추적을 한 끝에 기어이 헬 박사는 부하인 아수라 백작을 시켜 강 박사를 살해하고 만다. 강일원 박사는 그렇게 죽고 말지만, 그

정보통신·과학 8월 31일(월)

10년 사이에 강일원 박사는 전투용 로보트 마징가 제트를 완성해 놓고, 마지막 순간에 손자인 쇠돌이에게 그 모든 사건의 전말을 이야기해 주며 유산으로 마징가 제트를 쇠돌이에게 넘겨준다. 그로부터 92회에 이르기까지 자그마치 100여 기가 넘는 헬 박사의 기계수와 맞서는 마징가 제트의 치열한 싸움이 시작되는 것이다. 즉 쇠돌이의 성은 '강'이다...

- 무명 네티즌...

나머지 고찰은 다음 페이지에서...

- 만화 우습게 안 봐서 명랑사회 앞당기기 운동본부 소속 과학부 기자

[과학] Mazinger Z에 대한 考察 (최종판 II)

고찰 4.

a. 마징가 Z를 보면 검정색 팬티 위쪽에 5각형 무늬의 배꼽이 있는 것을 볼 수 있다. 배꼽에서 아무런 무기도 발사되지 않음을 봐서... 이 부분 역시 논란이 많았다.

마징가는 배꼽이 없고, 배꼽이 있는 건 그레이트 마징가라는 주장이 가장 많이 대두되었다.

본지의 과학위원들이 정밀검토한 결과 배꼽으로 보이는 부위가 있긴 있었으나 그것은 김박사가 마징가를 업그레이드하면서 만들어준, 마징가의 날개 역할을 하던 '제트스크랜더'의 '버클' 부분이었던 것으로 최종 확인되었다.

또한 배꼽 부분에서 아무 무기도 발사되지 않는다고 했으나, 설계도 검토 결과 배 부위에서도 미사일이 발사되는 것으로 확인되었다.

다만 위력이 거의 없어, 실전에서는 거의 사용치 않고, 귀빈들 방문시 화력시험 할 때나 발사하곤 했으며, 본지에 멜을 보냈던 전임연구위원이 밝힌 바에 따르면 아프로디테 A하고 뒷산에서 놀 때도 간혹 발사되는 소리를 들었으나 용도는 분명치 않다고 한다...

고찰 5.

a. 마징가 제트와 싸우는 아수라 백작의 정체는? 그리고 그렇게 맨날 얻어 터지고 깨지면 좀 다른 방법을 강구할 만도 할 텐데... 한 번에 괴수들을 다 보내던지...

b. 마징가 제트의 파트너인 아프로다이 A.(영문판에는 아프로디테 A로 나갔음)이 아프로디테 A의 최대 무기는 젖통미사일이다. 왜? 왜? 하필 젖통 미사일인가 말이다...

우선 아프로디테 A의 무기가 젖통미사일이 될 수밖에 없었던 이유를 단 한 줄로 고찰해 투고한 분이 있다. 우리 민족의 탁월한 엽기성을 여지없이 증명해 보였다. 경의를 표하는 바이다. 왜 이런 분들은 자기이름을 밝히지 않는지 안타까울 뿐이다.

　　그럼 오줌 깔기랴. 홍수 나게...

- 오징어

자 그럼 헬 박사의 참모, 아수라 백작의 정체는 무엇인가 밝혀보자. 이 미스테리 또한 철저한 고증이 뒷받침되어야 간신히 풀 수 있다.

　　헬 박사는 20세기 초반에 태어난 유태계 독일인으로, 일찍 부모를 여의고 고아원을 전전했으며, 흉측한 외모와 함께 유태인을 경멸하던 당시 사회 분위기 때문에 뭇 사람들의 냉대와 멸시를 받으며 성장한 어두운 과거를 가지고 있는 인물이다.

그러나, 머리만은 비상하여 청년 시절에 나치당의 과학부에 초빙되어 히틀러를 도와 2차 세계대전을 일으키는 데에 큰 역할을 한다. 이렇듯 헬 박사는 성장과정에서 마음의 상처를 안고, 그 속에서 싹튼 분노를 인류를 정복함으로써 풀어버리려 했던 것이다.

헬 박사는 아수라 백작과 브로켄 백작이라는 두 사이보그를 참모로 두고 있는데, 아수라 백작은 바토스 섬에서 나온 고대 미케네 제국의 부부 미이라를 헬 박사가 반씩 맞추어서 사이보그로 개조한 것이다.

또한, 브로켄 백작은 2차대전 말기, 연합군에게 베를린이 폭격 당할 때 헬 박사를 폭격에서 구해주면서 대신 죽은 나치 독일군 장교이다. 머리가 날아가 버린 이 청년장교는 떨어져 나간 자신의 머리를 들고 전쟁터를 뛰어다니는데, 헬 박사는 후에 이 청년장교를 사이보그로 개조해서 부하로 삼는다. 헬 박사는 그 외에도 상반신은 사람이고 하반신은 호랑이인 기괴한 모습의 사이보그인 골근 대공과 야누스 후작 등도 부하로 두고 있다.

- 무명 네티즌

마지막으로 헬 박사는 왜 한 번에 한두 개의 괴수만 보내서 깨지는가… 하는 부분. 이 부분에도 많은 의견이 접수되었으나 가장 신빙성이 높은 것은 두 분이 보내주신 다음의 의견이다.

헬박사는 쇠돌이의 아버지와 연적이기 때문이다. 맨날 따돌림을 당하던 헬 박사는 대학교에서 마음잡고 공부를 졸라 열심히 해서 늘 일등이었으나 어느 날 만난 강박사의 여자친구에게 애정을 느끼고 (강박사 껀 줄 모르고) 열심히 공부를 도와 준다. 그런데 그 여자 공부를 도와주느라 공부를 소홀히하고, 다음 시험을 치고 보니 강박사가 일등을 하고 여자는 강박사와 약혼한 사이라고 말하고 싸돌아댕긴다... (이러면 안 미칠 사람 없다...)

하여간 연적이었기에 정정당당하게 붙어서 이기고 싶었던 것이다...

- 도돌이표 & Gagamel

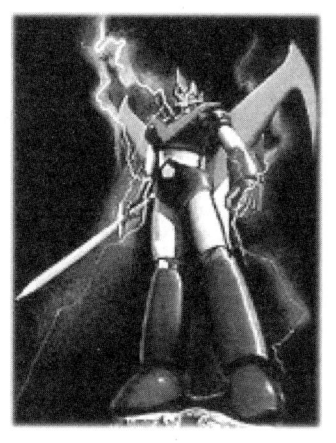

일부 독자는 그레이트 마징가와 그렌다이저로 이어지는 수준높은 고찰을 계속해 주셨으나 이번 호에서는 마징가의 무기를 집대성하면서 마징가 고찰을 마칠까 한다.

겨우 만화에 무슨 고찰씩이나 하는 분이 있다면 정중히 묻고 싶다.

일본이 애니메이션 관련산업으로 세계에서 벌어들이는 돈이 조또... 우리가 자동차 수출해서 벌어들이는 돈을 훨씬 능가한다는 것을 아시는가 하고.

그리고 마징가가 일본만화라고 성토만 하시는 분 역시 수퍼맨이 미국만화임에도 조용히 있는 이율 먼저 밝히시라. 왜 마징가가 전 세계적으로 엄청난 히트를 했는지... 그 이유를 밝혀보는 게 훨씬 건설적인 일이 될 것이다. 본 기자는 이베리아의 구석진 시골에서 마징가를 본 적이 있다. 충격이었다. 제 5원소에서 여자가 떨어지는 장면... 그 장면이 일본 애니메이션 '공각기동대'의 첫 장면을 모방한 것이란 다...

만화는 이미 엄연한 문화의 한 장르다. 만화를 제대로 대접해야 한다.

더구나 울나라는 이미 세계에서 가장 많은 물량을 소화해내는 만화제작 하청국이다. 또한 북한은 우리 수준을 넘어서는 애니메이션 제작기술을 가지고 있다고 한다. 우리 민족은 적어도 이 분야에서 타고난 재능을 가진 것이다. 금강산에 배만 보낼 것이 아니라 북한과 합작으로 초대형 걸작만화를 만들어 전 세계를 대상으로 판다면 얼마나 좋을까 생각해 본다.

만화를 우습게 보는 사람들의 인식이 바뀌고, 제대로 된 투자가 이루어진다면 우리는 일본을 능가할 수 있는 저력을 가진 몇 안 되는 나라다.

앞으로 우리 고유의 로보트인 태권브이에 대한 집중연구를 해주실 분이나, 각종 만화평론을 딴지에 연재하실 분이 계신지 본지는 궁금하다. 관심있는 분은 본지에 멜 때려주시기 바란다. 이상.

- 만화 우습게 안 봐서 명랑사회 앞당기기 운동본부 소속 과학부 기자

정보통신 · 과학 8월 31일(월)

[정보] Window 98 Lanuch!

지난 6월 28일 오후 2시~5시 사이에 실리콘 벨리의 DeAnza 대학의 B섹션 주차장에서는 세계 소프트웨어 역사에 한 획을 긋는 장대한 Window 98 Launch식이 있었다.

실리콘 벨리의 리눅스 사용자 그룹(SVLUG, Silicon Valley Linux Users Group)이 주최한 이 행사는 두 개의 Window 98 베타 CD를 둘로 쪼개서 4개의 날개로 만든 로케트를 경건한 마음으로 허공에 냅다 발사하는 Launch식이었다.

과연 Window처럼 이 로케트들이 조또 지맘대로 실행을 멈추고 중간에 자빠져 땅으로 곤두박질할 것인가 아님, 연료가 다할 때까지 날아갈 것인가가 초미의 관심사였다.

인디펜던스 데이 영화에서 주인공이 지구를 공격하는 우주선에 날아가 가까스로 인스톨해서 우주선의 컴퓨터 시스템을 완전히 다운시키고, 지구를 구하는 혁혁한 공을 세운 프로그램이 바로 Window 95였던 것을 상기한다면 이 실험이 갖는 세계사적 의미를 조금은 이해하게 될 것이다.

먼저 SVLUG에서 공식적으로 발표한 로케트 건조 일정과 그 내용을 살펴보자.

CD를 둘로 쪼개 4개의 날개 제작	6/21
엔진 제작	6/22
본체에 엔진을 접착제로 붙임	6/22
4개의 날개를 본체에 접착제로 붙임	6/22
발사대를 끼움	6/24
낙하산을 장착함	6/24
엔진에 테입을 바른 후 본체를 색칠함	6/24

제작 일정을 보셨는가? 가증스럽다...

이 날의 Launch 결과는 성공적이었는데, 하나를 제외하고는 전부 발사되었고 착륙시 낙하산도 제대로 펴졌다고 한다.

다만 착지시 지면과 충돌해 날개 부분의 이가 빠진 것이 몇 개 있었으나 심각한 수준은 아니었던 것으로 전해진다.

아... 엽기적인 넘들...

놀라운 과학정신이고 탐구정신이다. 미국넘들도 방학 때 '탐구생활'을 숙제로 하는 것일까. 본지는 이 리눅스 사용자그룹(SVLUG)을 본지가 제정하고 본지가 수상하며 본지만 알고 있는 '올해의 엽기과학자상' 후보에 올리는 바이다.

정보통신·과학 8월 31일(월)

인류의 탐구정신이 어디까지 갈 수 있는지 웅변하는 실례라 하겠다. 바로 이런 정신이 인류를 살찌운다. 이상.

- 딴지과학부 기자

[정보] Window 98 Launch! (영문판)

If you've already had enough of Windows 98--even though the actual product launch won't occur until this Thursday--a number of Microsoft adversaries share your pain.

And in response, some of the more creative ones are readying their own Win98 alterlaunch events.

The Silicon Valley Linux Users Group (SVLUG) is organizing a "Launch Windows 98" event, whereby interested Linux advocates can participate in firing multiple times a rocket with four fins created from two Windows 98 beta CDs cut in half. The Launch is slated for June 28 at the BayNAR rocket club's launch at DeAnza College.

"Will the rocket crash like Windoze?" asks rhetorically the author of the SVLUG Launch page, Ian Kluft, SVLUG Rocket Scientist. "Not on purpose. We're going to follow the safety rules, including a parachute recovery. If it does crash, just like with Windoze, it will be unintentional. (Hopefully it won't be that unreliable!)"

Meanwhile, in a much more down-to-earth alterlaunch, O'Reilly & Associates is releasing a new book entitled "Windows 95 in a Nutshell" on June 25, the day of the Windows 98 launch.

The new book will be coauthored by O'Reilly & Associates founder and president Tim O'Reilly. The publishing firm "figured that millions of people will still be using Windows 95 for several years to come," according to a press statement. "And rather than rushing out a book on Windows 98 based on the beta releases, we figured we'd take some time to use the final version, figure out where the bugs are, and release a really useful Windows 98 book in September, just about when the bookstores are returning all the unsold and now out of date books that were rushed out to meet the initial software release."

When asked about the timing of the new book, O'Reilly relied on a Mark Twain quote: "Always do right. You will gratify some people and astonish the rest.

[규탄] 기존 언론은 딴지음해를 즉각 중지하라!

발행되자마자 전국 가판대를 초토화시키며 언론계에 혜성같이 출현한 본지의 등장에 놀라 스트레스성 똥꼬긴장으로 괄약근 과도경색이라는 무서운 병마에 시달리고 있는 기존 언론사 편집장이 한두 명이 아니라는 소식이 있다. 발행한 지 한 달 반 만에 25만의 독자를 확보한 경이적인 성장을 보고 있노라면 그럴 수도 있을 것이다.

그런데...

본지으 눈부신 활약에 위기감을 느낀 기존 언론의 사주들이 본지타도를 위해 언론 카르텔을 형성, 지난 일욜 비공개로 '딴지타도 언론인 궐기대회'를 남산 체육관에서 비밀리 개최하였다.

이 대회에서 언론사주들은 선량한 언론인들을 선동, 협박하고 앞으로 딴지 관련보도에 깊숙이 개입, 본지를 음해하고자 하는 조직적이고 치밀한 '딴지타도 행동강령 및 비밀 결의안'을 채택했다고 한다.

일부 양심적인 언론인들이 본지에 제보해 온 행동강령과 비밀결의안을 분석한 결과, 워낙 폭발적인 인기를 구가하고 있는 본지이기에 겉으로 드러내놓고 본지를 비난할 수 없자, 모든 언론이 담합하여 기사내용을 한 방향으로 몰고감으로써 여론을 조작하자는 내용을 담고 있는, 한마디로 말해 '딴지일보 관련기사 작성 가이드라인'을 기술한 '보도지침'

정보통신·과학-이주의 특집 8월 17일(월)

에 다름 아니었다.

본지의 등장을 보도한 각종 신문의 기사 내용을 살펴보면 한결같이 본지를 '웃기는 전자신문, 배꼽조심, 포복절도, 기상천외, 황당무계...' 등으로 표현하고 있다.

이런 획일적인 표현들은 본지가 국내 최고권위의 精論紙임에도 불구하고, 그저 웃기는 짬뽕 수준의 날라리 유머신문으로 격하시켜, 본지와의 직접 경쟁을 피해보고자 하는 기존 언론사주들의 사전 담합음모를 가장 명백히 보여주는 증거라 하겠다.

특히 〈한겨레 21〉은 본지를 표현하는 데 있어 '똥색언론' 이라는 극단적인 표현을 서슴지 않아 앞으로 본지와의 정면대결이 임박한 상황이다.

이 경우 단순히 언론사주의 의도가 아니라, 〈한겨레 21〉의 일부 엽기적인 기자들이 본지의 통침정신과 자신이 추구하고자 하는 기자정신이 일치하자, 자신의 영역을 침범하는 데 위기감을 느껴 나온 일탈행위로 보인다...

기존 언론들은 본지 탄압과 음해를 즉각 중지하라 !!

본지의 홀연한 출현을 보도한 신문들...

7월초	연합통신	'패러디 사이트 딴지일보 인기...'
7/21	일간스포츠	'패러디 사이트선 배꼽 조심'
7/27	영남일보	'웃기는 전자신문 〈딴지일보〉 인기...'

8월 17일 (월) **정보통신·과학**-이주의 특집

7/28	국민일보	'한 청년 장난삼아 만든 전자신문이 인기...'
8/1	한국경제	'패러디 사이트 딴지 '인기', 풍자와 해학...'
8/1	월간인터넷	'패러디 사이트 인기'
8/5	중앙일보	본지 총수 인터뷰
8/5	국민일보	본지 총수 또 인터뷰
8/11	일요신문	인터넷 '패러디 사이트 딴지일보' 인기폭발
8/13	문화일보	'패러디 사이트 딴지, 접속 폭발'
220호	한겨레21	'황색언론? 이건 똥색언론이야'
예정		캠퍼스라이프, Newworld, HowPC...

한편, 인쇄매체쪽에서의 이러한 흐름과는 다르게 공중파쪽에서는 본지의 노하우를 배워가는 쪽으로 가닥을 잡은 것으로 보인다. 매우 긍정적인 방향이라 하겠다.

지난 주, MBC 〈화제집중 생방송 6시〉의 취재팀은 본지의 화려한 선진보도기법과 첨단제작기술을 배워 명랑사회 구현을 앞당기기 위해 인터뷰를 요청했다.

이에 본지 총수는 고심 끝에 집무실과 제작국의 촬영을 허락, 전격적으로 인터뷰가 이뤄졌다.

총수 집무실에서 강PD...

본지 고유의 제작기법을 공개하는 것은 국내 유일의 본지 경쟁매체인 썬데이서울에 알려지면 클나는 극비사항이지만, 울나라 언론의 발전과 명랑사회 구현을 위해 본지가 대국적 견지에서 용단을 내렸기에 가능한 일이었다.

정보통신·과학-이주의 특집 8월 17일(월)

힘들게 구한 걸프전 당시 강PD 사진.
비상식량과 함께 포즈를 취했다. 고생으로 상당히
말라서 입 옆 점으로 간신히 구분했다...

이에, MBC는 취재의 중요성을 인식해 국내 유일의 걸프전 종군기자 경험 등 화려한 경력을 가지고 있는 국내 최고의 베테랑 PD인 강지웅 PD를 급파하여 본지 총수와의 인터뷰에 임했다.

그러나, 그토록 베테랑인 강 PD조차 본지총수와 3시간에 걸친 인터뷰를 진행하는 과정에서 본지의 엄청난 제작시스템과 진보된 보도기법에 충격을 받은 듯 앞 사진에서와 같이 내내 허허실실 웃다가 볼짱 다 봤다...

주요 촬영장면으로는 본지총수의 설거지장면, 기르는 똥개 앞발 들고 알랑방구끼는 장면, 총수 졸릴 때 자빠져 자는 장면 등이다. 이런거 찍어가서 안 짤릴까 몰겠다.

우쨌든 간에... 초절정 精論紙인 본지를 포복절도 황당무계 똥색언론으로 격하시켜 정면대결을 회피하여 살아남으려 하는 기존언론들은 즉각 딴지일보 음해를 중단하라!!!

딴지를 사랑해주시는 독자제위께서는 독자투고란에 기존 언론의 이러한 만행에 항의하는 서명을 해주심 힘이 되겠슴다. 꾸벅.

                                             - 딴지대변인

[호소] 청기와 식당을 살려내라!

지난 8월 9일, 본지에 한 통의 초대장이 날아왔다.

- 초 대 장 -

안녕하십니까. 청기와 사장입니다.

다름이 아니오라 이번에 저희 청기와를 새로 단장해서 오픈을 하게 됐음을 알리고자 이렇게 초대를 합니다.

저희 청기와는 서울 종로구 세종로 2번지에 자리를 잡고 있습니다. 고려시대 양조장 가운데 하나였다가, 조선 색종 18년 기생집 명월관이 창건됨에 따라 기생전용식당으로 용도 변경된 후 연무장, 융무당, 경농재, 과거장이 만들어졌고 장안 오렌지들의 친견장소로 널리 쓰였습니다.

그 이후, 1927년에는 일제총독이 오운각 외의 모든 건물을 헐고 우동집을 지었으며, 1945년 해방과 더불어 군정장관을 위한 돈까쓰집이 되었다가, 1948년 정부수립 후 전통한식집 경무관으로 명칭을 변경했었으며, 1960년 4.19 메뉴개편 후 윤보쌈 주방장에 의해 오늘날의 청기와로 개칭한 기나긴 전통을 자랑합니다.

이곳에는 약 7만 6천 평의 부지에 조리실, 짱박혀서 자는 창고, 보일러실, 화장실 등이 있으며 그 외에 야외바베큐장, 춘추관, 영빈관 등을 완비하고 있어 단체손님도 언제나 접대 가능합니다.

한번 들르셔서 전통의 향취에 흠뻑 젖어보세요.

- 청기와 사장

정보통신·과학-이주의 특집 8월 31일(월)

이 초대장을 받고 본지 기자단은 담 회식 때 단체로 방문해서, 국민 화합 차원에서 거국적으로 열나 먹어주리라 굳게 다짐했었다.

더구나 과거, 배째 요리학당과 미 뿌린스프 꼴리지에서 라면조리학 박사를 땄던 초대 이 주방장이 '4·19 집단 식중독' 사건으로 면직된 후, 육군 취사병 출신들 주방장들이 내리 해먹어서 메뉴가 완전 짬밥 수준이었을 때는 도저히 푸석푸석해서 먹을 것도 없었고, 가장 최근만 해도 칼국수밖에 몬 만들었던 빵삼이 주방장 때문에 영 땡기지 않는 곳이었다가, 드뎌 확 뜯어고쳐 완전개조공사를 마치고 궁민의 식당으로 다시 개업했다니 기대가 되지 않을 수 없었다.

그런데... 이 청기와 식당이 갑자기 폐업을 하게 되었단 충격적인 비보가 날아들었다.

아무리 암에푸라지만 개업한 지 한 달도 안 된 식당이 폐업이라니... 졸라 식당으로 달려가 청기와 식당 사장을 만나 보지 않을 수 없었다.

청기와 사장이 직접 털어놓은 사연은 이랬다.

어느 날 갑자기 정보보호센터에서 전화가 와서 "총와대 쪽에서는 패러디를 잘 이해하지 못하니 표현을 완곡하게 해달라..."고 요청했다고 한다. 이 사건으로 주간좃선 모기자가 인터뷰를 요청하기도 했단다. 이 인터뷰는 과거 주간좃선이 터트려 일파만파가 되었던 '김홍신 구케으원'의 미싱+조디 발언 케이스처럼 갑자기 부풀어서 괜한 해가 될까 봐 거절했다고 한다.

청기와 사장 자신도 주간좃선에 기사가 난 후 알게 된 사실이지만, 사실 그 전화는 총와대의 공보실에서 대검찬 애들에게 청기와 식당 주인에 대한 내사를 의뢰해서 이뤄진 것이었다고 한다. 총와대 주인 장 모독혐의가 없는지...

주간좃선에 따르면 이 사이트를 내사한 대검찬 애들의 결론은 "전혀 범죄혐의가 없다"이며 대검찬 애들 중 한 관계자는 "패러디 사이트를 어떻게 처벌하겠느냐"면서 "총와대에도 이 같은 결론을 공문으로 전달했다"고 말했다고 한다.

사태가 이런 식으로 흘러가자, 청기와 식당 사장은 기분도 나쁘고 무엇보다 힘도 없꼬 빽도 없는 일개 평범한 식당주인이 이런 일련의 사건들 속에 당연히 긴장하지 않을 수 없게 되었다는 것이다. 해서 눈물을 머금고 식당 폐쇄를 선언한 것이었다.

그리고는 다음과 같은 말로 끝을 맺었다.

"겉으로는 정보대국이 되자, 인터넷을 배우자 그럴 듯한 소리를 하지만 결국 말짱 헛소리였습니다. 사실, 총와대 공보실에서 직접 인터넷을 뒤지고 총와대를 알리고 하는 작업을 하고 있을 정도로 정보화 마인드가 있었더라면 이런 식의 웃기는 반응은 없었을 것입니다. 공보실의 정보화 마인드가 이 정도라니...

대통령이 곧 국가는 아니지 않습니까. 대통령을 풍자한 게 이렇게 대검찬 애들이 나서 수사를 할 만큼 죄로 인식을 하는 대한민국이, 과

정보통신·과학-이주의 특집 8월 31일(월)

거 북한에 파견되었던 KEDO 직원이 김정일 사진이 게재된 신문을 찢었다고 호들갑을 떨었던 북한과 과연 다른 점이 뭘까 궁금합니다. 씨바... 입니다."

그렇다. 씨바이다.

50년 만에 처음으로 정권교체해서 제2의 건국을 목놓아 부르짖고, 죽어가는 벤처들을 살리겠다는 정부의 공보실 마인드가 겨우 이 정도인가. 총와대를 청기와 식당이라고 부르고 대통령 아자씨를 주방장이라고 불렀다고, 졸라 무섭게 대검찬 애들까지 동원하는가.

물론 인터넷에서 대통령 패러디한다고 정보화사회 앞당겨지는 건 아니다. 그러나 적어도 인터넷 문화에 대한 최소한 이해라도 있었다면 결코 그러지는 않았을 것이다. 더구나, 대통령 주방장 만들었다며 대검찬 애들 출동시킨다고 대통령 위신이 보호되고 권위가 바로 서는 것은 더더욱 아닌 걸 모르는가 말이다.

총와대 상표도용이라고 고발하믄 또 모르겠다. 무슨 반국가 사범도 아니고 웬 중수부가 등장하고 난린가. 국민의 정부라며. 국민이 이 정도 소리도 못하는가. 내가 뽑은 대통령이다. 대통령 아자씨는 국민의 심부름꾼이라며. 주방장 좀 시키면 안 되나.

지금이 무슨 뻑하면 "친애하는 궁민 여러분..." 하고 연설 시작해서 지 혼자 졸라 무게잡고 대국민 성명발표하는 정치 군바리들이 나라의 짱 하는 80년대인가.

미국처럼 백악관이 뽀르노 사이트로 변하고, 대통령 꼴렸던을 벗기고 매달고 뒤집어 자지를 쥐고 흔들어 대는, 그런 패러디 사이트가 용인되는 수준을 바라는 것도 아니다.

국민들이 눈치 안 보고 자신의 생각을 표현하고 말할 수 있는 자유의 정도가 거기까지 되길 바라지도 않는단 말이다. 당분간은 택도 없을 테니까.

그저, 대통령 아자씨 머리에 주방장 모자 씌웠다고 대검찬 애들이나 풀지 않는 나라. 그 정도면 된다.

그게 그렇게 어렵나... 씨바.

– 딴지 과학부 기자

일찍 일찍 잡아줘야 함다

일찍 일찍 잡아줘야 함다
일찍 일찍 잡아줘야 함다

스포츠 · 연예

[주장] 그래, 차범근을 사형시켜라!

[주장] 그들은 무죄다!

[관전기] 월드컵 벨기에전...

[레저] Orgasm in the Air

연예

심으나 나도 벗을래!

송창식을 돌려다오!

누가 북한 영화를 두려워하랴

http://ddanji.netsgo.com

주 장
그래, 차범근을 사형시켜라!

우리 나라 축구 역사상 최고의 스타이자, 박찬호와 박세리 이전에 우리 나라가 조또 어디 처박혀 있는지 세계가 관심도 없던 시절 세계 최정상 스포츠 무대에서 그 실력을 인정받은 최초의 한국인...
바로 차범근이다. 그런데...

주 장
그들은 무죄다!

다들 기억하시겠지만, 암에푸 직후 TV 틀기가 무서웠다. 도대체 TV를 틀었다 하면, 국민들이 나라 망쳤다고 얼마나 뭐라고 하는지 죄책감 들어 볼 수가 있어야지. 수천만 원짜리 이태리 가구를 보여주면서 이런 거 때문에 그랬다...

또 다른 수천만 원짜리 모피 코트 보여주면서 이런 거 사서 그랬다... 단체로 쇼핑관광에 열 올리는 사람들 보여주면서 이래서 그랬다...

관전기
월드컵 벨기에전...

드디어 심판의 휘슬과 함께 경기가 시작했다. 시작하자마자 벨기에의 공세. 닐리스의 슈팅에 이은 한 차례 김병지의 선방. 얼마 후 다시채 전열이 정비되기도 전에 벨기에의 코너킥.

순간 이는 불안감. 아니나 다를까. 오른쪽에서 올라오는 공이 벨기에 선수의 머리를 맞고 그대로 우리쪽 골대로 빨려온다...

스포츠 · 연예

▶ 정치 경제 사회 국제 문화/생활 정보통신/과학   ▶ BEST 스포츠 테마신문

레저

Orgasm in the Air

경제상황이며 날씨며 모든 것이 스트레스를 주는 요즘, 그런 스트레스를 한방에 날릴 수 있는 레포츠, 번지점프를 독자 여러분께 소개한다.

하고 많은 레포츠 중 왜 하필 번지냐... 딴지의 철학과 부합되기 때문이다. 울퉁불퉁한 도로를 달리는 차 속에서 갑자기 차가 튕겨 올라갔다가 내려올 때 순간적으로 똥꼬를 타고 내려가 땅 밑으로 꺼지는 듯한 서늘함... 그 서늘함의 고농축 결정판이 바로 번지의 느낌이다. 이런 똥꼬쪽에 밀려드는 쾌감... 바로 딴지가 추구하는 스포츠 정신이다.

연·예

심으나 나도 벗을래!

송창식을 돌려다오!

누가 북한 영화를 두려워하랴

[주장] 그래, 차범근을 사형시켜라!

우리 나라 축구 역사상 최고의 스타이자, 박찬호와 박세리 이전에 우리 나라가 조또 어디 처박혀 있는지 세계가 관심도 없던 시절 세계 최정상 스포츠 무대에서 그 실력을 인정받은 최초의 한국인...

바로 차범근이다.

그는 1979년부터 1989년까지 당시 세계 최고의 축구리그였던 독일 분데스리가에서 308게임의 외국인 최다 출전기록과 98골의 외국인 최다 득점 기록을 세웠고, 그 기록들은 10년이 지난 지금도 여전히 깨지지 않고 있다. 지금은 세계 최고 스타들이 모두 세리에 A 무대에서 뛰고 있지만 당시만 해도 최고의 리그는 분데스리가였다.

그의 독일 무대 첫골은 세 번째 경기만에 나왔고 그 골은 독일 키커지가 선정하는 골든볼로 선정되어 그 주간 내내 독일 TV를 장식했다. 데뷔 첫해에 세계 최고의 선수들 틈에서 바로 득점 7위에 올라 스타덤에 오르기 시작, 분데스리가 MVP에 선정되기도 했고 1988년에는 UEFA컵 결승 2차전서 극적인 세 번째 골을 성공시켜 팀에 첫 우승의 영광을 안겼다.

이를 기념, 명문 '레버쿠젠' 클럽은 당시 차범근의 사진을 영구보존하고 있다. 그는 소속팀을 두 번이나 UEFA 정상에 올려놓았으며 그를 계기로 그는 독일뿐 아니라 전 유럽에 유명한 선수가 되었다...

느낌이 잘 안 오신다..?

박찬호가 데뷔 첫해부터 풀타임 메이저리거로 뛰어 데뷔하자마자 메이저리그를 통털어 투수부문 7위의 성적을 거두고, 그 다음 해 동양인 최초의 사이영상을 수상하고, 얼마 후 동양인 최초의 메이저리그 MVP를 먹고, 다저스를 월드시리즈 결승에 두 번이나 진출시키고 그 때마다 마지막 7차전에서 완벽한 투구로 승리투수가 되는 장면을 상상해 보시라.

그리고는 그가 마운드에 등장하면 관중들이 전부 찬호를 연호하며 박수를 치고, 야구 명예의 전당에 헌액되어 유니폼이 영구전시되고 도대체 박찬호를 모르는 미국시민이란 없는 그런 상황...

차범근이 한 게 바로 그런 것이었다.

레베쿠젠 클럽에서 발간한 책에 그는 이렇게 소개되어 있다.
"그는 뛰어난 운동선수다. 그리고 그는 팀의 어느 곳에나 세울 수 있는 탁월한 재능을 가진 유일한 선수다..."
독일감독이 한 이야기다.

당시 분데스리가에는 차범근 말고 또 한 명의 동양인이 차범근보다 1년 앞서 진출해 있었는데, 일본의 오쿠데라였다.

당연히 이들은 라이벌이었다. 박찬호와 노모처럼... 차범근은 오쿠데라가 소속된 쾰론과의 경기에서는 언제나 펄펄 날았다. 반면 오쿠데

스포츠·연예 8월 17일(월)

라는 차범근이 독일에 진출한 이후 비실비실 힘을 잃고 주전 자리를 잃었다.

독일이 자랑하는 세계적인 축구선수 마테우스... 그는 차범근 전담맨 이었다. 허구헌날 차범근을 놓쳐 눈물을 삼키고 좌절하다 절치부심 노력해 오늘의 그 자리에 오른 선수다.

독일로 떠나기 전에는 어떠했는가... 1970년대 초등학생들 사이에 유행했던 노래 중에 이런 게 있었다. '떴다 떴다 비행기' 장단에 맞춘 '떴다 떴다 차범근...'

국제대회가 끝나고 나면 어른들 사이에는 '차범근을 인간문화재로!' 하는 구호가 유행했다.

그가 남긴 전설적인 게임기록... 1977년 대통령배 국제축구에서 말레이시아와의 개막전 대결... 당시는 우리는 경기 종료 7분 전까지 4:1로 지고 있었다. 그런데 차범근이 날기 시작, 마지막 5분 동안 혼자서 세 골을 넣어 4:4로 만드는 우리 축구사에 길이 남을 기적을 연출하였다. 당시 차범근은 범아시아적인 스타로 동남아에 가면 지금도 중년의 택시기사들이 차범근 잘 있냐고 물어올 정도란다.

그가 한국에서 독일로 떠나기 전 동대문운동장에서는 〈차범근 서독 진출 환송경기〉가 열렸다. 차범근을 한 번이라도 더 보러 3만 관중이 운집했다. 지금은 프로축구 스타들이 총출동하는 올스타전이 열려도 이만큼 안 모인다...

월간좃선과의 인터뷰에서 차감독이 국내 프로축구에 승부조작이 있

8월 17일 (월) **스포츠 · 연예**

다는 말을 했다. 그것이 스포츠 정신을 강조하는 과정에서 흘러나온 말이든, 기자와의 사담 과정에서 툭 던진 말이든 하여간 안 그래도 요즘 광고도 줄고 형편 어려운 좃선... 한껀 올렸다며 대서특필했다. 차범근 죽이기의 선두에 좃선이 나섰다.

하긴 좃선뿐 아니었다. 차범근이 월드컵에서의 부진을 자신의 잘못이 아니라 선수들이 전술을 제대로 수행하지 못했고, 실력차가 너무 컸으며, 정몽준의 축구외교의 실패 내지는 국제축구계에서의 파워게임에서 밀려 불이익을 당했기 때문이라고 했다면서 '반성할 줄 모르는 차범근'이라고 맹비난을 퍼붓던 언론들은, 차범근의 승부조작 발언으로 다시 먹다 남긴 먹이를 발견한 하이에나처럼 차범근을 물어뜯었다.

대한축구협회와 한국프로축구연맹도 난리가 났다. 16강행을 망쳐놓더니 이제 축구관계자 모두를 모독한다고 펄펄 뛴 것이다. 뻔뻔하다느니 다시는 국내 축구계에 발을 들여놓지 못하게 해야 한다느니... 한마디로 언론과 축협은 차범근을 축구계에서 사형시키고 있었다.

자 그럼 아래의 기사를 보시라. 96년 10월 21일자 스포츠 서울 기사다.

뉴 스 명 : 스포츠서울
등 록 일 : 96/10/21
등록시간 : 15:02:26
기 사 명 : 차범근 그라운드 산책 중... 일부러 져주기 이젠 옛일로
 돌리자.

내가 현대호랑이 축구단 감독을 맡고 있을 때의 일이었다. 동대

스포츠·연예 8월 17일(월)

문운동장에서 경기를 마치고 나오는데 상대팀 감독이 나한테 "고맙다!"면서 손을 내밀고 악수를 청하는 것이었다. 경기에 지고나서 기분이 썩 좋지 않았던데다가 그게 무슨 얘기인지를 알아들을 수 없었던 나로서는 어리둥절할 수밖에 없었는데 나중에 선수들을 채근했더니 이 녀석들이 나 몰래 상대팀과 기가 막힌 약속을 하고 경기장에 나갔던 것이었다.

그런데 더 어처구니가 없는 것은 선수들이 "다음 경기에서는 우리에게 져주기로 했다"면서 자랑스럽게 얘기를 하는 것이었다. 당시에도 정규리그와 아디다스컵 대회가 있었는데 어차피 가망이 없는 리그에서는 져주고 대신 다른 대회에서 상대의 도움을 받는 것은 너무나 당연하고도 좋은 기회라는 것이었다.

호되게 야단을 치자 그제서야 선수들은 자신들의 행동이 잘못되었다는 것을 겨우 깨닫는 듯했는데 "범죄에 해당하는 이런 사고를 아무런 문제의식없이 갖고 있다는 것은 적어도 스포츠맨으로서의 자격을 스스로 포기하고 야바위꾼을 자처하는 것이나 다름없다"고 열변(?)을 토했던 것 같다.

그리고 또 한두 해가 지났을 때 아디다스컵 결승전을 앞두고 상대팀 감독이 전화를 걸어왔다. "오늘 경기는 우리가 지면 안 되니 도와달라"는 것이었다. "어떻게 도와 달라는 거냐?"고 묻는 내가 답답하기도 했겠지만 적어도 나를 잘 알고 있는 그 감독이 내게 전화를 할 수 있다는 것에 심한 모욕감을 느꼈었다.

"열심히 하기나 해라"고 말한 뒤 전화를 끊었지만 정작 문제는 그때부터 나를 어렵게 했다. 그 경기는 그동안 뛰지 못했던 선수

8월 17일(월) **스포츠·연예**

들을 테스트해보고 또 군대에서 돌아와 아직 월급도 받지 못하고 있는 이평재를 명단(GK)에 넣어 테스트도 할 겸 출전수당도 조금은 받게 해줘야 하겠다고 했던 계획이 마치 부탁받고 일부러 그렇게 해주는 것 같은 오해를 받게 된 때문이었다.

다행히 우승하겠다고 덤비는 그 팀을 우리팀의 후보선수들이 2대 2로 끝내줬고 그 바람에 당연히 우승할 것으로 믿고 잔뜩 준비를 해온 그 팀은 그 자리에서 우승축하를 못하고 상대팀의 경기결과를 기다려야만 했다.

지금 후기리그 우승을 위한 싸움이 엄청나게 치열하다. 바로 이 때, 어느 팀이든지 운동장에서 최선을 다할 생각은 않고 쉽게 점수를 얻어보려고 생각한다면 그건 틀림없이 불행한 일이다.

비록 어제까지는 그렇게 했더라도 오늘부터는 참아야 한다. 정당한 승부를 해보겠다는 감독들의 자존심, 이것은 우승보다 훨씬 더 멋진 것이기 때문이다. 지금 같은 때에 심판들의 권위있는 판정과 감독들의 멋진 페어플레이 정신, 그리고 선수들의 투지를 기대한다.

뭐가 있을 수 없는 일이고, 새삼스런 충격적 발언이고 축구인을 모독하는 배신이며, 지금에사 그런 소릴 한다는 건가. 그는 이미 2년 전에 똑같은 소리를 했다.

오히려 월간좃선과의 인터뷰 때처럼 지나가는 사담 정도로 한 게 아니라, 구체적이고 또박또박 사례를 들어가며 국내 스포츠 신문에 커다랗게 써댔다.

스포츠·연예 8월 17일(월)

그렇다면 승부조작설로 그를 영구제명한다는 축협은 왜 이번에만 이리 난리인가. 언론들은 또 왜 이리 날뛰고.

1996년 10월 21일은 축구인들이 전국적으로 신문 안 보는 날이었나?

차범근 사태의 본질은 그가 무슨 발언을 했는데 그게 사실이네 아니네... 에 있지 않다.

차범근을 사형대에 세우고 뒤에 숨어 월드컵 비난을 벗어나 자리보전 하려는 비열한 축협과 차범근 마케팅으로 장사 좀 해보려는 언론의 비정하고 천박한 한건주의... 또 이런 것들에 따라 휘둘리며 차범근 죽어라 욕해대는 국민들의 냄비근성... 이런 것들도 다 본질은 아니다.

4강 후보로까지 점쳐졌으나 4강은커녕 16강도 못 오른 클레멘테 스페인 감독도, 숙명의 라이벌 아르헨티나에게 패해 16강에서 탈락한 호들 잉글랜드 감독도, 모두의 예상을 깨고 이번에 크로아티아에게 깨졌을 뿐아니라 지난 1994년에도 4강 진출에 실패한 포크츠 감독도... 모두 그대로 감독직을 수행하고 있다.

반면, 단 한번의 실패로 우리는 우리가 30년 가까이 좋아했고, 좋아할 자격이 충분했던 한 성실한 스포츠 영웅을 처절하게 난도질해 너덜너덜하게 만들어 쫓아내버렸다. 그리고는 쫓기듯 떠나간 중국에서 최근 안 좋은 성적을 올리자 그거 쌤통이라며 고소해 하기까지 한다. 차범근이 잘했네 못했네를 말하고자 하는 것이 아니다.

우린 한마디로 영웅이나 천재를 가질 자격이 없는 사람들이라는 것이다. 아낄 줄도 모르고 그저 즐기고 이용만 하다가, 맘에 안 들면 바로 죽여버리는 우린, '차범근'을 가질 자격이 없는 사람들이다.

주류를 벗어나는 즉시 벌떼처럼 달려들어 이지메를 가하는 우리 사회의 손바닥만한 포용력의 크기... 그게 바로 차범근 사태의 본질이다.

아는가... 차범근을 전 세계에서 가장 미워하는 나라는 우리 나라라는 것을... 그래, 이렇게 발기발기 찢느니 차라리 차범근을 사형시켜 버리자...

- 딴지 스포츠 전문기자

스포츠 · 연예 8월 17일 (월)

[주장] 그들은 無罪다!

다들 기억하시겠지만, 암에푸 직후 TV 틀기가 무서웠다. 도대체 TV를 틀었다 하면, 국민들이 나라 망쳤다고 얼마나 뭐라고 하는지 죄책감 들어 볼 수가 있었냐지. 수천만 원짜리 이태리 가구를 보여주면서 이런 거 때문에 그랬다…

또 다른 수천만 원짜리 모피 코트 보여주면서 이런 거 사서 그랬다… 단체로 쇼핑 관광에 열 올리는 사람들 보여주면서 이래서 그랬다… 서민들하고는 하나도 상관없는 것들이더만, 좀 살 만해진다 싶으니까 외제선호, 과소비, 해외여행 이런 거 마구 해서 나라가 이 지경이 되었다고 국민들이 각성하라면서 난리가 났었다. 우라질 넘들.

지들 잘못이 들통날까 봐 언론 동원해 국민들 윽박지르는 데 환장할 뻔했다. 결국 다 들통나고 있지만 말이다. 여하간 오늘은, 몇 달 전만 해도 언론에서 열나게 해서는 안 된다고 떠들던 해외여행… 여기에 대해 한번 야그해 봐야겠다.

우선, 해외여행 붐이 왜 일었는지부터 되짚어보자.

기억하시는 분은 다들 기억하시겠지만 1980년대까지만 해도, 해외 여행 조건이 까다롭고 무슨 서류는 그렇게나 많은지 기본적으로 여권 만들기조차 쉽지 않았다. 여권 만들어 해외 여행하는 것이 흔하지 않던 시대라 해외 한번 갔다오면 대단한 동네 자랑거리였다. 그러던 중, 1989년 해외여행 자유화 조치로 일반인의 해외여행 물꼬가 터지고, 김영삼 정부 출범 이후 한해 수십 억 달러 이상의 외화를 소진하며 해외여행은 가파른 상승 곡선을 탔다.

▶ 김영삼 정부 이후 해외여행이 급증한 이유는 이렇다.

김영삼 정부 출범 이후 경상수지 적자 폭이 계속 커졌는데, 이 적자폭을 넘는 차입금을 들여와서 자본수지는 계속 흑자를 기록해 외환보유고는 오히려 올라가고 있었다. 단순화해서 말하면, 수출보다 수입이 많아서 적자였는데, 그 적자폭보다 더 많은 돈을 외국에서 빌려와서 국내에 달러가 오히려 더 많아지고 있었다.

그런데, 이 남는 달러를 보유하고 있자면 원화를 풀어줘야 하므로 거시적으로 볼 때 통화량 증가로 물가상승 요인이 된단다. 물가가 오르면 안 되잖아... 그래서 이 남는 달러를 해외여행의 권장으로 소비시키려 했다는 것이다. 그러니까, 장사해서 번 달러가 늘어간 게 아니고 빌려와 가지고 있던 달러가 늘어가고 있었는데, 이걸 국민들 보고 여행가서 써버리라고 한 것이다. 무쟈게 훌륭한 정책이다. 조또.

그래서 이런 정책하에 나온 일련의 조치들이 바로 기업 대규모 해외연수 권장, 세계화 구호와 몇몇 조치들... 이다.

문체부 통계를 보면 우리 나라 여행수지 부분은 지난 1995년 말, 350만 달러의 흑자를 기록한 이후 적자행진을 계속해 오다가, 지난해 11월 IMF 이후에야 여행수지가 1억 5천만 달러의 흑자로 다시 돌아섰다. IMF 먹기 직전까지 김영삼 출범 이후 여행수지 부분은 악화일로로만 열나게 달려왔던 것이다.

배신감 들지 않을 수 없다. 해외여행을 권장한 것은 바로 정부다. OECD가입과 세계화를 외치며. 그것도 남는 달러를 처리하려고. 근데 알고보니 그 남는 달러가 우리가 벌어들인 게 아니라 종금사, 은행들이 재벌에 대출하려고 외국에서 빌려왔던 돈이었던 것이다.

그래 놓고, 언제는 해외여행 많이 가라고 하더니, 이제는 국민들이 해외여행가서 이 나라가 이렇게 되었다고 윽박질렀던 그 똥배짱은 도대체 어디서 나오는 걸까. 조또가 아닐 수 없다. 여하간 '해외여행가면 매국노' 분위기가 형성되자, 단번에 해외여행객 송출 1, 2위를 다투던 온누리, 씨에 프랑스, 삼홍이 모조리 부도났다. 그외 수도항공, 푸른세계, 범한, 계명 등 중간 규모에 난다긴다 하던 곳들도 자빠지기 시작했고, 삼성 주거래 여행사였던 세중까지도 오늘 내일 하고 있다. 한마디로 여행업계가 쑥밭이 되었던 거다.

물론, 여행업계의 잘못도 많다.

거품 요소를 스스로 창출해낸 면도 참으로 많다. 알라스카 낚시여행을 위한 차터 임대 패키지, 동남아 싹슬이 보신관광 등 저질 패키지 양산... 예를 들자면 무수히 많다. 수요, 공급이 맞아떨어져야 한다고 여기에 기꺼이 기천만 원 써가며 화답한 일부 졸부들도 졸라 욕먹어 싸다.

여행업계 역시 양질의 상품을 개발해 경쟁력을 배양하고, 전문적 경영 마인드와 합리적 대금지불 관행, 세련된 랜드 관리체계를 갖추지 못하고 주먹구구식으로 일관했던 점 통감해야 할 것이다. 그러니까 거품이 빠지자마자 탄력적으로 대처하지 못하고 그대로 도산하지.

8월 17일(월) 스포츠·연예

▶ 그런데...

오늘 하고자 하는 이야기는 그것이 아니다. 불필요한 해외여행, 물론 자제해야 한다. 싹쓸이 쇼핑, 보신, 과소비 관광 물론 근절되야 한다. 그러나, 빈대잡으려다 초가삼간 태운다고, 도대체 '건전한' 그리고 '필요한' 여행을 하고자 하는 사람들까지 여행가면 무조건 '매국노' 만들어버리면 어쩌자는 건가. 무조건 소비를 줄이라고 하니까, 내수시장이 죽어서 오히려 경기 회복이 더디고 있다. 합리적인 소비를 해서, 기업도 살고 소비자도 살아야지, '무조건 돈 쓰면 안 됨' 분위기만 만들고 협박하니까 내수시장이 죽는 거다.

여행도 마찬가지다. '건전한', '필요한' 여행은 반드시 멈추지 말아야 한다. 회사 출장 같은 거야 알아서들 하겠지만, 오늘 말하고 싶은 것은 젊은이들의 배낭여행, 혹은 스스로 벌면서 하는 여행이다.

작년 한 해 관광청 통계를 보면,

전 세계는 범위가 너무 크므로, 유럽으로 축소시켜 보자. 유럽 지역으로의 20대 여행자 중 이런 형태의 여행자 비율이 80% 이상이므로 표본으로 충분하리라.

유럽지역으로의 20대 여행자 수는 88,796명이다. 4,053,766명의 전체 여행자 중 2%에 불과하다. 그 중 80%면 7만 명 정도이다. 이 7만 명은 여행수지 적자의 주범에서 빠져야 한다. 〈무죄〉다.

여행경비 비중이 어떠니 하는 통계치를 계속 들이대는 짓은 그만하

자. 이들이 '무죄'임을 입증할 자료는 무쟈게 많지만, 숫자 많이 나오면 골치 아프니까.

적어도 이들 젊은이들은, 스스로 벌어가며, 짠돌이 행세하면서 노숙도 하고 고생 여행하는 이들은, '무죄'여야 하고 '무죄'임을 알려줘야 하고, 지속적으로 그런 여행을 떠나라 권장해야 한다.

유럽에서 소위 배낭여행이란 걸 하다보면 전 세계에서 몰려드는 젊은이들을 만날 수 있는데, 가장 놀라운 것은 그들의 연령대가 너무도 낮다는 것이다.

20대 중반이 압도적인 우리 나라 여행자에 비해 그들은 10대 후반이 가장 많다.

10대에 이미 산더미만한 배낭을 짊어지고, 밥 굶어가며, 처마 밑에서 이슬 피해가며, 세계를 누비고 있는 것이다. 언어 장벽을 말하는 사람도 있지만, 그 아이들이 모두 영어권 국가에서 온 아이들이 아님은 물론, 유럽이란 곳이 영어가 잘 통하는 곳이냐 하면 전혀 그렇지가 않다.

프랑스 예를 들지 않더라도, 북구의 스칸디나비아 반도 쪽을 제외하고 영어로 지껄여 통하기는 우리 나라보다 어려우면 어려웠지 결코 쉽지 않다. 언어가 문제가 아니라는 말이다.

이 아이들이 지 몸보다 큰 배낭을 짊어지고 노르웨이의 나르빅에서 그리스의 데살로니카까지 누비고 다니는 걸 보면, 불안하기 그지없다. 저 쉐이들이 커서 우리 젊은이들이랑 맞상대를 한다고 생각하면 걱정이 무쟈게 된다는 말이다.

그 쉐이들이 그렇게 견문을 넓히고, 돌아가 훗날 국제 비즈니스를 하든, 그냥 작은 보따리 장사를 하든, 그 이해의 폭과 사고의 폭이 그렇지 못한 사람들과 비해 넓어질 것은 자명한 것이다.

무한 경쟁 시대에 이 쉐이들과 맞붙어야 할 우리의 젊은이들이 '깨갱' 되는 것은 불을 보듯 뻔하다. 물론 그런 여행한다고 갑자기 세계를 보는 눈이 떠지는 것은 아니다.

그러나 유럽에서 파업이 있다면 그들은 어떻게 대처하는지, 네오 나찌즘이 독일에서 준동한다는데 그게 어떤 건지, 그쪽 사람들은 무슨 일을 하고, 어떻게 삶을 향유하며 사는지, 그들 문화가 조금은 보이고 그들 생활이 조금은 이해가 가게 된다.

이게 시작이다. 이렇게 그 배경이라도 조금은 이해를 해야 뭘 해먹든 상대가 된다. 상대가 되어야 붙어서 이기든 말든 해 볼 여지가 있다. 이들이 외국으로 배낭 메고 떠나는 걸 막지 마라. 이들을 죄인으로 만들지 마라.

젊은이들이 배낭 메고 떠나는 건 '무죄' 다, '무죄'.

— 딴지 레저부 기자

스포츠·연예 8월 17일(월)

[관전기] 월드컵 벨기에전...

아래의 글은 붉은악마 응원단으로 프랑스에 갔었던 이은호(하이텔: Fortuna)님의 월드컵 응원후기에서 벨기에전 관전 부분을 발췌한 것입니다.

드디어 심판의 휘슬과 함께 경기가 시작했다. 시작하자마자 벨기에의 공세. 닐리스의 슈팅에 이은 한 차례 김병지의 선방. 얼마 후 다시 전열이 채 정비되기도 전에 벨기에의 코너킥.

순간 이는 불안감. 아니나 다를까. 오른쪽에서 올라오는 공이 벨기에 선수의 머리를 맞고 그대로 우리쪽 골대로 빨려온다. 다행히도 그 자리에서 헤딩으로 걷어내는 김도근.

아~ 그러나 동시에 순간 공은 닐리스의 슈팅과 함께 다시 매정하게 우리쪽 네트에 꽂히는 것이었다. 골이었다.

뒤집어지는 벨기에 관중석. 그러나 아직 시간은 많았다. 목청껏 '괜.찮.아!' 를 외치며 선수들을 격려한다. 5분만에 1:0. 네덜란드전 때도 이렇게 빨리 먹지는 않았는데... 앞서는 걱정. 하지만 그라운드의 선수들을 보자 이런 생각은 어느덧 사라졌다.

모두들 너무 열심히 뛰고 있었기 때문이었다. 이상헌이 헤딩하려다 얼굴을 채이고 태클하다 다시 쓰러지고.

서정원의 1:1찬스가 볼트레핑 미스로 골키퍼한테 안긴다.

8월 17일(월) **스포츠·연예**

아~ 곳곳에서 아깝게 터져나오는 탄식들... 그래도 분위기가 좋다.

"그래! 이 기세로 밀어붙여~!", "힘내~!" 사람들은 목청껏 응원을 계속하고 있었다.

전반 내내 이어지는 공방전. 그러나 40분이 넘을 무렵 네덜란드가 2:0으로 이기고 있다는 소식이 들리자 벨기에는 완전히 뒤집어진다. 마치 벌써 16강이 확정된 것처럼 난리치는 벨기에 사람들.

동시에 반대편에서 시작된 파도가 우리쪽으로 밀려오고 있었다. 한 차례 맞서보지만 전 관중의 쏟아지는 야유. 하는 수 없이 약자의 서러움을 느끼며 우리도 파도에 동참하는 수밖에 없었다. 파도까지 돌자 아니나 다를까 완전히 벨기에 판으로 뒤집어지는 운동장. 얼마 후 전반전이 끝나는 것이 그나마 다행이었다.

하프타임. 비록 1:0 상황이었지만 결코 질 것이라는 생각이 들지 않았다. 경기 분위기가 좋다. 모든 선수들이 너무나 열심히 뛰고 있었기 때문이었다. 9월 28일 일본전 때도 같은 느낌이었다.

기필코 동점골 그리고 역전골까지 터질 것이라는 믿음이 섰다. 더욱 열심히 해야겠다는 생각에 서둘러 자리로 돌아와 호랑이 통천을 준비했다.

호랑이 통천과 함께 후반전이 시작되고 한국의 선수교체. 고종수

스포츠·연예 8월 17일 (월)

와 이임생이 들어왔다. 아, 제발 최선을 다해서 뛰어다오. 간절한 생각뿐이었다.

역시 후반전도 치열한 몸싸움. 30대가 넘는 선수들이 많다곤 했지만 벨기에는 어디까지나 덩치 좋은 유럽팀이었다. 떡대 같은 벨기에 선수들과 부딪힐 때마다 안타깝게 나가떨어지는 우리 선수들...

몸싸움에서 밀려 쓰러지면 곧바로 일어나 이를 악물고 뛰고 있었다. 단 1분이라도 벌기 위해 김병지는 아웃되는 공을 달려가 잡고...

얼마 후 유상철의 패스를 받은 이민성에게 1:1 찬스가 온다. 순간 숨죽이는 관중석. 그러나 공은 아깝게도 골키퍼 다리를 맞고 나오는 것이었다. 아~ 곳곳에서 나오는 탄식. 그러나 안타까워할 사이도 없이 벨기에의 반격이 시작되었다.

닐리스의 공이 골대를 맞히는 한 차례 위기. 안도의 한숨을 쉬기도 전에 이번에는 한국선수가 쓰러진다. 이상헌.

그러나 벨기에는 선수가 쓰러져 있어도 아랑곳 않고 계속 인플레이하며 공격을 퍼부었다. 관중들의 쏟아지는 야유.

우리도 휘파람을 부르며 야유했다. 다행히도 김병지의 선방.

그제서야 이상헌이 그라운드 밖으로 실려나갈 수 있었다. 부상이 심각한지 교체되는 이상헌 대신 장형석이 나왔다.

한국의 마지막 교체였다. 더 이상 교체를 할 수 없다. 또 부상을 당하면 어쩌나... 들어오는 장형석의 이름을 외치면서도 걱정만이 앞섰다.

후반 25분. 왼편에서 돌파하던 고종수에게 벨기에가 파울을 가한다. 한국의 프리킥. 페널티박스에서 약 2m떨어진 지점이었다. '저 거리라면!' 하는 생각에 갑자기 흥분이 되었다. 그 순간 인철님(붉은악마 회장)이 흥분 때문에 그르쳤던 멕시코전을 환기하며 외친다.

"여러분 우리 모두 선수들에게 침착하라고 외칩시다!". 그래 여기서 침착해야 한다. 선수들에게 제발 침착하라고 "침.착.해!", "침.착.해!"를 목청껏 외쳤다.

키커는 하석주. 심판의 휘슬이 울리고 센터링이 감아져 올라왔다. 벨기에 수비수들과 골키퍼를 스쳐 지나는 공. 그 시간이 마치 영원처럼 느껴졌다. 점점 내려오던 공이 땅에 닿는다고 느껴지는 순간! 아. 갑자기 우리 앞의 네트가 출렁이는 것이었다.

세상에 믿을 수 없었다.

아아아~! 골이었다. 모두들 부둥켜안고 울었다. 동점골.

그렇게도 그리던 골이 터졌다. 축제 분위기였던 벨기에 관중석은 일순간 초상집. 벨기에 선수들의 얼굴은 잿빛으로 변해 있었다.

스포츠·연예 8월 17일(월)

"대. 한. 민. 국~~~!" 경기장에 울려퍼지는 우리의 응원은 거의 울부짖음에 가까웠다.

이제는 1:1 동점. 한 골 앞서던 상황에서 안전위주로 나가던 벨기에는 총력전을 펼치기 시작했다. 이겨야만 16강에 오르는 상황. 이제 벨기에도 더 이상 물러설 곳이 없었다.

거센 벨기에의 반격 속에 점점 거칠어지는 경기. 우리도 물러서지 않고 맞불을 폈다. 몸을 던지는 육탄전 속에 다시 한국선수가 쓰러진다. 이번에는 이임생. 머리에 부상을 입고 피를 흘리며 그라운드 밖으로 실려나왔다.

순간적으로 경기는 11:10 상황. 한 명이 많아지자 벨기에는 파상공세를 펼치기 시작했다. 계속되는 위기. 한국이 밀리는 것을 보고 이임생은 머리의 피를 닦는 시늉만 하고 다시 그라운드로 뛰어가려 하지만 선심이 이를 저지한다. 상처는 괜찮으니 빨리 들여보내달라고 울부짖는 이임생.

안타까워하는 그 모습을 보며 어느새 코끝이 찡해지고 있었다.

이 경기에서 이겨야만 16강에 오르는 벨기에... 반면 탈락이 확정되었지만 단 1승이라도 거두기 위해 뛰는 한국... 너무나 다른 상황이었지만 1:1에서 벌이는 경기는 한치의 양보도 없었다. 벨기에의 센터링이 올라오면 몸을 던져 헤딩으로 거둬내는 우리 선수들.

이임생이 헤딩을 할 때마다 붕대를 감은 머리에서는 피보라가 이는 것만 같았다. 부상을 입고서도 악착같이 공중볼을 따내려던 김태영은 무릎을 움켜쥐며 쓰러지고... 벨기에가 슛을 하자 유상철은 몸을 내다던지며 막았다.

어느덧 나의 눈에는 눈물이 고이고 있었다.

네덜란드전 이후, 한순간이나마 우리 선수들을 욕했던 내 자신이 너무나 부끄러웠기 때문이었다. 정말 우리 선수들은 너무나도 열심히 뛰고 있었다. 저렇게까지 해야만 하나... 월드컵 1승이 도대체 무엇이기에... 이런 생각마저 들고 있었다.

수비수들의 눈물겨운 투혼에 보답이라도 하듯 전방에서는 서정원과 하석주가 줄기차게 뛰어다니며 결정적인 찬스를 만들고 있었다. 센터링에 이은 최용수의 헤딩!

아~ 그러나 안타깝게도 골포스트를 넘어가는 공. 조금만, 아니 약간만 더 침착하기만 했어도... 안타까운 장면들이 반복된다. 이 와중에서도 매정하게 흘러가기만 하는 시간... 15분... 10분... 5분... 정말로 이번 월드컵에서도 우리는 이 마지막 벽을 넘지 못하는 것인가... 시간이 갈수록 점점 안타까움만 더해갈 뿐이었다.

드디어 45분을 지난 전광판도 꺼지고... 4분의 루즈타임도 지난다. 벨기에의 마지막 코너킥. 우리 못지 않게 절박한 심정의 벨기에는 골키퍼까지 나와 공격에 가담했다.

올라오는 코너킥. 김병지와 벨기에 골키퍼가 동시에 뜬다. 공을 잡고 땅으로 떨어지는 김병지. 일어나자마자 서정원 쪽으로 공을 내차지만 그 순간 주심의 휘슬이 울린다. 땅에 드러눕는 벨기에 선수들...

우리 선수들도 고개를 떨군다.

경기 종료. 무승부였다.

아... 이렇게 끝나는 것인가...

마지막 1골이 터지기만을 기다리며 참아왔던 눈물이 일순간 쏟아졌다.

지난 2년 동안 여기 프랑스만을 꿈꾸며 준비했었는데 이렇게 끝나는구나...

선수들이 저렇게 피를 흘리고 몸을 던져가며 뛰는데도 마지막 1승을 거두지 못하는 우리 축구의 현실...

그 모든 것에 나도 모르게 계속 눈물이 났다. 선수들이 마지막 인사를 하러 우리쪽으로 온다. 선구자를 부르며 선수들을 맞는 모두의 눈에는 어느덧 눈물이 흐르고 있었다. 최선을 다해 끝까지 싸워준 그들이 너무나 자랑스러울 뿐이었다. 모든 것이 불리하기만 한 이곳에서 굴하지 않고 끝까지 싸워준 우리의 선수들...

곧이어 보도진들이 우리쪽으로 몰려와 사진을 찍기 시작했다. 맨 앞에 있던 나는 눈물 흘리는 모습을 보이기 싫어 고개를 돌렸다. 그런 내 옆에서 고개를 숙이고 울고 있는 사람이 보였다. 인철님이었다. 가슴이 메여왔다. 정말로 힘든 이 붉은악마 회장직을 맡고서 여기까지 우리를 이끌어온 인철님. 마지막 1승과 함께 이 자리를 마무리짓고 싶다던 인철님의 마지막 소망은 이렇게 아쉬움으로 끝나고 말았다.

이런 중에 2층에서 들리는 박수소리... 고개를 들어 올려보니 벨기에 관중들이 우리를 향해 박수를 쳐주고 있었다. 우리도 답례로 목청껏 "벨지움!"을 외쳐주었다. 역시 최선을 다한 벨기에 선수들과 관중들에 대한 존경의 표시였다.

비록 승자가 없는 경기였지만 그런 것은 중요하지 않았다. 모두 최선을 다한 상대에게 박수를 쳐줄 뿐. 이 모습을 보며 우리와 벨기에 모두를 위해 프랑스 관중들과 CFO 요원들 기립박수를 쳐주었다. 그래 바로 이것이 축구만이 가지는 감동이구나... 다시 한번 코끝이 찡해 왔다.

청소를 마치고 마지막으로 운동장을 나오려는데 벨기에 사람 한 명이 내게 와서 말을 건다. 한국을 다시 보게 된 경기였다는 말. 그리고 한편으로는 탈락이 이미 확정된 나라가 어떻게 이렇게 뛸 수 있는지 자신은 도저히 이해가 가지 않는다는 것이었다. 내가 그냥 말 없이 웃자 엄지손가락을 펴보이며 돌아가는 벨기에 사람. 자신들의 16강 행을 가로막은 이 한국을 벨기에 사람들은 오랫동안 잊지 못하리라는 생각이 들었다...

당신은 혹시 이길 때만 '우리편' 아닌가요...
이제 차범근이고 나발이고 욕 그만하고,
축구장에 갑시다. 축구장에.

- 딴지 스포츠 전문기자

[레저] Orgasm in the Air!

경제상황이며 날씨며 모든 것이 스트레스를 주는 요즘, 그런 스트레스를 한방에 날려 버릴 수 있는 레포츠, 번지점프를 독자 여러분께 소개한다.

하고 많은 레포츠 중 왜 하필 번지냐... 딴지의 철학과 부합되기 때문이다. 울퉁불퉁한 도로를 달리는 차속에서 갑자기 차가 튕겨 올라갔다가 내려올 때 순간적으로 똥꼬를 타고 내려가 땅 밑으로 꺼지는 듯한 서늘함... 그 서늘함의 고농축 결정판이 바로 번지의 느낌이다. 이런 똥꼬쪽에 밀려드는 쾌감... 바로 딴지가 추구하는 스포츠 정신이다.

국내에도 번지점프가 있으나 진짜배기 번지점프에 비하면 똥꼬 하품할 수준이다.

가끔 TV에서 연예인들이 자기 담력을 시험해 보인다며 올라가서 쌩쇼를 벌이기도 하는 우리 나라의 번지점프대는 20~30미터 수준.

그렇다면 세계 최고는 얼마나 높은 곳에서 뛰어내리는 것일까... 허거덕... 180미터다.

본지는 특별취재팀을 급파, 세계 최고 높이의 번지점프를 취재했다.

대부분 호주에 세계 최고 높이의 점프대가 있을 것으로 생각하겠지만 의외로 세계 최고 높이의 번지점프대는 스위스에 있다. 아래는 본지 특별취재팀의 기절중기자가 전해온 생생한 번지 체험 리포트다.

이건 '흥분' 이상이다.

가장 먼저 하는 것은 순서 정하기.

'누가 먼저 할래? 오케이 너. 어떻게 할래? 등에 묶을래, 발목에 묶을래, 연인이면 같이 뛸 수도 있는데 한번 같이 뛰어 볼래?'

순식간에 순서가 결정되고 재고의 겨를도 없이 마구 자일을 엮어댄다.

여기까지는 귀가 얼얼한 Rock이 정신없이 쿵쾅거리는 두 평 남짓한 케이블카 안에서 번개처럼 진행되기에 도대체 겁먹을 시간이 없다.

그러나, 사방이 막혀 있어야 할 180미터 상공에서의 케이블카 한쪽이 휑하니 뚫려 만년설이 녹아내린 폭포가 포효하는 게 바로 눈앞인데 그 휑한 데로 끌고가서는 5, 4, 3을 세기 시작하면 열에 일곱은 이름을 불러도 뒤돌아보지 않을 정도로 넋이 나간다.

http://ddanji.netsgo.com

스포츠·연예  8월 17일(월)

드디어 1, go !

여기서 열에 일곱은 주춤하고 그 중 둘은 결국 거품 물고 안 뛴다고 쌩난리를 친다. 어느 정도 겁먹고 안절부절하는 거야 당연하지만, 옆 사람 바지가랭이를 잡고 흐느껴 운다거나 하는 지나친 쌩난리를 치면 기냥 밀어버린다. 본 기자 밀렸다...

그런데 희한하게 이런 쌩난리를 치는 건 꼭 남자란다. 여자들은 오돌오돌 떨다가도 거의 예외없이 뛰어내리는데, 웃으며 농담도 하고 아무렇지도 않은 것처럼 쾌활한 척 의연한 척 하다가 뛰어내리기 위해 문 앞으로 다가와 직접 아래쪽을 내려다보고 나면, 갑자기 똥꼬 뒤로 밀며 헤벌레 풀린 눈으로 발작을 일으키는 건 항상 남자란다...

하여간... 그 기분... 자기가 뛰었건 밀렸건...
마지막 한 발을 뗄 때의 기분은 파라슈팅 때와는 또 다르다.

아래 세상이 마치 만화나 지도처럼 내려다 보임으로 해서 두려움과 비슷한 크기의 안도감마저 안고 발을 내딛는 게 파라슈팅이라면, 빤히 보이는 바닥과 빤히 내려다보이는 사람들을 향해 마빡 first로 뛰어드는 Bungy는 불순물없는 100%짜리 공포다.

떨어지면서? 온 몸의 에너지가 응축됐다가 똥꼬쪽으로 폭발하듯 '쏴아아아' 초고속으로 분출되는 것 같다.

이건... 'Orgasm in the air' 다... 알쥐? 올가즘...

게다가 올가즘은 후회를 만들 때도 있지만, Bungy Orgasm은 후회가 없다.

이곳은 어디? 스위스의 Interlaken이란 곳이다. 이곳의 번지점프는 세계 최고의 높이라는 것 외에도 특이한 점이 있다.

무엇보다 절벽 위에 점프대를 설치한 것이 아니라, 케이블카에서 뛰어내린다는 점 그리고 아래쪽에 안전장치나 강물이나 호수가 있는 것이 아니라 기냥 맨땅에 떨어진다는 점이다.

번지의 원조 호주가 약 50~60미터의 높이에서 강물로 떨어지는데 그 세 배에 달하는 높이에서 마빡 First로 안전장치도 없는 맨땅으로 뛰어내리면 웬만한 강심장도 까딱 잘못하면 떨어지며 싸는 수가 있다. 본 기자는 안 쌌다. 자랑스럽다...

이곳에 어떻게 가는지, 어디서 자는지 등등의 실용 정보는 궁금한 독자들이 있으면 다음에 여행정보 기사로 싣기로 하겠다..

소나 키우고, 뻐꾸기 시계나 만들 줄 알았던 스위스에 이처럼 세계 최고의 번지가 있다는 것은 의외다. 본지는 국내에도 20미터짜리 말고 100미터가 넘는 번지점프대가 생겨야 한다고 강력하게 주장하는 바이다.

제품을 만들든, 서비스를 하든 뭐든지 대충대충 쬐그만하게 흉내만 내면서 진짜인 척 하는 건 이젠 정말 지겹다...

— 딴지 레저 전문기자

[연예] 심으나 나도 벗을래!

불법면허취득으로 물의를 일으킨 후 지난 3호에서 본지와의 단독기자회견을 통해 〈창2〉 출연으로 국민들 심신을 위로하겠다는 이승연의 발표가 있은 후 며칠 지나지도 않아 심으나의 음주운전 소식을 접한 시민들은 요새 여배우들이 뭔가 이상하다는 생각을 하지 않을 수 없었다.

이에 이런 거 밝힐라고 탄생한 본지가 가만 있었을리 없다.

본지는 당장 추적에 들어가 그녀의 최측근 중 하나인 'B열 3번 새벽전용' 남자친구인 나섯 서씨(29)를 설득, 지난 2일 심으나의 새벽 음주운전은 〈창2〉 출연자격을 획득하기 위한 그녀의 자작 음주극이었다는 실토를 받아냄으로써 세계에서 유일하게 사건의 전모를 파악하는 개가를 올렸다.

그가 밝힌 사건 개요는 이렇다.

심으나의 음주운전은 평소 〈8월의 구리스마스〉 등 여름에도 옷을 너무 많이 껴입는 영화에 출연한다고 불만을 표출하곤 했던 그녀가 이승연의 〈창2〉 출연 소식을 듣고는 진정한 〈창2〉의 주연감은 자신이라면서 영화 출연자격을 얻기 위해 치밀한 각본하에 일으킨 일이었으며,

현재 심으나는 일체의 연락을 두절한 채 일본으로 출국했다고 하는데, 이는 〈창2〉의 주연을 따내기 위해 우선 유명한 일본의 에로영화와 포르노비디오를 감상하여 연기력을 강화하기 위한 조치라고 한다.

사건 이후 그 어떤 매체와도 인터뷰하지 않던 그녀는 〈딴지일보〉라는 기자의 말에 반갑게 응한 전화통화에서 "대사 외울 걱정없는 에로영화야 말로 내 적성에 딱 맞는 일이다. 또한 평소 생활신조로 볼 때 베드씬의 사실적 묘사에는 나를 따를 배우가 없을 것"이라고 밝혔다.

한편 이 소식을 전해 들은 이승연은 "택도 엄따. 더구나 나는 'Oh~ ye~ …' 'um~ um~' 등 국제에로무대에서 승부할 영어 대사를 완벽하게 습득하는 등 준비가 끝난 상태…"라고 반박하였다.

이로서 이승연으로 거의 확정될 뻔했던 〈창2〉의 주연 자리는 스타급 배우끼리의 힘겨루기로 복잡한 미궁 속으로 빠지고 말았는데, 〈창2〉 제작을 맡은 버스리 영화사의 한 관계자는 심으나가 일본으로 떠나기 전 이미 은밀히 버스리 영화사를 방문 카메라 테스트를 받고 갔다면서, 이 문제를 해결하기 위해 이 두 명의 여배우를 더블캐스팅할 것을 진지하게 검토중이라고 밝혔다.

두 배우의 강한 라이벌 의식으로 볼 때 화끈한 연기대결로 남성관객들의 경우 침이 과다분비될 것으로 판단, 크랭크인과 동시에 영화상영시 판매할 턱받침대 제작에 들어갈 것이라고 한다.

한편 이 사건을 전해 들은 에로업계 관계자는 "지금껏 몸 사리던 특급 여배우들이 자진해서 출연요청을 하는 것은 에로업계의 지위격상을 의미하는 것으로 암에푸를 극복하고 명랑사회를 구현하는 데 크게 일조할 것"이라며 대환영의 뜻을 밝혔다.

현재 에로 영화업계에서는 불법면허를 취득한 여자연예인과 주량이 쎈 영화배우들에 대한 은밀한 내사를 진행중이며, 다음 번 물의를 일으킬 배우가 나타나는 대로 〈큐대부인 빽사리났네〉, 〈고도리부인 광팔았네〉, 〈니네부인... 인줄 몰랐네〉 등 주연배우가 부족해 크랭크인 하지 못하고 있던 영화들이 대거 크랭크인할 것이라 한다. 이상.

– 딴지 연예부 기자

송창식을 돌려다오!

우리 엄마의 '스타'는 송창식이다. 이 노친네가 어쩌다 한 번씩 송창식이 TV에 나오면 그 앞에 바짝 다가 앉아 넋을 잃고 보신다. 예나 지금이나…

이런 장면이 연출되는 즉시 우리 아부지의 염장 지르기가 들어간다.

"쟤는 왜 가재미 눈을 하는 거냐, 약 먹었냐, 한 손은 왜 쳐들고 지랄이야…"

그럼, 우리 엄니는

"뭐요? 참네 이 아자씨가 예술을 모르네 예술을…"

그 즉시, 20년짜리 논쟁이 불이 붙는다. 논쟁은 아주 간단하다.

엄니 : "송창식은 예술가다!"
아부지 : "송창식은 약 먹었다!"

그리고는 두 분 다 30대의 자식들 동의를 구하기 위해 설득전에 돌입한다.

엄니 : "저게 예술이지, 뽕 맞아서 그러는 거냐?"
아부지 : "저게 뽕 맞아서 그런 거지, 예술이냐…"

이런 광경을 보면 난 흐뭇해진다. 당신들만의 '스타'를 아직도 품고 있을 정도로 가슴에 열정이 남아 있다는 걸 이런 식으로 확인하고 나면 난 그날 하루종일 흐뭇하고 즐겁다. 물론 그런 논쟁의 결말도 언제나 지난 20년이 넘도록 똑같다.

엄니 : "아이구 당신이 그렇게 불러봐 그럼."
아부지 : "참네, 나도 약 먹으면 저만큼 불러!"

아직도 그렇게 우리 엄니에겐 송창식이 '스타' 이다.

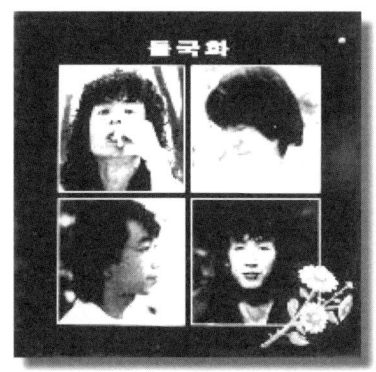

고등학교 3학년 시절, 난 '들국화'에 미쳤었다.

시험이 바로 전날인데도 들국화 공연에 가서 그들이 뿜어대는 열기를 들이 마시면서 '행진하는거야'를 함께 부르며 미친 듯이 열광하고 나면 스트레스가 한방에 날아가곤 했다.

공부를 하다 답답하거나 불안하면 그들의 노래를 크게 틀어놓고 따라 부르기도 했고, 옥상에 올라가 주먹을 불끈 쥐고 휘두르며 "앞으로! 앞으로!"를 고래고래 소리 높혀 불러제끼는 달밤의 체조를 하고 나면 속이 후련하고 가슴이 탁 트혀 마음이 진정이 되기도 했고...

그러다 대학생이 되고 어느 날 갑자기 들국화가 해체되었다. 난 너무도 섭섭했었고 마치 내 사춘기가 해체되는 것 같은 기분이 들었다.

내 사춘기가 그렇게 사라져가는 것 같았다.

요즘도 노래방을 가면 난 '행진'이나 '그것만이 내 세상'을 불러보곤 한다. 그리고 여전히 그 노래는 그때의 즐거운 기억과 사춘기 시절의 힘을 되살려 주곤 한다. 때론 노래하다 자지까지 선다...

들국화는 그렇게 나의 '스타'였었고, 지금도 '스타'이다.

방송국에서 10대들의 전폭적 지지를 받으며 인기를 누리던 가요프로들을 대폭 정리한다고 몇 달 전에 그랬었다. 하는 척 하다가 모조리 말짱 꽝 됐지만 말이다.

주말 저녁 나절이면 어느 방송을 봐도 졸라 비슷비슷한 '스타'들이 나와 졸라 비슷비슷한 옷차림과 졸라 비슷비슷한 노래를 졸라 비슷비슷한 포즈로 불러제낀다. 그 프로들을 보다가 난 가끔 살짝 돌기도 한다.

쉰세대란 말은 듣기 싫어서 웬만하면 노래와 가수와 춤을 매치시켜 외워보려고 발버둥을 치지만, 도대체 이 아쉐이들은 왜 이리 떼거리로 나오는 거냐...

삼류 하우스댄스라도 따라 해보려 했건만 춤은 또 왜 이리 아크로바틱한 거냐... 그리고 비슷한 애덜이 왜 이리 많냐...

스포츠·연예 8월 17일(월)

그리고 결정적으로, 좀 얼굴 외울만 하면 왜 이리 새로운 애덜이 자꾸 겨나오는 거냐...

그래서 어느 순간부터 포기해버렸다.

그렇다고 그런 10대들의 '스타'가 아무짝에 소용없는 거라고는 말해 버리고 싶지는 않다. 송창식을 좋아하시는 우리 엄마가 들국화를 이해하지 못하셨던 것처럼 내가 그들의 '스타'를 잘 이해하지 못할 뿐, 그들만의 스타를 죽어라 죽어라 하고 싶진 않다. 그리고 분명 그런 '스타'들이 10대들에게 발휘하는 순기능도 있을 것이다. 엄마와 나의 세대 스타들이 그러했던 것처럼.

그런 스타에 잘 빠지는, 그래서 돈이 되는 10대 여자애들에게만 초점을 맞춰 집중공략해 왔던 방송국과 매니지먼트 회사들의 천박한 상업주의에는 말뚝만한 통침을 지긋이, 깊숙키 찔러주고 싶긴 하지만 말이다.

이 부분은 참으로 환장할 지경인데, 우리 나라엔 도대체가 10대들을 위한 대중문화밖에 없었다. 방송국이 돈이 되는 10대들에게만 매달려 다른 세대들에게 자신들만의 스타를 다시 볼 수 있는 기회를 박탈해 왔던 문화적 '횡포'는 천민자본주의의 소산 아니겠는가.

10대들만 스타가 필요한 건 결코 아니다. 나도 필요하고 우리 엄마 세대도 스타는 필요하다. 아니 모든 세대가 자기 세대에 걸맞는 자신들만의 '스타'가 필요하기도 하고 또 가지고 있기도 하다.

스타는 작은 삶의 윤활유나 마찬가지이기 때문이다. 없어도 죽지는 않겠다만은 가끔 그들 덕택에 잠시 추억에 젖어 보기도 하고, 삶이 조금은 즐겁고 부드러워지기도 하고, 활력이 되기도 한다. 그만하면 존재가치는 충분하다.

이제 방송국들이, 10대가 아닌 세대들에게도 자기가 좋아하는 스타들을 보고 즐거워하고 과거를 떠올려보고 그때 그 기분에 젖어볼 수 있도록 하는 기회를 보다 자주 주어야 한다는 걸 좀 깨달아 줬으면 좋겠다. 10대들에게만 매달리는 건 이제 좀 그만해 줬으면 한다. 그게 설혹 돈이 안 되더라도 말이다. 그렇게 각 세대에게 자신들만의 '송창식'을 돌려줬으면 좋겠다.

씨바... 어른들도 좀 놀자...

― 딴지 연예부 기자

누가 북한 영화를 두려워하랴.

안중근... 그는 미남이기까지 했다...

에수비에수에서 북한영화 〈안중근 이등박문을 쏘다〉를 방영했더니 새가슴 우익분자들이 난리가 아니다. 참 오랜만에 들어보는 '이적 표현물' 이라는 표현까지 써가며 이곳 저곳 언론에 항의를 보내고 생난리를 친다.

도대체 왜들 이럴까? 좃선일보를 중심으로 딴지를 걸어대는 모습들이 한편의 싸구려 코메디를 보는 듯해서 씁쓸하기만 하다.

그들은 핏대세워 말한다. 김일성 우상화가 안방극장에까지 침투했다고. 하지만 제 국민들 피죽 쑤어먹고, 심지어 인육까지 먹는 현실이 전 세계에 알려진 마당에 '김일성 우상화' 를 믿는 사람들은 이 놈의 극우주의자들밖에 없지 않겠는가.

도대체 지금 이 시대에 '김일성 우상화' 를 걱정하는 자들은 도대체 '김일성' 을 얼마나 높게 평가하고 있단 말인가. 우리는 오히려 이 인간들을 이적단체로 잡아 가두어야 한다.

어제 에수비에수의 북한영화 방영은 몇 가지 점에서 신선했다. 다른 점은 우선 차치해 두더라도 북한영화의 수준이 생각보다는 높았다. 영화가 제작된 시점이 1979년이라는 점을 고려한다면 화면구도나 세트 처리, 주연배우와 엑스트라들이 조화를 이루게 하는 세밀한 연출 등이 당시의 우리 남쪽 영화에 크게 뒤진다고만은 볼 수 없었다.

우리 나라 역사물에 관심이 있는 사람들이라면 영화 내용은 아니라도 의상에서부터 소도구까지 관심있게 볼 수 있는 부분이 한둘이 아니었으리라 생각한다. 도대체 뭐가 문제라서 이런 재미있는 자료의 공개를 막는단 말인가. 우리 국민들이 지네들처럼 김일성을 무서워하는 줄 아는가.

이제 우리는 북한의 문화와 북한의 현실에 대해서 적극적으로 이해하고 개입할 준비를 해야 한다. 이건 가진 자의 아량도 아니며 단순한 민족적 대의명분을 위해서도 아니며 단지 현실의 문제다. 우리가 북한을 이해하지 못하는 한, 북한이 만들어낼 어떠한 상황에 대해서도 불리해질 수밖에 없기 때문이다.

최근 그 가능성이 조심스레 점쳐지고 있는 북한의 자체 붕괴 가능성을 고려해 봐도 그렇다. 북한이 자체 붕괴하면 어떤 상황이 올까 한가롭게 고민할 게 아니다. 그런 상황이 오지 않도록 최선을 다해 막을 궁리를 해야 한다. 가능성이 희박한 남침가능성에 대해서도 마찬가지다. 남침해오면 어떡할까를 고민할 때가 아니다. 남침하지 못하게 손을 써야 하는 것이다. 북한이 자체붕괴하든 남침해오든 우리 쪽이 어떻게 되는가 하는 건 뻔하다. 같이 망한다.

그런데 어떻게 손을 써야 하는 걸까? 방법은 의외로 간단하다. 그들이 망하지 않게 하고 공격해오는 것도 막는 방법은 단 한 가지, 그들과 친구가 되는 거다. 친구가 되어 그들이 망하지 않도록 도와주어야 하며 친구이기 때문에 공격해오지 못하게 해야 하는 거다. 이건 그들만의 생존의 문제가 아니라 우리들의 생존의 문제이기도 하다.

그 이유는 결국 우리가 같은 민족이기 때문이다. 낡은 의미의 핏줄

스포츠・연예 8월 17일(월)

탓이 아니라 같은 역사를 공유하고, 우리 역사 내적 동력에 의해서가 아니라 외세의 이해관계에 의해 불합리하게 나누어진 민족상잔이기 때문이다.

북한영화 방영하지 말라고 짖어대는 무리들도 똑같이 '통일'을 얘기한다. 그러나 이 거짓말장이들은 결코 통일을 원하지 않는다.

동구유럽의 공산주의 실험도 끝이 났고 북한의 주체사상 실험도 종말을 고한 지금 여전히 북한과 주체사상이 무서워 발발 떠는 피래미들은, 오히려 '분단상황'에서만 이득을 얻는 반통일, 반민족 세력들이기 때문이다.

북한이 힘이 있을 때 이런 말을 하는 건 오해를 사기 쉬었지만 이제는 마음놓고 이런 말들 좀 해야 한다. 이제 이 따위 인간들의 목소리는 잠재워야 한다. 이 인간들의 얘기에 귀기울이다간 남북한이 다 망할 상황이기 때문이다.

에수비에수에서 방영한 〈안중근 이등박문을 쏘다〉에서는 원작의 30여 분 가량이 가위질 당했다고 하는데, 그 부분의 내용은 다음과 같다.

본지 푸닥거리팀이 안중근의사를 영접, 직접 받아온 휘호.
"조디에 까시 나기 전에 맨날 딴지 졸라 읽어라"

안중근이 이토 히로부미를 쏘아 죽인 다음 아무 것도 변한 게 없는 현실을 바라보며 새로운 영도자(김일성 아바이 수령 동지)의 출현을 염원한다는 김밥 옆구리터지는 이야기다.

이 날 방영된 내용에서는 위의 코메디 부분이 빠져서 보는 사람들의 즐거움을 반감시켰을 뿐만 아니라 북쪽의 현실을 이해하는 자료로서의 가치도 훼손되어 우리 쪽에서 만든 안중근 일대기와 크게 다를 바 없는 내용이 되고 말았다.

그나마 우리와 똑같이 생긴 사람들이 우리와 똑같은 말을 하고 우리가 아는 안중근 얘기를 그려낸다는 사실에 새삼스레 '그들도 우리와 같은 민족'임을 확인할 수 있게 한 점에서 위안을 얻을 수 있었으리라.

그리하여 언론을 통해 간접적으로 전해 듣고 '남의 일'처럼 보던 북한의 참상이 바로 우리의 문제임을 좀더 피부에 와닿게 느낄 수도 있었을 게다. 더 나아가 때낀 담요에 싸여 못 먹어 왕방울만해진 눈으로 휑하게 바라보던 그 아이의 눈빛이, 바로 우리 아이들의 눈빛임을 확인할 수 있게 해 주었다면.

누가 북한영화를 두려워하랴.

– 딴지 가끔 연예부 기자 최유준 hoggenug@netsgo.com

석두홍 씨는 이제 세번째 SM 파이브를 타고 있습다.

첫번째 사고 일주일 후,
석두홍씨는 자신의 두번째 SM파이브를 타고
조심 조심 운전을 했슴다.
그러나...

또 다시 중앙선을 침범하여 맞은편에서
달려오던 지난주 바로 그 티피랑 정면충돌 하였슴다.
지난 주 그 여자랑 그 남자랑 타고 있었슴다.
그 여자는 이번엔 가벼운 타박상을 입었슴다.
그 남자는 팔이 부러지는 골절상을 입었슴다.
티피는 아직이 낲슴다.

SM 파이브도 허벌 깨졌슴다.
그래도 석두홍씨는 또 골절상만 입었슴다.

.
.
.

석두홍씨는 이제 세번째 SM 파이브를
두번째 아내와 탐다.

앞으로 평생 SM파이브만 타기로 했슴다...

테마신문

딴지일보 테마신문 『레인부츠』

생활뉴스 '테마신문'은 매주 비스무리한 모습으로 독자 여러분을 찾아갑니다.

Travel
■1998년 8월 여섯째주
[웃음이 있는 여행] 현직 여행사의 기획실장으로부터 우리 나라 여행객들의 가공할...

Home
■1998년 8월 여섯째주
[가정] 한밤중에 디비자다가 일어나 마누라의 귀지를 파준 적이 있습니까...?

People
■1998년 8월 여섯째주
[인물탐구] 이 여자가 사는 법. 1, 2, 3 편에 이어 남편의 생생한 육성 증언을 통해 IMF 시대를 힘차게 살아가는 한 여성의...

테마신문에 대한 문의는 DDanji@netsgo.com로 해 주십시오.

http://ddanji.netsgo.com

테마신문-여행 8월 17일(월)

딴지일보 테마신문 〈레인부츠〉

Travel

현직 여행사 기획실장(어디인지는 절대 말할 수 엄씀)으로부터 우리 여행객들의 가공할 엽기성을 확인해 보자.

이 엽기성을 응축해 21세기 명랑사회구현을 위해 모다 쏟아붓는다면 얼매나 좋겠는가. 안타까울 뿐이다.

3만 여행사 직원이 뽑은 마자마자 베스트 5

막가파형

의사와 같이 하이클래스의 직업군을 가진 사람들에게 종종 발견되는 스타일. 평소 전문적인 분야에 종사함으로써 생기는 쌓인 스트레스를 엉뚱한 여행인솔자나 여행 가이드에게 풀어버리려 한다. 이 군상들은 단체 버스의 맨 마지막 자리를 선호하며 버스가 이동 중 가이드가 어떤 멘트를 하고 좋은 설명을 해도 퍼질러 잠만 잔다... 그리곤 깨어나면 한마디씩 한다. "배고파... 밥죠..."

인솔자나 가이드들에게 반말은 예사며 심지어는 처음 보는 단체 손님들한테도 막 반말을 한다. 지난 번 대전에서 온 치과의사 한 분은 호주에서 서울로 귀국하는 비행기에서 포승줄로 묶여오기도 하였다. 술에 만취해 기내를 온통 에어포스원 분위기로 만들어버린 통에 외국 승무원들에게 '광복 50년 다시 묶자 한국인'의 멋진 포즈를 취해주셨다.

그럼에도 계속 소리를 지르며 술 달라고 하자 결국 이런 영어 멘트가 나오더라... "셧 더 퍽킹 마우스 플리즈... 이프 유 컨티뉴... 입 찢어 버린다... 오어 겟 아웃 오브 히어."

본 기자도 처음 여행사에 입문하여 엄청난 사명감으로 싱가포르 출장을 가서 이 부류의 인간에게 정신적으로 돌림빵 당한 후 허벌창 찢어진 가슴을 부여안고 보름달을 보며 눈물의 추석을 보낸 적이 있었다.

투덜투덜 여행 박사형

이 부류는 주로 공무원이나 학자 등의 직업군에서 발견이 된다. 아는 것도 많으니까 좋긴 하겠다만 이 손님들의 여행목적은 즐기는 것이 아닌 무슨 수사 나온 사람들 같다. 본인도 항상 얼굴을 찡그리고 있으니까 건강에도 해로울 텐데 인솔자와 눈만 마주치면 투덜이 박사님이 된다.

또한 이 손님들은 단체 여행객을 선동하여 단체의 분위기를 초토화시키는 데 무궁화 훈장을 받을 만큼의 공로를 인정받기도 한다. 투숙한 호텔을 엄청 씹어대며 가이드 뒷다마를 쓰리쿠션으로 쳐댄다. 별로 여행을 많이 다닌 것도 아닌데 엄청 다른 나라랑 비교를 하며, 공통적인 특징은 지난 번 갔었던 여행지는 침에 입이 마르도록 칭찬을 한다는 것이다.

홍콩 한번 갔다오고 동남아를 다 아는 양 행세하며 파리 한 번 갔다오곤 동남아를 엄청 우습게 본다. 어느 여행사는 얼마인데 여기는 얼마라는 말은 기본 멘트이며 가끔 단체 일행들의 수준을 엄청 비하시키며 자신은 유유자적 홀로 독야청청한 시늉을 내는 사슴 같은 모습을 보이기도 한다.

어느 공무원 아찌는 유럽에서 물 사먹는 건 기본인데 도저히 이해할 수가 없다고, 여행사가 사기치는 거라고 기자를 일주일 동안 들들 볶아내서 들기름을 만들어 버리더니 결국 일주일 동안 물 한모금 마시지 않는 초인적인 의지를 선보이시다가 탈수증으로 쓰러져 본인을 콩기름으로 만들어버리는 무시무시한 공무원 괴담을 연출하기도 하셨다.

법 없인 못 살아형
이 부류는 판검사 등 법조계에서 일하는 사람들이나 의식 있는 젊은 아해들에게 발견이 된다. 여행 조건을 아주 꼼꼼히 체크하며 만일 조금이라도 이상이 있는 것이 발견될시에는 '소비자 고발센터' 나 '여행 불편 센터' 를 자주 거론하고 젊은 아해들은 통신에 확 까발리겠다 식의 법시민으로서의 투철한 자세를 보인다.

일부 중에는 아주 상습적으로 이따위 행동을 일삼아 여행사에서 공동으로 블랙리스트를 만들자는 소리도 나오고 있다. 이전에 한 번 정도 법의 힘으로 보상을 받은 경험이 있는 사람들은 여지없이 여행 중 불편한 것이 생겼을 때 리바이벌을 계획하고 또 그렇게 한다.

그들이 즐겨 사용하는 단어는 '정신적인 피해보상'. 배낭여행을 전문으로 하는 여행사에서는 여름 방학 때면 심심찮게 여행사가 헌대 자동차 파업장으로 변모되어지는 모습이 목격되기도 한다.

색즉시색(色卽是色), 공즉시색(空卽是色)형
처음부터 끝까지 자신의 왕성한 정력을 자랑하며 쌕쌕쌕 쌕만 밝히는 꾼들이다. 이 부류는 종교인부터 장사치까지 그 직업군도 다양하며 20대부터 70대까지 연령층도 다양하다. 여행을 성의 해방이라고 인식하는 부류로서 낮에는 거의 송장처럼 지내다가 밤만 되면 부나방이 되어 호텔방에서 튀쳐나오기 일쑤다.

와이프한테는 출장간다고 속이고 애인과 방콕을 여행온 색골남 군과 집 잘 지키고 있을 테니 출장 잘 갔다오라고 말해놓곤 자신도 애인과 방콕으로 날아온 색골녀 양이 우연히 방콕 쇼핑센타에서 따악 맞딱뜨린 감격의 부부 상봉 장면도 볼 수 있으며, 구도의 길에 정념하시

테마신문-여행 8월 17일(월)

던 스님께서는 밤만 되면 공양간다는 화두를 남겨두시고 옆의 보살님 방으로 슬그머니 들어가 꺼억꺼억 야릇한 염불소리도 들을 수 있는 것도 다 이 부류들의 업적이 있기 때문이다.

한 할아버지는 미국 일주 여행을 40대 작부 같은 여인네와 같이 와서는 내내 한방을 쓰다가 마지막 귀국 하루 전날 뉴욕에서 필자를 조용히 불러 "뉴욕에 큰아들놈과 같이 사는 할매가 오늘밤 호텔로 오기로 했으니 혼자 온 걸로 해달라"고 처연한 눈빛으로 말씀하시던 기억도 쌩쌩하다. 누굴 탓할 것인가... 비아그라가 필요없는 한국인의 강철 같은 무쇠다리를 탓할 밖에...

대왕대비 형
자고 일어나니까 벼락부자가 된 강남의 졸부들에게 많이 나타나는 형이다. 이들은 우선 다른 사람들과 같은 대우를 받는 것을 극도로 혐오하며 상대방을 볼 때 눈을 내리깔고 찬연한 도도함으로 사람을 본다. 은연중에 자신의 부와 명예를 과시하려 들며 인솔자에게는 하루에 한 번씩 자신이 한반도에서 얼마나 추앙받는 졸부인가를 세뇌시키며 "다음엔 동창들하고 남미를 가는데... 글쎄... 거기 회사도 남미하나??"

이런 식으로 거드름을 피워대신다. 여자들 같은 경우는 일주일 여행에 두 트렁크 분의 옷을 가지고 와서는 매일 매시간 화려한 공작새로 변신을 거듭하며 인솔자나 가이드에게 가방 모찌를 은근히 강압한다.

행동도 느릿느릿해 왕족의 걸음걸이를 흉내내며 특히 박물관 같은 데는 도통 관심을 보이지 않다가 쇼핑센터에 가면 날아라 썬더보이가 되어서 그라운드를 휘저으며 싹쓸이를 해댄다. 단체 손님 중 이러한 대왕대비가 몇 부류 섞여 있을 때는 누가 진정한 혈족을 타고 난 왕족인가를 겨루기 위한 신경전이 서릿발 같은 기운으로 여행 내내 감돌고 있으며 극한 상황에서는 스스로 왕족을 포기한 채 감히 천민들도 쓰지 못하는 망발을 해대는 경솔함을 보이기도 한다.

그전에 유럽에서 한 아자씨는 18명의 여자들이 생왕비짓을 해대자 갑자기 버스에서 미친 사람처럼 일어나서는 이렇게 울부짖었다. "야 이 신발 족 같은 눈들아!! 앞으로 계속 주접을 떨어대면 머릴 다 뽑아 버릴 텨!!!"

그 말을 들은 왕비님들은 순간 스스로를 그토록 지켜주던 품위를 망각한 채 넘버쓰리에서 송강호가 하는 대사처럼 마구 골때리는 시어를 남발하시더라.

"머라 머라, 이 십할넘아... 이 족가튼 색키 머라 구랬어?"

주여...

끝.

- 열린이 spacekor@hotmail.com

테마신문-가정 8월 17일(월)

딴지일보 테마신문 〈레인부츠〉

딴지일보 지난기사 기사검색

Home

잘 디비자다가 새벽에 일어나

마누라의 귀지를 파줄 수밖에 없었던 사연...

아...

당신도 이렇게 될 수 있다...

마누라 귀지 파줬다...

<K2>란 영화를 봤다.
몇 년 전에 본 영화인데 다시 봐도 재밌다.

영화가 끝날 무렵 출출하다고 했더니 마누라가 샌드위치를 만들어
줬다. 맛있게 먹고 잠자리에 들었다.
근데 한 10분쯤 지났을까...

거의 잠이 들락말락하고 있는데 마누라가 벌떡 일어났다.

"나 귀지 파줘..."

이런 황당무계하고 골때리는 일이 있나.
잘 자빠져 자다가 갑자기 일어나 졸려 죽겠는 사람
깨워서 귀지를 파달라니...

내가 '잘못 들었겠거니' 하면서
도저히 떨어지지 않는 눈을 간신히 집게 손가락으로 벌리며

"뭐라구...?" 했더니

"귀지 파달라니까..."

자기가 아까 샌드위치 만들어줬잖냐고...
자긴 지금 귀가 간지러워 잠도 안 오는데

테마신문-가정 8월 17일(월)

마누라가 이렇게 괴로워하는데 잠이 오냐고…

내가 미친다.

그러나 마누라 이기는 남편 있으면 나와보라고 그래…
귀지 파줬다… 이러저리 한 30분은 파준 거 같다…

"어이~ 시원하다…"
그러더니 지금은 자빠져 잔다…

난 잠 다 깼다…

〈K2〉 대사 중에 이런 게 있었다.
〈사랑은 바가지…〉
이 〈바가지〉가, 〈바가지 긁다〉의 그 〈바가지〉가 아니고
〈바가지 쓰다〉할 때의 그 〈바가지〉다.

그러니까 사랑은 이만하면 충분하겠지 하는 것보다
더 많은 걸 요구한다 이거다.

〈희생〉이라 보이기도 하는데 이게 억지로 하는 게 아니라
기꺼이 하는 거라 〈희생〉이 아니고 사랑이라 이거지…

시원하다고 지 혼자 다시 잘 자빠져 자고 있는 마누라 얼굴 보니까
〈사랑은 바가지〉 맞는 것 같다…

마누라 '귀지 파준 일' 없으십니까? 여러분의 경험을 기다립니다.

딴지일보 테마신문 〈레인부츠〉

IMF를 극복하기 위해서는 정부, 기업, 국민 모두가 힘을 합쳐야 할 것이다. 그러나 가장 근본적인 극복의지는 역시 가족이라는 단위에서부터 나온다. 그리고 가족의 힘은 여성에게서부터 나온다.

여기 어떤 고난에도 끄떡없을 어머니이자 아내인 한 여성을 소개한다. 그녀의 남편이 직접 육성으로 증언하는 이 시대를 위한 강인한 여인상, 1~2편에 이어 그녈 다시 만나보자...

테마신문-피플 8월 3일(월)

힘센 마눌은 여자보다 아름답다(3) – 힘의 기준

"아기가 왜 울어?"
"풍선을 불어주다가 그만 터져 버렸어요."

일을 마치고 집에 들어왔더니 아기가 무척 놀란 듯한 얼굴로 울고 있다. 엄마가 불어주던 풍선을 보고 깔깔대며 재미있어 했을 텐데 이것이 그만 커다란 폭발음과 함께 터져 버렸으니 황당과 당황과 놀람, 그리고 심한 배신감이 한번에 몰려왔던 모양이다. 아내는 아기를 달래려고 번쩍 안는데 그 폼이 자연스러우면서 너무도 당당했다.

하긴... 아내가 무엇인가를 들 때 한번도 힘들어하는 것을 본 적이 없으니까.

"요즘 풍선이 질이 안 좋은가 봐요."

아내는 불쑥 내게 말을 건넨다.

"그럴 수도 있지. 아니면 단순한 불량품일 수도 있겠고..."

무슨 말을 하려는지 몰라 별로 대수롭지 않게 대답했지만 아내는 뭐가 그리 불만인지 계속 풍선을 원망하고 있었다. 그러다가 아내는 혼잣말하듯 조심스레 말했다.

"이거 원~ 힘주어 세 번 불었는데 터져버리다니..."

세 번?

난 놀라지 않을 수 없었다. 요즘 아기 때문에 풍선을 가끔 불어주게 되는데 그것도 여간 힘든 일이 아니었기 때문이었다. 그런데 세 번만 불어서 터트리다니... 이 일은 내게 있어 힘이라는 것의 평가를 위한 새로운 개념을 만들어주는 또 하나의 계기가 된 것이다.

내가 초등학교에 다닐 무렵, 그때의 힘에 대한 나의 개념은 누가 더 철봉에 오래 매달려 있는가 하는 것이었다. 또한 그것은 나이하고도 직접적인 연관이 있는 것으로 알고 있었기에 학년이라도 많은 사람이 더 오래 매달려 있어야 하는 것으로만 믿고 있었던 것이다.

그러나 시간이 어느 정도 흘러 중학생이 되었을 때 힘의 개념이라는 것은 누가 더 싸움을 잘하는가로 바뀌게 되었으며, 조금 더 커서 고등학생이 되었을 때는 누가 더 많은 경험과 흥미진진한 무용담을 가지고 있느냐는 것으로 바뀌게 되었다.

그러다가 고등학교를 졸업할 때가 되어서야 비로소 공부 잘하는 사람이 힘이 세다는 것을 어렴풋이 알게 되었고 이것은 성인이 되면 될수록 점점 더 확신되어지고 있었다. 하지만 그 이후로 힘에 대한 개념의 변화는 거의 없었다.

운전을 하기 시작하면서 목소리가 큰 사람이 힘이 더 세다는 사실을 잠시 알았을 뿐이었지만 이것도 그리 오래가지는 못하였다. 그러다가 나의 힘에 대한 개념은 결혼을 하면서 다양하게 변하는 동시에 이에 따른 엄청난 혼돈 또한 함께 겪게 된다.

테마신문-피플 8월 3일(월)

도저히 더 이상은 사용할 수 없으리라고 믿었던 치약을 자그마치 이틀간이나 계속 사용하는 아내를 보면서 어려서부터 가져온 힘의 개념이 여지없이 무너져버리고 만 것이다. 결국 끔찍하리 만큼 동강난 치약 튜브를 보면서 그동안 몰래 새 치약을 짜서 사용하던 내가 힘의 개념 앞에 더 부끄럽게 느껴져야만 했다.

하루는 방청소를 하다가 하기 싫은 걸레질을 하게 된 적이 있다. 난 원래 방바닥을 걸레로 닦을 때는 바닥에 물기만 조금 보일 정도로 슬쩍쓸쩍 대충 지나쳐 버린다. 구석구석까지 닦을 만한 꼼꼼함은 가지고 있지 않음은 물론이고 오히려 불결은 불결로 이긴다는 남다른 위생 개념을 미덕으로 여기고 있었을 뿐이었다.

그날도 예외없이 대충 걸레질을 하는데 아내가 한 곳을 가리키며 그곳에 얼룩이 있다며 빡빡 문지르라는 것이다. 하지만 방바닥의 얼룩이라는 게 물걸레질을 한다고 지워지는가? 내 상식으로는 휘발성이 있고 물질을 분해할 수 있는 성질의 다른 액체를 이용해야 지워지는 것으로 알고 있었다.

아니나 다를까 방바닥의 얼룩은 걸레질로는 도저히 지워지지 않았다. 무언가 다른 것이 필요하겠다고 아내에게 말하는 순간 아내는 빠른 동작으로 내 걸레를 빼앗더니 방바닥을 빡빡 문지르기 시작했다. 나는 그 순간 내눈을 의심하지 않을 수 없었다. 물걸레로는 도저히 지워지지 않을 것 같던 방바닥의 얼룩이 거짓말처럼 지워지는 것이 아닌가? 나는 또 한번의 혼돈에 빠지게 되었다.

도대체 어떤 개념으로 힘이라는 것을 규정해야 하는가? 한편으로는 방바닥 장판의 재질과 걸레로 쓰여진 그 섬유의 성분과의 마찰 관계를 조사하여 이 운동력을 마찰력으로 전환한 다음, 여기에 들어간 힘의 정도를 수직운동으로 바꾸어 역기를 드는 것으로 환산해보아야겠다는 생각을 하고 있었다.

이렇듯 힘에 대한 개념은 결혼 생활 중에 수시로 바뀌게 되었고, 그것은 새로운 개념이 생길 때마다 많은 혼란을 동반하곤 했었다. 하지만 정말로 잊혀지지 않는 커다란 힘이 하나 있다.

몇 년 전, 꽤 오랫동안 다니던 직장을 그만두어야 할 일이 있었다. 안정된 직장생활을 그만두고 무언가 확신 없는 다른 일을 하려니 그 또한 결정하기가 그리 쉽지 않은 것이었다. 많은 고민을 했었고 결정을 내리기는 더욱 힘들었다. 직장이라는 것은 처음에 들어가기보다 그만두는 것이 훨씬 어렵다는 것을 알게 된 것도 그때의 일이다.

그때 아내는 하고 싶은 일을 하지 않으면 결국은 병이 된다는 특유의 논리로 흔쾌히 내 해답을 찾아 주었다. 결국 나는 직장을 그만두고 새로운 일을 시작하게 되었고 아마도 그것은 살면서 내가 아내에게서 느낀 가장 커다란 힘이 되었던 것이다.

아기는 아내의 품에서 이내 잠이 든다. 이 녀석은 아마도 물리학자가 되려는 생각은 일찌감치 포기해야 할 것이다.

이 다음에 나와 같은 힘에 대한 개념을 갖게 된다면 말이다.

To be continued

– 본지 맘대로 기자 bennet 김은태

테마신문-피플 8월 31일(월)

힘센 마눌은 여자보다 아름답다(4) - 버스

"후다다다닥~"

네거리 모퉁이로 버스가 도는 것이 보이기가 무섭게 아내는 이미 도루를 시작한 이종범 선수처럼 달리기 시작했다. 아내는 버스를 탈 때 버스를 타려는 사람이 많고 적음과 관계없이 항상 일등으로 탄다.

아내가 버스를 일등으로 타는 목적은 당연히 앉아서 가겠다는 젊은 사람답지 않은 불건전한 의도였고, 항상 일등으로 버스를 타는 이유는 탁월한 위치 선정 능력과 불타는 투지, 그리고 압도적으로 우위를 보이는 뛰어난 몸싸움 능력이라는 3박자를 고루 갖췄기 때문이었다.

하지만 아내가 뛰면 나도 뛰어야만 했다.

아내는 일등으로 버스에 오르면 항상 맨 뒷자리를 큼직한 엉덩이로 두 사람 몫을 차지하고 있다가 뒤늦게 내가 타면 자리를 만들어 줬으며, 그것도 여의치 않으면 뒷좌석에 두 자리 정도를 차지하고 옆으로 길게 누운 채 내가 타는 것을 기다리곤 했다.

나중에 사람 많은 데서 그 자리에 앉으려면 여간 쪽팔린 게 아니어서 아내가 버스를 타려고 뛰기 시작하면 나도 내 의지와는 전혀 상관없이 부지런히 뛰어야만 했던 것이다.

서울 명동의 롯데백화점 앞에서 버스를 타본 사람이라면 그곳이 버스 한 대가 올 때마다 얼마나 많은 사람들이 버스를 타려고 움직이는 곳인지 알 것이다. 노선의 기착점인 동시에 시발점인 그곳은 적게는 20명에서 많게는 50여 명까지 한꺼 번에 버스를 타려고 움직이는 곳이다.

하지만 아내는 을지로 쪽에서 코너를 도는 버스의 번호를 잘못 본 모양이었다. 우리집으로 가려면 161번 버스를 타야 하는데 이상한 번호의 버스를 향해 아내는 평소의 실력을 유감없이 발휘하고 있었고 잘못된 번호를 확인한 나는 멀찌감치 서서 아내가 실전을 대비해서 워밍업을 하고 있거나 또는 번호가 잘못된 것을 알면 되돌아오겠거니 하고 생각하며 천천히 그쪽으로 발걸음을 옮기면서 아내의 행동을 바라보고 있었다.

하지만 아내는 계속 번호를 잘못 본 사실을 깨닫지 못하고 있었으며 늘 하던 대로 이제 막 일등으로 버스에 올라타려는 자세를 취하고 있었다. 그런데 그 순간 작은 소동이 일어났다.

"아니 저 아줌마는 뭐야?"

여기저기서 불만 섞인 말들이 쏟아져 나왔다. 아내는 버스의 출입문 앞에서 양손으로는 문 양쪽에 있는 가늘고 길다란 봉 모양의 손잡이를 잡고 오른 발을 첫 번째 계단에 얹어 놓은 채 사람들이 아무도 못타게 입구의 문을 장악하고 있었던 것이다.

나도 처음 보는 새로운 전술이었다. 또한 그 힘은 몹시도 대단한 것이어서 뒤에 서 있던 약 50여 명의 사람들이 단 한 사람도 버스에 오르지 못하고 있었으며 앞으로도 천하장사 이만기가 오기 전까지는 누구라도 그 차에 오를 수 없을 것만 같았다. 그러면서도 아내는 계

테마신문-피플 8월 31일(월)

속 큰소리로 말하고 있었다.

"우리 남편 올 때까지는 아무도 못 타!"

난 차라리 버스 번호가 잘못된 것이라는 사실을 무척이나 다행스럽게 여기기 시작하며 제법 멀찌감치 떨어진 곳이라 생각되는 지점에서 큰 소리로 외쳤다.

"여보! 그 차 161번 아냐~"

그 뒤로 아내가 버스를 일등으로 타는 방법에 새로운 능력 한 가지가 추가되었다. 예리한 관찰력이 하나 더 생긴 것이다. 이로써 아내는 대한민국에서 아니 전 세계에서 버스를 가장 먼저 탈 수 있는 능력을 완벽하게 갖추게 된 것이다.

이를 축구 선수에 비교하면 뛰어난 체력과 스피드에 넓은 시야를 가지고 있으면서도 탁월한 경기 감각까지 지니고 있는 셈이었으며, 바둑 두는 프로기사로 따지면 조훈현의 빠른 행마와 유창혁의 무서운 전투력, 그리고 이창호의 완벽한 끝내기에 조치훈의 승부 근성까지 갖춘 경우일 것이고, 가수로 따진다면 뛰어난 가창력에 충분한 끼, 그리고 멋진 외모까지 받쳐주는 경우일 것이며, 사기꾼으로 따진다면 청산유수 같은 달변에 누구든지 속아 넘어가는 연기력, 그리고 양심의 가책을 느끼지 않는 뻔뻔함마저 갖춘, 한마디로 완벽한 전문가가 되어 있었던 것이다.

그뿐만 아니라 아내는 달리는 버스의 정차지점을 예상하여 미리 달리기 시작하다가 버스 번호를 잘못 봤을 경우 주위의 사람들에게 무척이나 쪽팔리는 상황이 발생되므로 이에 대한 만반의 준비까지 했었다.

그 준비란 다름이 아니라 혹시라도 뛰어가는 도중에 버스번호가 잘못된 것이라는 사실을 알았을 때, 일단 그대로 계속 뛰어간다는 것이다. 마치 다른 사람이 보면 다른 용무로 뛰는 줄 알도록...

정식으로 아내의 그 능력을 인정해주는 기관은 물론 없었지만 어쨌든 아내는 내가 인정하는 이 부문의 세계 챔피언이 된 것이다. 이제 아내는 어떤 일로 어디를 가든 빈 자리 하나만 있는 어떤 버스를 타게 된다면 그 자리는 이미 아내의 자리가 될 것이다.

하지만 불과 얼마 뒤 내가 사무실을 옮겨 차가 쓸모없이 되는 바람에 그 후로부터 아내는 내가 타던 차를 타고 출퇴근을 하게 되었다.

To be continued

— 본지 맘대로 기자 김은태 bennet@mail.hitel.net

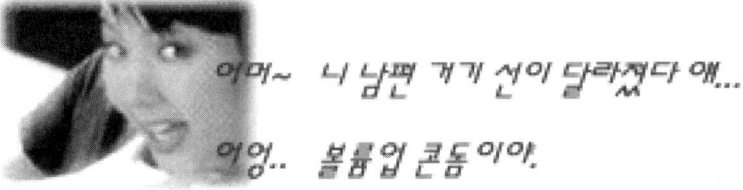

어머~ 니 남편 거기 선이 달라졌다 얘...
어엉.. 볼륨업 콘돔이야.
힘있게 모아주고 받쳐주니까, 졸라 조은거 이쩨.

어머, 너 좋겠다, 얘.

Volume up Condom

JAJIAN

싸설 · 칼넘

발행인 싸설
피다 만 담배는 하다 만 섹스인데...

김대충 칼넘
브라보콘을 돌려다오!!!

홍싸조 르뽀
영화 〈몸부림〉을 때리고...

경제 잠망경
자기일만 열심히 하면 과연?

http://ddanji.netsgo.com

[발행인 싸설] 피다 만 담배는 하다 만 섹스인데...

몇 년 전이던가? 이미 꽤 오래된 것 같은데...
어느 날 갑자기 김포공항 국제선 청사에 코딱지만한 흡연박스를 만들고 담배 피는 사람들은 거기 들어가서, 고딩이 화장실에서 몰래 피듯 뻐끔뻐끔 피고 나오게 해 놨는데...

[김대충 칼넘] 브라보콘을 돌려다오 !!!

며칠 전 날씨가 더워 아이스크림을 사먹으러 갔다가 경악을 금치 못할 장면을 목도하고 말았다. 해태~ 브라보콘~ 아이스크림은 해태~ 아직도 귀에 생생한 그 CF... 어린 시절 본 논썰우원의 기억에 브라보콘은 아이스크림의 대명사였으며, 엄마에게 100원씩 받아 벼르고 별러서 사먹던...

[홍싸조 르뽀] 영화 〈몸부림〉을 때리고...

에로영화의 거장 〈김성수〉감독이 메가폰을 잡았고, 〈주민희〉〈황미숙〉〈송혜주〉 등이 몸부림을 치며 열연한다. 에로영화계의 〈장동건〉... 〈김도일〉이 남자 쥔공 역할을 맡았다. 런닝타임은 90분 – 한국 성인영화의 자존심을 빳빳하게 세우고 있는 〈유호프로덕션〉작품이다...

[경제 잠망경] 자기 일만 열심히 하면 과연?

통신의 플라자란에 들어와 글을 읽다보면 가끔 "아... 이런 생각을 하는 사람들이 요즘도 있나?" 하는 글들을 보게 됩니다. 바로 "열심히 자기 할 일만 하는 사람들..." 운운의 글귀죠. 나름대로 자신의 주장을 합리화시키고...

피다 만 담배는 하다 만 섹스…

몇 년 전이던가? 이미 꽤 오래된 것 같은데…

어느 날 갑자기 김포공항 국제선 청사에 코딱지만한 흡연박스를 만들고 담배 피는 사람들은 거기 들어가서, 고딩이 화장실에서 몰래 피듯 뻐끔뻐끔 피고 나오게 해 놨는데…

사람들끼리 서로 눈길 안 맞추려고 멀뚱멀뚱 바닥이나 먼 곳 쳐다보며 별 말도 없이 희석된 혈중 니코틴 농도를 재빨리 보충하고 나오는 그런 공간인데, 어째 거기 가서 앉아 있으면 영 기분이 아니올시다가 되곤 한다.

우선, 서로 눈길 안 맞추려고 멀뚱거리는 것이, 공중 화장실에서 오줌 누면서 옆사람 안 보는 척 하려고 괜히 멀뚱 멀뚱하는 것이랑 비슷한 기분이 들게 하는데,

'화장실 멀뚱'은 "쨔샤, 나 니꺼 안 봐…"라는 의식적 제스처고 '흡연박스 멀뚱'은 "나 빨리 피고 갈꺼야…"라는 무의식적 제스처라는 게 차이라면 차이겠고, 그 바탕에 깔린 것이 모종의 '죄의식'이라는 것이 공통점이라면 공통점이겠다.

'죄의식'이라… 단어가 딸린다만은 그걸로 하자.

흡연박스에서 담배 피면서 뭔놈에 무의식적인 죄의식까지… 라고 말하는 사람이 있을지는 모르겠지만, 그게 그렇게 간단하지만은 않더

라...

일단 흡연 박스는 언제나 저 구석에 있고, 그곳은 항상 청소 순위에서 밀리기도 하고, 담배 연기가 자욱한데다 환기 시설도 꽝이라서 딱 들어가는 순간부터 빨리 피고 나가야겠다는 생각이 똥꼬로부터 치밀어 오르고 일종의 비애감이 드는데, 그러니까 뭐랄까 보호받을 가치가 없는 권리를 떼써서 겨우 겨우 누리려는 자의 비애랄까,

"담배 연기로부터 사람들을 보호해야 하는데 '니네들 같은 흡연자' 때문에 할 수 없이 공간은 만들어 주지만 빨리빨리 하고 나가!"라는 목소리를 쥐꼬리만한 공간 자체가 웅변하고 있는 것이다.

그래서, 그곳에서 담배를 피면, 괜히 안정이 안 되면서 담배를 재빨리 피워 니코틴만 보충하고 재빨리 나와버리게 된다...

담배라는 게 다들 아시겠지만 여유를 가지고 즐기면서 쫘악 빨아줘야 제맛이 나는 물건인데, 그렇게 피워대면 정말 체내 니코틴 함량... 농도냐 함량이냐... 어쨌든, 이 올라가는 화학작용 외에는 정신적 포만감도, 여유도 영 얻을 수가 없게 되는 불상사가 발생하는데, 그렇게 되면 알지 못하는 욕구불만이 계속 남게 된다. 하다 만 섹스처럼.

여하간, 흡연박스에서 느끼게 되는 알 수 없는 압박감과 초조감은 담배피지 않는 '흡연 박스' 바깥 세상에 대한 무의식적인 죄의식 때문이라고 본 총수는 생각한다.

'겨우 겨우' 보호받고 있는 권리, 떳떳하지 못한 권리라는 느낌이 들지 않을 수 없기 때문이다.

싸설·칼넘-발행인 싸설 8월 3일(월)

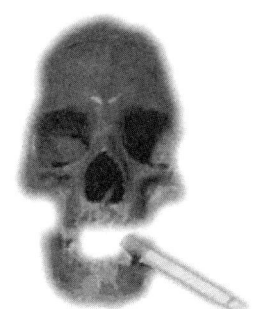

"니네가 흡연을 하니 그래 좋다, 그것도 권리는 권리니 인정은 해주는데 니네는 다른 사람들한테 피해를 주니까 구석에 가서 펴라... 특히 외국 사람들 많은 곳이다 여긴..."

이런 느낌... 그래도 손에 안 잡히면 더 이상은 설명을 못하겠고... 여하간 그런 종류의 느낌...

그런데...

그 목소리, "구석에 가서 펴..." 하는 그렇게 윽박지르는 목소리의 주인공은 누구냐... 그 목소리의 주인공에 대해서 오늘 좀 야그 해보려고 하는 것이다. 그 목소리의 주인공은 바로, 우리 나라의 인간의 권리에 대한 인식 수준이다...

왜냐...

혐연권 주창하는 물결이 미국에서 시작되어 유행처럼 우리 나라에 날아든 적이 있었다. 장거리 비행하는 비행기의 흡연석을 없애버리고, 공공 장소에서 담배 못 피우게 하고, 담배피는 사람을 사회적으로 배척하는 분위기를 만들고... 하는 움직임이 일고 있다는 뉴스가 외신을 타고 우리 나라에 들어 왔고 이에 우리 나라는 언제나 그렇듯이 위에서 지시를 하고 아래서는 '반응' 하는 척 했다.

그 반응하는 척의 결과물이 바로 이 코딱지만한 '흡연박스' 인 게다. 물론 그 전에도 구역은 있었다. 그런데 그것에 대한 정당성이 부여된 것이지... '음... 이게 세계적인 추세구나...' 이렇게 받아들여야지 어쩔 건가... 세계적 추세라는데... 이렇게 받아들였다.

미국에선 시민단체에서 처음 들고 나온 거지만, 우린 위에서의 지시 한 방으로 끝난 게 차이라면 차이겠다...

그렇다면... 유럽쪽으로 한번 날아가보자. 유럽에서 큰 공항 몇 개 들어보라면 런던 Heathrow, 파리 Roissy-Charles del Gaulle, 프랑크푸르트 Flughafen, 쮜리히 Flughafen, 암스테르담 Schiphol 정도 되겠다. 로마 거도 작진 않구나... 어쨌든 그 중 프랑크프르트로 가보자. 프랑크프르트를 선택한 이유는 게르만 민족이 질서 하나는 잘 지키는 민족이기 때문이다. 그러니까 담배를 제일 아무데서나 안 필 것 같은 족속이기 때문이다.

그런데 프랑크프르트 공항에 가면 이 '흡연박스'가 없다. 사람들이 아무데서나 담배를 핀다. 그들이라고 혐연권에 대한 인식이 없고 그들이라고 다른 사람에 대한 피해를 생각하지 않겠는가? 그런데도 없다. 이 치들은 공항 아무 곳이나 담배를 핀다(사실 예로 든 모든 공항에 흡연박스는 없다).

그래서 물었다.

"왜 아무 곳에서나 담배를 피나? 담배 안 피는 사람 피해가게?"

대답은 이랬다.

"왜 사람들의 권리를 그런 식으로 제약하려고 하느냐, 공항 환기 시설에 돈을 더 투자해 다른 사람에게 피해가 안 가게 하면 되지..."

싸설·칼넘-발행인 싸설 8월 3일(월)

그 독일 쉐이가 할 말 없게 만들어버린다.

담배를 피지 않는 사람의 권리를 중요하지 않게 생각하는 것이 아니라, 담배를 피건 안 피건 인간의 권리 자체를 중요하게 생각하는 것이다. 인간의 권리를 제한하기보단 돈을 더 투자해 모두가 만족할 환경으로 바꿔버리겠다는 사고 방식. 카...

강자가 약자에게 희생을 강요하는 게 훨씬 쉬운 방법인데 말이다. 담배 안 피는 것이 대세면 담배피는 사람이 약자가 되고, 담배피는 것이 대세면 담배 안 피는 사람이 약자가 되고...

그래서 "조또 저쪽 구석에 가서 펴" 하거나 "연기 걍 참아 쨔샤" 해야 하는데 말이다. 이게 우리 방식인데 말이다.

진짜 부럽다.

"혐연권 보장이 세계적인 추세야? 그럼 좋아" 그렇게 뚝딱 코딱지만 한 '흡연박스' 하나 만들고 "그리 들어가 담배 펴" 하면 끝이다. 그럼 또 우린 묵묵히 하란 대로 그 구석에 들어가 담배핀다.

이게 바로 우리 나라의 인간의 권리에 대한 인식 수준이다. 이게 바로 그 옥박지르는 목소리의 주인공이다.

(가끔 여자가 담배 피는 거 갖고 난리치는 남자들 보면 웃긴다. 겨우 담배에 여자고 남자를 가리나... 무슨 겨우 담배에 여자하고 남자가 있나... 그냥 담배피는 인간이 있을 뿐이지...)

어디 담배뿐이랴... 담배 하나를 이렇게 처리했다면 얼마나 많은 일들이 그동안 이런 식으로 처리되어 왔겠는가...

정부 시책이니 하는 것들이 그런 시책의 대상이 되는 사람을 먼저 생각하는 것이 아니라, 그런 시책을 재빨리 간편하게 시행하기 위해서는 어떻게 해야 하는가를 먼저 따지는 '행정편의주의' 적 사고방식으로 마무리된 것들이 대부분일 게 '흡연 박스' 하나로 여실히 보인다.

그리고, 여기에 익숙해져 있는 우리는 우리가 누릴 수도 있었던 우리의 권리가 무엇이었는지조차 모른 채로, 그런 것이 있는지조차 모른 채 그냥 받아들이고, 하란 대로 하면서 살아간다.

'흡연박스' 에 들어가야 할 게 아니라, 공항 환기 시설을 바꾸라고 주장해야 한다는 걸 모른다. 도대체가 그런 대우를 받아 본 적이 없으니까, 그런 권리가 있는 줄도 모르는 게 당연하다. 신경질나지 않을 수 없다.

그래서일까... 얼마 전 공항 갈 일이 있어 갔다가 또 '흡연박스' 에 들어갔다. 30초도 안 돼 왜 또 이런 말이 나도 모르게 또 튀어나오는 거냐...

니기미...

— 발행인

브라보콘을 돌려다오 !!!

며칠 전 날씨가 더워 아이스크림을 사먹으러 갔다가 경악을 금치 못할 장면을 목도하고 말았다.

해태~ 브라보콘~ 아이스크림은 해태~
아직도 귀에 생생한 그 CF...

어린 시절 본 논설우원으 기억에 브라보콘은 아이스크림의 대명사였으며, 엄마에게 100원씩 받아 벼르고 별러서 사먹던, 군것질 중 최고의 사치에 속하는 고급 식품이었다.

특히 본인의 미각을 황홀하게 하던 아이스크림을 덮은 초코렛은 커서 꼭 슈퍼하는 여자랑 결혼해야겠다는 결심을 굳히게 한 결정적 역할을 했다.

그런데...

너무도 오랫만에 추억에 젖어 흐뭇해하며 돈을 지불하려 하는 순간.

으윽...

가는 신음을 뱉을 수밖에 없었다.

무려 700원이었던 것이다.
세상에... 세상에...

브라보콘이 700원이라니...

좋다... IMF니까...
이미 추억 속으로 빠져 들어가고 있던 본인은 기어코 거금 700원을 내고 브라보콘을 받아들었다.

그러나... 아악~

소릴 지를 수밖에 없었다.
세상에 아이스크림을 덮고 있어야 할 초코렛이 없는 것이다.

땅콩과 초코렛이 숭숭 박혀 있어야 할 아이스크림 대가리가 허연 대머리를 드러내고 있는 게 아닌가...

아무리 해태 그룹이 어려움을 겪고 있다 하더라도 그들의 경영부실과 과도한 차입금으로 입은 손해를 소비자에게 몰래 바가지를 씌워 극복하려고 해선 안 된다.

우리 대기업이 해외시장에 나가서는 인정받지도 못하고 3류를 면치 못하는 이유가 무엇인가. 바로 국내 시장을 봉으로 생각하고 끊임없이 자기 개발하지 않았기 때문이다. 그들 대기업의 도피처는 애국심 하면 꺼뻑 죽어서 수출품보다 낮은 품질에 가격도 비싼 국산을 열심히 사주었던 착하디 착한 국내 소비자 아니었던가.

소비자를 우습게 보지 마라.
이러구도 그 전설의 브라보콘이냐 !!

이래서는 IMF 극복 못한다.
국가 신인도가 왜 떨어졌는가. 모랄 해저드가 뭔가.

한마디로 속여서 그런 거다. 작은 것을 속이려 하지 말고 소비자를 무서워하고, 뭐든지 페어플레이를 해라.

도대체 초코렛도 듬뿍듬뿍 있고 손잡이에도 초코렛이 그득한 포미콘보다 200원이나 비싸야 할 이유가 뭐란 말인가.

비싼 것은 그렇다치고 초코렛은 어디 갔냔 말이다. 초코렛!

해태... 존말로 할 때 내 추억 속의 브라보콘을 돌려다오. 초코렛을 박아다오!

IMF 극복하잔 말이다!!

씨바!!!

영화 <몸부림>을 때리고...

껍데기 앞판/
HEAD COPY : <넌, 날 미치게 해!!>
SUB COPY : <온몸을 비트는 성의 절정>
<이럴 때 난 만족을 느껴!!>

껍데기 뒷판/
HEAD COPY : <빨려 들어가는 내 몸을 난 어쩔 수 없어!!>
SUB COPY : <현란한 몸짓, 숨 넘어가는 소리...>
<어른들의 잘못은 어른들의 것으로만 남아야 한다>

에로영화의 거장 <김성수>감독이 메가폰을 잡았고, <주민희><황미숙> <송혜주> 등이 몸부림을 치며 열연한다. 에로영화계의 <장동건>... <김도일> 이 남자 쥔공 역할을 맡았다. 런닝타임은 90분 - 한국 성인영화의 자존심을 빳빳하게 세우고 있는 <유호프로덕션> 작품이다.

에로영화답지 않게 스토리가 꽉 짜여져 있으며, 사회적인 문제를 담아보려고 노력한 흔적이 유치뽕이다. 특히, 쥔공이 아픈 과거를 회상하는 장면은 짐 자무쉬의 <천국보다 낯선...>이라는 영화를 보는 듯하다. 흑백으로 처리했기 때문이며, 흑백이라는 것 이외에 달리~ 비슷한 점은 없다.

영화 <몸부림>의 스토리 라인은 복잡하다고 볼 수 있다.
에로영화의 한계를 뛰어넘으려고 졸라게 노력한 흔적이 보이는데 갱

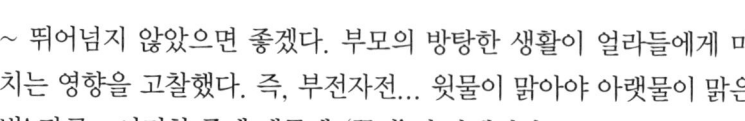

~ 뛰어넘지 않았으면 좋겠다. 부모의 방탕한 생활이 얼라들에게 미치는 영향을 고찰했다. 즉, 부전자전... 윗물이 맑아야 아랫물이 맑은 법! 당근~ 이러한 주제 때문에 '꼴림'이 약해진다.

도대체 감독은 멀 말하려고 하는 것인지?
하라는 거야? 하지 말라는 거야? 여엉 헷갈리게 하고 있다.

에로영화는 심오한 메세지보담 연출과 카메라 워크, 리얼한 싸운드와 여배우들의 몸매, 연기 등에 신경을 써줘야 한다. 〈몸부림〉은 이러한 점에선 여엉~ 꽝이다. 특히, 성우들의 목소리톤이 1960년대 한국영화를 보는 듯 진부하기 짝이 없다. 소리만 들으면 〈신성일〉하고 〈엄앵란〉 나오는 영화랑 똑같다.

가장 확실한 〈꼴림〉을 주는 영화가 가장 훌륭한 에로영화다.

심오한 뭔가를 보여주려 애쓰는 것은 당근 오바다. 그럴려면 32mm 영화 해라! 걸레는 빨아도 걸레다. 걸레는 자기 몸을 더럽히며 주변을 깨끗하게 하는 것이 존재의 가치이다. 감독은 에로영화에 사회적 문제점을 담아보려고 졸라 애쓰고 있는데 여엉~ 어색하고 재수뽕이며 감독의 오바라고 할 수 있다.

스토리 라인은 이렇다.

쥔공 재인은 아픈 과거를 간직하고 있는 찍사다. 갑작스럽게 아버지가 죽었으며, 이로 인해 어머니는 방탕한 성생활을 하게 된다. 하나뿐인 누이는 이로 인해 자살을 했으며, 이러한 과거는 쥔공 재인에겐 아픈 상처로 기억되고 있다. 어느 날 재인은 같은 아파트에 사는 은

경이라는 여중딩을 알게 되는데...

어쩜 그리도 자살한 누이와 비슷한지...(1인2역) ... 당근~ 재인은 여중딩을 동정의 눈으로 보살피게 된다. 중딩, 은경의 어머니는 거의 옹녀 수준인데... 밤마다 아파트가 떠나가도록 남자랑 떡을 친다.

(전에 우리 동네에도 이런 아줌마 살았었다. 이 아줌마 때문에 부녀회에서 난리가 났었지... 이 영화에서 부녀회는 나오지 않는다.)

줄거리는 대충 이런데 별로 중요하지 않으니 걍~ 넘어가자.
궁금하면 빌려봐라!!

중요한 건 아래 나오는 내용들이다.

〈쥔공 재인과 그의 애인과의 한판〉
〈은경엄마의 불륜 한판〉
〈재인어머니의 역시 불륜 한판〉
〈괜히 껴든 여자의 당근~ 불륜 한판〉

감독은 이렇게 4가지 종류의 정사로 〈꼴림〉을 유도하려고 했다.

이 영화에선 4명의 여배우가 등장하는데...
한국 에로영화 치곤 비교적 괜찮은 수준의 배우가 등장한다(한 명 빼고...).

쥔공 재인의 애인으로 나오는 여배우는 몸매의 조화가 비교적 잘 되어 있다. 가슴은 약간 작은 듯 하지만, 탄력이 있으며 특히 하체가 보기 좋다. 얼굴은 전형적인 에로영화 스따일로 생겼다. 입술이 돌출되어 도발적이며 눈까리도 김완선 비스므레 헬렐레 한 게 한꼴림 한다고 볼 수 있다. 흠이라면 유두 칼라가 넘 다끄하다는 것! 모유를 먹이면 그렇게 되는 단점이 있다고 한다. 그러나 아이는 면역성이 강해지고... 미안... 오바다.

넘어가고 ~ 담은 은경의 어머니로 나오는 여배우인데... 나이가 40은 족히 되어 보인다. 그런데도 비교적 군살없이 땡땡한 몸매를 지니고 있는 것이 가상하다. 가슴은 쪼매나지만 전체적으로 군살없이 긴장된 몸매를 지녔다. 상체골격에 비해 하체가 빈약한 듯 하지만 나처럼 예리하지 않으면 눈에 거슬릴 정돈 아니다. 경력이 넘 많으면(?) 그렇게 된다는 썰도 있는 데... 확실한 정보는 아니니 넘어가자.

걍~ 껴든 역할인 깡패부인은 몸매에 대해선 흠 잡을 게 없다. 이 여자도 에로영화에선 쥔공급인 걸로 아는 데... 여기선 대충 근사한 베드신을 보여주곤 사라진다. 역할의 비중이 없다. 쥔공에게 불륜현장을 들키고 쥔공과 흥정을 하는데... 아무리 생각해도 왜 나왔는지 모르겠다.

마지막으로 재인의 과거회상 장면 중 어머니 역할로 나온 여자 - 이 여자가 문제다... 이따만한 가슴을 자랑하지만 여엉~ 꼴림현상이 안 일어난다. 크기만 할 뿐 탄력이라곤 찾아볼 수 없다. 엄청난 뱃살은 더더욱 이 여자의 존재를 비참하게 만든다. 이런 뱃살을 가진 여자들은 에로영화에 출연시키면 안 된다고 본다. 꼴림현상이 일어나는 것을 방해한다. 이 영화의 티의 티다. 하여튼 졸라 두껍다. 우째 저런 몸으로 벗고 나올 수 있는지... 이 영화에선 2회 정도의 꼴림현상이 일어난다. 나머지는 걍~ 꼴리다 마는 수준... 내지는 화나는 수준이다.

첫 번째는, 영화 〈사랑과 영혼〉을 패러디한 도자기 반죽장면에서, 재인과 그의 애인이 정사를 하는 장면인데 ~ 여자의 연기가 비교적 리얼하다. 올 누드로 마주보는데... 도자기 쌓아놓은 선반이 중요부위를 가리고 있다. 앞으로는 그런 거로 가리지 말고 걍~ 모자끄 처리했으면 좋겠다. 쓰발~ 감질난다 〈영화 중반쯤 나오는 씬~〉.

두 번째는, 괜히 껴든 여자가 그의 비서랑 불륜을 저지르는 장면인데 ~ 여자의 몸매가 그럴 듯해서 그런지 한꼴림 한다. 이 여잔 특히 가슴이 적당하게 예쁜데 ~ 침대의 흔들림과 일치하지 않는 걸로 봐서 식염수 팩이라는 것이 99% 확실하다.
〈영화 중반 뒷부분에 나오는 씬~〉

기타 나머지 베드씬은 전형적인 한국 에로영화의 한계에서 벗어나지 못했다고 본다(참! 의자에서 하는 것도 베드신이라고 하나? 아님 체어 씬..?).

무슨 섹스를 그딴 식으로 하는지 모르겠다. 〈아다죠쑈〉랑 다를 바 없다. 둘이서 박자를 짝짝 맞추는데 여엉~ 아니다. 그렇게 하다간 멍투성이 되겠다.
각본없이 걍~ 하도록 하자... 그게 짜짜로니 하다.

또 한 가지 흠은... 쥔공 재인이란 남자의 행위동작인데... 이게 머냐? 열라게 왼쪽으로만 밀고 자빠졌는데... 이게 사랑을 나누는 건지... 아님 럭비를 하는 건지 ~ 쯧쯧쯧... 표정은 머가 그리 심각한지... 이 쉐이는 자기 얼굴 멋지게 보일라고 원초적인 표정을 안 보여준다. 써글넘 ~

이걸로 봐서 실전경험이 그리 많은 넘은 아닌 것 같다.

섹스는 넘 터푸하면 안 된다. 귀파는 거랑 비슷한 거다.
구석구석 살살 ~ 아기자기하게 파야지. 걍~ 졸라게 후빈다고 션 한 거 아니다. 터푸하게 귀파면 귀만 아픈 법 ~ 목적은 귓밥 파는 거 아니냐?

대충 어리버리 〈몸부림〉이라는 영화에 대해 평을 해 봤는데...
영화도 대충 어리버리 보면 된다.

완성도:바나나 3 개
꼴림도:바나나 2 개
싸운드:바나나 1 개
촬　영:바나나 3 개
여배우:바나나 3 개
남배우:바나나 2 개

바나나 몇 개가 최고 점수냐고?
그건 내 맘이다... 한 박스가 될 수도 있다.

- 논설우원 실천 性행설의 대가 HAZA

자기 일만 열심히 하면 과연?

통신의 플라자란에 들어와 글을 읽다보면 가끔 "아... 이런 생각을 하는 사람들이 요즘도 있나?" 하는 글들을 보게 됩니다.

바로 '열심히 자기 할 일만 하는 사람들...' 운운의 글귀죠... 나름대로 자신의 주장을 합리화시키고 그리고 사람들에게 자신의 글에 대한 설득력을 부여하기 위한 문장으로 보입니다.

그런데, 그런 사고방식으로는 결코 구미의 선진경제대국들을 이길 수 없습니다.

'열심히 자기 할 일만 하는 사람들...' 의 의미를 다시 한번 살펴봅시다. 20세기 후반 그러니까 1960년대부터 1980년대의 산업생산은 이른바 '신 포디즘'이라고 불리는 보다 유연한 대량생산체제였습니다. 그것은 보다 높은 자동화와 설비운용의 효율화를 통해 여러 품목들을 대량생산하는 체제였습니다. 그리고 그것은 사실상 1980년대까지의 산업생산방식에 가장 합치할 수 있는 노동자상이기도 했습니다.

신 포디즘 아래에서는 오직 '하나' 만을 아는 전문인이 필요했습니다. 그리고 그런 체제에 가장 근접한 인간형을 만들어내는 교육체제로는 일본의 교육체제를 들 수 있겠지요... 그래서 1980년대 구미는 '일본을 배우라' 라는 슬로건 밑에서 일본 혹은 한국의 교육체제를 따라가려는 구미의 움직임 혹은 목소리가 높았습니다.

1990년대가 되었습니다.

사설·칼럼-경제 잠망경 8월 17일(월)

최신호 뉴스위크지는 일본의 1990년대를 '잃어버린 10년' 이라 표현하고 있습니다. 일본의 내수부진으로 인한 장기복합불황으로 마침내는 일본이 자랑하는 제조업상의 강한 경쟁력마저도 여지없이 공중분해될 위기에 처한 현재를 빗댄 말입니다.

일본은 열심히 자기 일만 하는 말 그대로의 '장인' 들을 키워냈습니다. 그러나 그 사람들은 안타깝게도 진정한 의미의 '장인' - Artist라기 보다는 오히려 그것만을 아는 '인조인간' 에 훨씬 가까웠을 뿐입니다.

이러한 인조인간은 신경회로망과 퍼지로직을 결합한 '전문가 시스템' 으로 만들어낼 수 있습니다. 그것이 1990년대이기도 하지요.

21세기 한국에 '열심히 자기일만 하는 사람들' 은 더 이상 필요없습니다. 그것은 시대에 뒤떨어진 '로봇' 그 이상도 그 이하도 아닙니다.

왜? 만일 한국이 산업구조조정에 성공한다면 그것은 분명히 지식집약형 산업으로 접근하는 산업구조를 만들 수 있기 때문입니다. 그러한 산업에서 진정 필요로 하는 사람들은 깔대기형 지식구조를 가진 사람들 즉, 자신의 전공분야뿐 아니라 폭 넓게 사람과 사회와 문화를 고찰-관찰할 수 있는 사람들입니다.

그리고 그러한 사람들에게서만 21세기 산업에 진정 필요한 자산인 '창조성-아이디어' 를 보장받을 수 있기 때문입니다. 21세기 산업에 필요한 '창조성' 이란 가수들이나 연예인들이 말하는 이른바 '센스' 같은 것이 아닙니다. 번뜩 하고 나타나는 어떤 '영감' 과는 관계없는 전혀 다른 것입니다.

지식집약형 산업에 있어 '창조성'이란 한 개인의 전문분야와 더불어 폭넓은 문화-사회-인간에 대한 경험과 공부 속에 논리적 결합이라는 접착제 아래 중층적으로 나타나는 것을 의미합니다.

다시 말해 21세기 산업에 필요한 '창조성'이란 전문분야로만 만들어진 벽돌뿐 아니라 개인의 문화지식에 의해 구워진 벽돌, 개인의 사회지식에 의해 구워진 벽돌, 개인의 인간지식에 의해 구워진 벽돌들이 조합되어 이제까지 없던 전혀 새로운 구조물을 만드는 것입니다.

요즘 바라보는 20세 초중반의 젊은분들에게는 안타깝게도 이러한 벽돌을 구워낼 능력이 이전의 386세대에 비해 현저하게 떨어진다는 느낌입니다. 적어도 21세기 (이제 불과 3년 남았지만...) 한국경제의 미래는 '열심히 자기 일만 하는 사람'들에 의해 일본제 기계에서 대량 생산품을 생산하는 체제에서 찾을 수 없습니다.

소량의 물건이지만 수많은 지구인들의 문화적 사상적 지지를 받는 상품을 생산할 수 있는 경제가 되어야 한국에 미래가 있습니다.

하지만, 한국에 그런 미래를 기대하기는 좀 어렵겠지요...

1997년 구미 선진제국을 강타한 '체 게바라'를 사용한 상품이 한국에서는 기껏 '체 게바라' 평전 혹은 유명한 그의 '게릴라 일기'를 다시 찍어내는 정도에 불과 했으니까요... 그런 센스로서, 사고방식으로서, 또 그것만 통할 수 있는 한국의 사회문화적 인프라로서 한국이 세계 경제대전을 잘 헤쳐나갈 수 있을까요?

- 딴지일보 논설 고문 석진욱

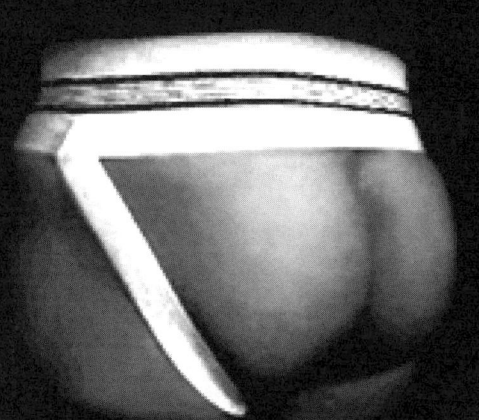

영문 딴지

▶ 정치 경제 사회 국제 문화/생활 정보통신/과학   ▶ BEST 스포츠 테마신문

와이 퍼니
디어 딴지

http://ddanji.netsgo.com

영문 딴지 8월 3일(월)

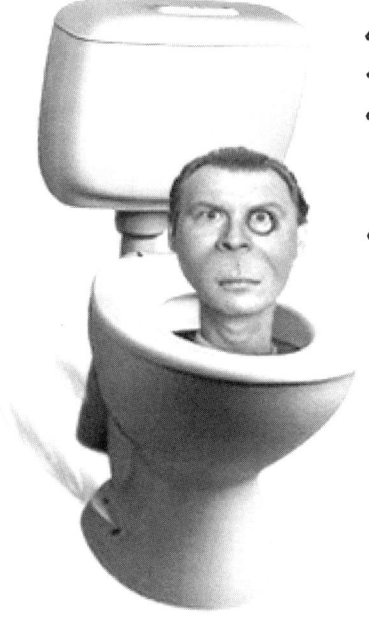

이프 유 해브 에니 프로블럼
인 유어 라이프...
에스크 딴지...

에니 프로블럼 오케바리...

- 프롬 플라잉 토일레트

8월 3일(월) 영문 딴지 335

이프 유 니드 프랜드
투 익스체인지 레터스...
인트로듀스 유어셀프 히어...
딴지스 월드 와이드...

http://ddanji.netsgo.com

영문 딴지 8월 3일(월)

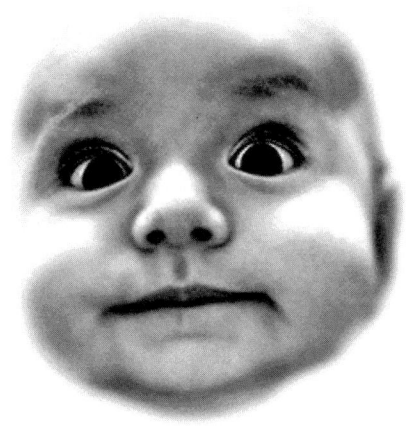

웰캄! 아이엠 딴지
잉그리시 베이비.
인조이 유어 스테이...

8월 3일(월) 영문 딴지

씨바...
와이 퍼니...

예스... 위 스터디드 잉그리시 졸라 하드.
버트, 위 캔트 라프 라이크 앙넝.
뎃 이스 베리 "씨바..." 케이스.

데어포.
위 윌 에널라이즈 잉그리시 휴머 에브리 위크.
포 트웬티퍼스트 센튜리 명랑 소싸이어티...
야사가오리이.

위 얼쏘 테이크 퀘스쳔스. 땡스.

씨바...
와이 퍼니...

Q : What do you call a deer with no eyes?
A : No idea.
Q : What do you call a deer with no eyes and no legs?
A : Still no idea.

Q : 눈태이 엄는 사슴을 모라 하게?
A : 몰라 씨바.
Q : 기렇담, 눈태이도 엄꼬 다리도 엄는 넘은?
A : 모른다 해짜나 씨바야.

그렇슴다. 졸라 썰렁한 대화입니다. 우리 나라에서 이런 거 유머라고 말하믄 사회적으로 매장당함다. 근데 이게 왜 우끼까요... 양넘들은 왜 이런 소리를 하믄서 우슬까요. 자, 딴지영문편집부의 설명이 있겠슴다.

우선 Q의 해석은 맞슴다. Humor Line의 뽀인뜨는 A의 발음에 있는 거심다.

No idea (No eye deer) = 눈태이 엄는 사슴
Still no idea (Still no eye deer) = 가만이 있는, 눈태이 엄는 사슴(다리가 엄쓰니깐 가마니 있지요)

Still no idea 에서 still은 '아직' 이라는 의미로 해석되지만 still은 아시다시피 '멈춰져 있다' 라는 뜻도 있슴다. 'Hold still' 하면 '가만

8월 3일(월) **영문 딴지**

있어바바 새꺄' 라는 뜻...

아프로 이런 식으로 매주 진행되겠슴다. 평소, 씨바... 이게 왜 우
껴... 고민이 되셨던 구문있음 날려주십쇼. 트웬티퍼스트 센츄리 명
랑 쏘싸이어티를 위해 최선을 다하겠슴다. 꾸벅.

영문딴지 편집부 시간의 지배자 TimeLord@shinbiro.com

디어...
딴지...

Q : I am 27 years old, engaged to a man of my dreams and about to be married soon. The problem is, my husband-to-be warns me to call the wedding off if I don't shape up my body like a coke bottle by the wedding day. I have tried all kinds of diets without any success. What should I do? Please help!!

DDanji : Show him 1.5 Liter PET coke.

Q : I am 42 years old and I have a big problem. Recently, I suddenly felt pain in my stomach without any particular reason and this horrible thing started to happen. When I eat peas, I shit peas. If I eat cucumbers, I shit cucumbers. I think I am going to die...

DDanji : Try eating shit.

Q : My husband and I both work. Since we both like our work and keep ourselves busy doing the job, we don't have any plans to have a child. But my parents-in-law don't believe us that we have no time to have a child. We really don't have time... how can I explain this to them?

DDanji : You don't have time?? Doesn't it take more or less than 10 minutes?

8월 3일(월) 영문 딴지

Q : Hi, I am 26 years old, without a job. Desparate about my future, I went to a fortune teller to find out if I can get a job soon. The fortune teller told me that a bundles of moneys will come straight in my way. Wow!! I am thinking, should I buy some lottery tickets or shall I go and bet on a lucky horse?

DDanji : Take special care when you cross the road of speeding cash transit truck.

Q : My girlfriend dumped me after 5 years of our relationship. She doesn't take my phone calls and won't even see me when I go to her place and beg. So I started to write her letters everyday. Today is the 200th day since I have been writing. Still no word from her… Is it really over?

DDanji : There is a good possibility that she is now seeing the postman.

Q : I am a 17 year old girl. I am going through adolescenes and my head is occupied with so many questions. The toughest question which I can't seem to find an answer is the meaning of 'I'. I cannot concentrate on other things because of this question… Please tell me what 'I' is.

DDanji : A personal pronoun.

Q : Hello, I am a mother of a 7 year old boy and I am really

영문 딴지 8월 3일(월)

worried about his behaviour thesedays. He doesn't come to me when he is called for, he just stares at me. I am very much concerned about his future... What should I do?

DDanji : Make him a government worker or a waiter.

Q : Hi, I am a just an ordinary office worker and I have a problem with my girlfriend. She is very pretty and she knows that she is very pretty. Using this beauty of her very efficiently, she asks for all kinds of presents on all occasions. For her upcoming birthday, she wants something decorated with diamonds. I really don't have enough money to buy her something with diamonds… What shall I do?

DDanji : Buy her a pack of cards.

Q : I am a 28 year old man in love with a perfect girl. I graduated well known university and got myself a job in a big company. Moreover, people say that I look very handsome. The problem is that my father is the chairman of one of the biggest company in this country. I didn't tell my girlfriend about this lest that it should become a burden on her, but she keeps asking me about my father. I think its time to tell her about him. Would be alright if I tell her this?

DDanji : Looks like you are in for a new mom.

8월 3일(월) **영문 딴지** 343

Q : Hello, I am a medical doctor practising in a rather unpopulated country area. I like the fresh air and clean water and been here for about 10 years. But my patients are only people bitten by snakes, and that not much. What's more worse, in winter there are no patience.. and my pocket is empty.. I am worried how I am going to feed my family this winter. What should I do?

DDanji : Raise some snakes.

에니 프로블럼 오케바리...

http://ddanji.netsgo.com